# 災害・防災の心理学

## 教訓を未来につなぐ防災教育の最前線

木村玲欧 著
Reo Kimura

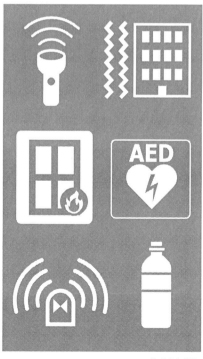

北樹出版

# はじめに

　私の専門は防災心理学、防災教育学、社会調査法です。心理学といっても、カウンセラーのような臨床心理学ではなく、インタビューやアンケートといった社会調査などによって、災害・防災の場面における人間の心理・行動・社会を明らかにする研究をしています。

　研究の方法としては、文献や資料を調べるだけではなく、被災地で専門家として支援活動や研究活動を行ったり、学校の先生や気象台の人たちと一緒に防災教育のプログラムや教材を作って児童生徒のみなさんに体験してもらったり、なるべく多くの住民に防災活動に参加してもらうための仕掛けを地域の人たちと考えたりと、「現場」を大切にしながら活動をしています。本書では、私やさまざまな研究者のフィールドワーク研究の成果を多く取り上げています。「非日常である災害のイメージづくり」に役立ててもらえればと思います。

　この本は全10章で構成されています。災害時の人間の心理や行動は、普段の生活において私たちが「常識」として理解している心理・行動とは異なります。そこで本書では、災害時に人間は一体どのような心理状態になってどのような行動をとるのか、災害に備えて、日頃からどのようなことを考えて備えておけばよいのかについて、過去の災害の実態や教訓を紹介しています。また「教科書」というと、講義を聞きながら使用する教材として作られていたり、講義を受けた後に復習・副読本として読んだ時に初めて理解できるような難しいレベルのものもあったりして、初めて学習する人が自習用として読み進めていくことを目指しているものは少ないように思います。そこで本書は、「講義を受けているように感じることができる形式」を試みました。書き言葉ではなく話し言葉にして、文脈や前後関係を踏まえて丁寧に解説するように心がけ、さらに各章の最初に学習目標やキーワードを明記し、各章の最後には学習目標に対応した確認問題を作成しました。

章の構成にも配慮しました。章を読み進めていくことによって、災害発生前から、災害発生直後、数日後、数ヵ月後、数年後と時間の経過とともに理解できるようにしました。各章と時間の対応は以下の通りです。

| 〈第1部　災害発生前・直後の心理や行動〉 ||
|---|---|
| 第1章「わがこと意識」を身につけよう<br>　　　　――防災を意識的に学ばなければならないわけ | 災害発生前・直後 |
| 第2章「自分が助かる」ことから考えよう<br>　　　　――死なない・ケガをしないためのイメージづくり | |
| 第3章「なぜ人は逃げないのか」<br>　　　　――「バイアス」という人間特性を理解する | |
| 〈第2部　災害発生から10年間の心理や行動〉 ||
| 第4章「心のブレーカー」を上げよう<br>　　　　――災害過程① 失見当 | 災害発生後<br>最初の100時間<br>（数日間） |
| 第5章「救助・救出」は自分たちでという現実を直視しよう<br>　　　　――災害過程② 被災地社会の成立 | |
| 第6章「避難所」は被災者にとってどんな存在かを知ろう<br>　　　　――災害過程③ 災害ユートピア | 災害発生後<br>100〜1,000時間<br>（約2ヶ月） |
| 第7章「新しい日常」を取り戻そう<br>　　　　――災害過程④ 現実への帰還 | 災害発生後<br>1,000〜10,000時間<br>（約1年） |
| 第8章「長く続く生活再建」を乗り越えよう<br>　　　　――災害過程⑤ 創造的復興 | 災害発生後<br>10,000〜100,000時間<br>（約10年） |
| 〈第3部　来たるべき災害に向けて〉 ||
| 第9章「心を保つ・支える」ための原理と方法を学ぼう――ストレスと心のケア ||
| 第10章「過去の災害を未来の防災へ」生かそう――防災教育の最前線 ||

本書では、過去の災害の事例を多く取り上げました。特に多く取り上げたのが、1995年1月17日に発生した阪神・淡路大震災と、2004年10月23日に発生した新潟県中越地震です。現代都市において6,000人以上の死者を出した阪神・淡路大震災では、現代都市における道路・鉄道・公共施設の破壊やライフラインの長期停止、行政の災害対応の限界といった問題についての知見・教訓が生まれて、国・地域・人々の防災のあり方を見直すきっかけになりました。また新潟県中越地震では、人口が減少する中山間地域における集落孤立の問題や高齢者の問題など、これからの日本が抱えていく社会問題に対して警鐘を鳴らすような知見・教訓が生まれました。

　私たちの研究チームでは、この2つの災害に対して、無作為抽出の質問紙調査（被災者全体からくじ引きのようなかたちで回答者を選ぶ調査）を行いました。被災者の全体像を知るための調査として、科学的な信頼度が大変高い調査です。本書末部の参考文献一覧に引用元の文献を挙げました。インターネット上に掲載されているものもあるので、興味のある人はご覧ください。本書ではこの調査結果を多数紹介しています。また、この調査結果を学びながら、復興について学ぶことができる『復興の教科書』というインターネットサイトも立ち上げています（http://fukko.org/）。こちらも併せてご覧ください。なお本書でも、このサイトで紹介された結果をいくつか取り上げています。

　東日本大震災については、この本を執筆している現在（2014年6月）、3年が過ぎて4年目に突入したところです。仮設住宅で暮らしている人も多く、震災前の場所に戻れずに避難生活を送っている被災者も20万人以上に上ります。科学的信頼度の高い大規模調査が行われるにはまだ早く、復旧・復興の全体像も見えていません。そのため、災害の概要や津波死者に関する知見や、私がNHKと一緒に行ったアンケート結果を一部掲載した以外には、積極的に取り上げていません。むしろ阪神・淡路大震災や新潟県中越地震などの過去の災害事例から、東日本大震災の今後の復旧・復興を考えるための材料としてもらえればと思っています。

　なお災害について、本来は地震災害だけでなく、風水害や火山災害なども取

り上げるべきでしょうが、いろいろな災害を混ぜて取り上げると話の内容が複雑になるために、本書では地震災害を中心に議論を進めます。あらかじめ、ご了承ください。

■阪神・淡路大震災における無作為抽出調査
1999 年（災害から 4 年後）『震災後の居住地の変化とくらしの実情に関する調査』（財団法人阪神・淡路大震災記念協会・京都大学防災研究所）
http://www.drs.dpri.kyoto-u.ac.jp/publications/DRS-1999-01/index.html
2001 年（災害から 6 年後）『兵庫県生活復興調査』（研究課題としての調査名『阪神・淡路大震災からの生活復興 2001―パネル調査結果報告書』）（兵庫県・京都大学防災研究所）
http://www.drs.dpri.kyoto-u.ac.jp/publications/DRS-2001-01/index.html
https://web.pref.hyogo.lg.jp/wd33/wd33_000000020.html
2003 年（災害から 8 年後）『兵庫県生活復興調査』（研究課題としての調査名『阪神・淡路大震災からの生活復興 2003―生活調査結果報告書』）（兵庫県・京都大学防災研究所）
http://www.drs.dpri.kyoto-u.ac.jp/publications/DRS-2004-03/index.html
https://web.pref.hyogo.lg.jp/wd33/wd33_000000021.html
2005 年（災害から 10 年後）『兵庫県生活復興調査』（研究課題としての調査名『阪神・淡路大震災からの生活復興 2005―生活調査結果報告書』）（兵庫県・京都大学防災研究所）
http://www-drs.dpri.kyoto-u.ac.jp/publications/DRS-2005-02/index.html
https://web.pref.hyogo.lg.jp/wd33/wd33_000000713.html

■新潟県中越地震における無作為抽出調査
2005 年 3 月（災害から半年後）『避難と生活再建に関する実態調査 平成 16 年度調査結果報告書』（消防庁・京都大学防災研究所）
2006 年 3 月（災害から 1 年半後）『新潟県中越地震からの総合的な復興支援のための調査』（京都大学防災研究所）
2006 年 10 月（災害から 2 年後）『新潟県中越地震からの総合的な復興支援のための調査』（京都大学防災研究所）
2009 年 3 月（災害から 4 年半後）『新潟県における地震災害からの総合的な復興支援のための調査結果報告書』（京都大学防災研究所・新潟大学危機管理室・富士常葉大学社会災害研究センター）
http://www.u-hyogo.ac.jp/shse/rkimura/100400_Niigata_Report.pdf

■復興とは何か？ について学ぶインターネットサイト『復興の教科書』http://fukko.org/
「震災の発生から復興の完成まで」を初めて科学的に検証した阪神・淡路大震災で、「被災者視点からの復興プロセス」を探ることを目的に行われた社会調査『兵庫県生活復興調査』の知見をもとに、復興を「基礎知識」「被災者視点」「行政視点」の 3 つの視点から学ぶことができます。
　自治体・NPO 職員・市民団体・ボランティアなど災害支援に携わるみなさんの「事前復興計画」に役立てていただければ幸いです。

## 第Ⅰ部 災害発生前・直後の心理や行動

### 第1章 「わがこと意識」を身につけよう ………………………… 12
　　　　――防災を意識的に学ばなければならないわけ

1. 阪神・淡路大震災と東日本大震災の違い　*12*
2. 地震の静穏期から活動期へ　*14*
3. 石巻の悲劇　*17*
4. 釜石の「奇跡？」　*19*
5. 南海トラフ巨大地震――「最大クラス」とは何か　*21*
6. 大地の時間スケールと人間の時間スケールの違い　*24*
7. リスクの考え方　*27*
8. わがこと意識　*30*
9. 社会現象としての災害　*32*

### 第2章 「自分が助かる」ことから考えよう ……………………… 35
　　　　――死なない・ケガをしないためのイメージづくり

1. 東日本大震災における死因　*35*
2. 地震＝津波連想　*36*
3. 津波の高さだけでは、地域ごとの死亡率を説明できない　*38*
4. 内陸型地震における死因　*39*
5. 建物被害程度による死者発生の違い　*41*
6. 家具転倒による被害　*43*
7. 自助によって助かる・助けられる体制　*46*

### 第3章 なぜ人は逃げないのか ……………………………………… 54
　　　　――「バイアス」という人間特性を理解する

1. 正常性バイアス　*54*
2. 2000年東海豪雨と狼少年効果　*56*

3. 人間はリスク情報を素直に受け取らない　*59*
4. さまざまなバイアスをどう乗り越えるか　*61*
5. 行動のパッケージ化　*62*
6. 新たな防災訓練 ShakeOut（シェイクアウト）　*63*
7. 緊急地震速報とは　*66*
8. 緊急地震速報を利用した学校での防災学習・訓練　*67*
9. パニックを正しく理解する　*72*

## 第Ⅱ部　災害発生から10年間の心理や行動

## 第4章　「心のブレーカー」を上げよう ……………………………… 76
### ──災害過程① 失見当

1. 災害過程・生活再建過程とは　*76*
2. 失見当（Disorientation）　*79*
3. 失見当の事例紹介　*81*
4. 失見当を理解するためのポイント　*83*
5. 失見当が引き起こす事態　*85*
6. 失見当に打ち勝つためには　*87*
7. 心のブレーカーを上げるためには　*91*
8. 非常持出袋に対する勘違い　*94*
9. ローリングストック　*96*

## 第5章　「救助・救出」は自分たちでという現実を直視しよう ……… 98
### ──災害過程② 被災地社会の成立

1. 被災地社会の成立　*98*
2. 救助・救出の現実　*99*
3. Golden 72 Hours Rule　*101*
4. カーラーの救命曲線　*104*
5. 自主防災組織　*105*
6. 安否確認の種類　*107*
7. 安否確認の手段　*109*
8. 地域の安否確認ネットワーク　*113*

## 第6章 「避難所」は被災者にとってどんな存在かを知ろう …………… 115
### ——災害過程③ 災害ユートピア

1. 災害ユートピア（ブルーシートの世界）　*115*
2. 地域の災害対応拠点としての避難所　*116*
3. 被災者の場所の移動　*119*
4. 避難した理由・避難しなかった理由　*122*
5. 避難所の2つの機能　*123*
6. 避難所運営の基本方針　*126*
7. 直接死と災害関連死　*127*
8. 災害時要援護者支援　*131*

## 第7章 「新しい日常」を取り戻そう ……………………………………… 135
### ——災害過程④ 現実への帰還

1. 現実への帰還　*135*
2. 被災者の居住地の選択と公的支援　*137*
3. 仮設住宅と災害復興公営住宅　*139*
4. り災証明書と被害認定調査　*142*
5. り災証明書に基づく被災者支援　*145*
6. 被災者は誰を頼りにしているのか　*147*
7. 防災の担い手は誰か？　*151*

## 第8章 「長く続く生活再建」を乗り越えよう ………………………… 156
### ——災害過程⑤ 創造的復興

1. 創造的復興　*156*
2. 生活再建課題7要素（災害5年目の被災者の生活再建実感）　*158*
   （1）すまい　（2）人と人とのつながり　（3）まち　（4）そなえ　（5）こころとからだ　（6）くらしむき　（7）行政とのかかわり
3. 阪神・淡路大震災の復興の構造（10年目）　*168*
4. 東日本大震災における生活再建への状況　*170*
5. 生活再建過程を見える化する「復旧・復興カレンダー」　*172*
   （1）阪神・淡路大震災の「復旧・復興カレンダー」　（2）新潟県中越地震の「復旧・復興カレンダー」　（3）家屋被害程度と「自分が被災者だと意識しなくなった」時期との関係　（4）東日本大震災の「復旧・復興カレンダー」

## 第Ⅲ部　来たるべき災害に向けて

### 第9章　「心を保つ・支える」ための原理と方法を学ぼう ………… 182
　　　　　──ストレスと心のケア

1. ストレスとストレッサー　*182*
2. ストレッサーからストレス軽減支援を考える　*184*
3. トラウマとストレス反応　*187*
4. ストレスは必ずしも「悪者」ではない　*189*
5. 災害後の「喪失感」　*191*
6. 子どもたちのストレスサインを見逃さない　*193*
7. 災害対応従事者のストレス　*196*
8. PTSD（心的外傷後ストレス障害）　*198*
9. ストレスを抱えた人に対する精神的支援（ストレス軽減支援）のあり方　*199*

### 第10章　「過去の災害を未来の防災へ」生かそう ………………… 203
　　　　　──防災教育の最前線

1. 防災教育と防災リテラシーの現状　*203*
2. 防災教育チャレンジプラン　*205*
3. 釜石東中学校「Eastレスキュー」　*207*
4. 小中高等学校の防災教育・訓練プログラム　*209*
5. 防災教育・訓練に関する教材　*213*
6. 過去の災害教訓をどのように防災教育に生かすか　*216*
7. 1945年三河地震の被災体験談　*217*
8. 体験談を基にしたワークシートの作成　*220*
9. 体験談を基にした学習プログラム・指導案の作成と展開　*222*

おわりに──防災を皆に広げ、次につないでいくためには ……………………… 229

# 第 I 部
# 災害発生前・直後の心理や行動

　まずは災害発生前・直後の心理・行動について取り上げます。
　第1章では、21世紀前半が災害時代であり、南海トラフ巨大地震を迎え撃つにあたって、災害に対する想定・計画・訓練の大切さを学びます。またリスクの考え方から、特に災害において「わがこと意識」が大切であること、災害は自然現象であるとともに社会現象でもあることを学びます。
　第2章では、防災の基本である「まずは自分が死なない、ケガをしない」ということについて、東日本大震災や阪神・淡路大震災の教訓を例にとって考えていきます。また案外忘れがちな「自分がケガをしない」ための4つの備えなどについても再確認します。
　第3章では、災害時に「人はなぜ逃げないのか」ということについて、「バイアス」という人間の認知の特徴について学びます。正常性バイアスや狼少年効果、またはこれらのバイアスを乗り越えるための方法、行動のパッケージ化などについて学びます。

# Chapter 1

# 「わがこと意識」を身につけよう
## ――防災を意識的に学ばなければならないわけ

### 本章の学習目標
1. 21世紀前半が災害時代であることを理解する
2. 災害に対する想定・計画・訓練の大切さを理解する
3. 南海トラフ巨大地震の「最大クラス」想定の意味と必要性を理解する
4. リスクの考え方と「わがこと意識」を説明することができる
5. 災害を自然現象・社会現象の両側面から説明することができる

### keywords
阪神・淡路大震災、東日本大震災、地震の活動期、南海トラフ巨大地震、リスク、わがこと意識、現実性・地域性・人間性、外力、社会の防災力、被害抑止、被害軽減

## 1 阪神・淡路大震災と東日本大震災の違い

　まずは、約2万人の死者・行方不明者という被害状況になってしまった東日本大震災の話をします。2011年3月11日14時46分に東北地方太平洋沖地震が発生しました。この地震や地震から発生した津波、余震などによって、日本は大きな被害や影響を受けました。この災害を東日本大震災と呼びます。自然現象としての地震の名前は「東北地方太平洋沖地震」、災害としての名前は「東日本大震災」です。

　この1つ前に日本で1,000人規模の死者を出した大きな災害は、その16年前、1995年1月17日5時46分に発生した兵庫県南部地震による阪神・淡路大震災です。地震の名前は「兵庫県南部地震」、災害の名前は「阪神・淡路大

表1-1 阪神・淡路大震災(内陸型)と東日本大震災(海溝型)の違い

(内閣府『平成25年版 防災白書』2013より作成)

| | 阪神・淡路大震災 | 東日本大震災 |
|---|---|---|
| 発生日時 | 平成7年1月17日 5:46 | 平成23年3月11日 14:46 |
| マグニチュード | 7.3 | 9.0 |
| 地震型 | 直下型 | 海溝型 |
| 被災地 | 都市部中心 | 農林水産地域中心 |
| 震度6弱以上県数 | 1県(兵庫) | 8県(宮城、福島、茨城、栃木、岩手、群馬、埼玉、千葉) |
| 津波 | 数十cmの津波の報告あり、被害なし | 各地で大津波を観測(最大波 相馬9.3m以上、宮古8.5m以上、大船渡8.0m以上) |
| 被害の特徴 | 建築物の倒壊。長田区を中心に大規模火災が発生。 | 大津波により、沿岸部で甚大な被害が発生、多数の地区が壊滅。 |
| 死者行方不明者 | 死者6,434名<br>行方不明者3名<br>(平成18年5月19日時点) | 死者15,883名<br>行方不明者2,676名<br>(平成25年5月10日時点) |
| 住家被害(全壊) | 104,906 | 126,419<br>(平成25年5月10日時点) |
| 災害救助法の適用 | 25市町(2府県) | 241市区町村(10都県)<br>(※)長野県北部を震源とする地震で適用された4市町村(2県)を含む |
| 震源分布図<br>(震度4以上を表示) | | |

(注)平成8年に震度階級が改定され、5弱、5強、6弱および6強が新たに加わった。

震災」です。地震の名前と災害の名前を場合によって使い分けるのはややこしいので、一般的によく使われる災害名「阪神・淡路大震災」と「東日本大震災」で通すことにします。この2つは同じ「地震災害」ですが、いろいろな側面で地震や災害の特徴が違います(表1-1)。1つは、地震の規模を示すマグニチュード(モーメントマグニチュード)が、阪神・淡路大震災は6.9(気象庁マグニチュードでは7.3)、東日本大震災は9.0でした。マグニチュードは0.2違

うとおよそ2倍になりますから、マグニチュードが1違うと2の5乗で32倍、マグニチュードが2違うと2の10乗で約1,000倍違うということです。そう考えると、この2つの地震の大きさは約1,400倍違うということで、地震自体の規模が大きく違うということがわかると思います。

　また、阪神・淡路大震災は、私たちが住んでいる地面の真下で発生する内陸型地震です。人の住んでいるところの直下で発生するために直下型地震とも呼びます。東日本大震災は、海溝（海の溝）で発生する海溝型地震です。ちなみに内陸型地震（直下型地震）も海溝型地震も厳密には学術用語ではありません。しかし、ここでは地震学について深く学ぶわけではないので、大まかに地震災害の種類を分類するにはまずはこの程度の知識で十分です。

　内陸型地震は、私たちが生活している地面の真下で発生するために、大きな揺れとして人々や建物などを襲います。阪神・淡路大震災では六甲・淡路島断層帯の一部である野島断層の付近で地震が起きました。断層とは大ざっぱに言うと地層や岩盤に力がかかってズレた状態のことです。真上に都市があり、人が住んでいたので、とても大きな被害をもたらしました。兵庫県神戸市須磨区から西宮市まで、幅約2km、長さ約20kmの狭い範囲で、家屋の3割以上が倒壊するような強い揺れをもたらしたのです。一方、海溝型地震は、陸側と海側のプレートがずれることで生じる大きなパワーによって、広域に影響・被害を及ぼします。震度6弱以上を観測した都道府県の数を見てみると、阪神・淡路大震災では兵庫県1県でしたが、東日本大震災では8県で、各地で大きな被害が発生しました。

　被害の特徴も、建築物・構造物の倒壊が中心の阪神・淡路大震災に対して、東日本大震災では大きな津波が発生しました。死者・行方不明者も、阪神・淡路大震災では6,437人でしたが、東日本大震災では約2万人となりました。

 地震の静穏期から活動期へ

　東日本大震災は、私たちにとって非常に大きな衝撃でした。図1-1は、第二

次世界大戦（アジア・太平洋戦争）が終わった 1945 年（昭和 20 年）から東日本大震災の翌年である 2012 年（平成 24 年）までに、自然災害によって亡くなったり行方不明になったりした人の数です。自然災害の中で地震に注目すると、戦争中もしくは終戦直後までを「地震の活動期」と言う研究者がいて、確かに大きな地震が毎年のように発生していました。死者・行方不明者の数で見ると、1943 年鳥取地震では 1,083 人、1944 年東南海地震では 1,223 人、1945 年三河地震では 2,306 人、1946 年南海地震では 1,443 人、1948 年福井地震では 3,769 人です。福井地震では福井市あたりが揺れました。福井平野はお米もたくさん取れるようなところで地面が柔らかい沖積平野だったため地震の揺れが増幅しました。例えば福井市では、揺れはじめの 30 秒で総戸数の 8 割（12,000 戸）が全壊したのです。この地震の揺れや火災によって 4,000 人弱の方が亡くなっています。

その後、日本は地震の活動期が終わって、地震の静穏期に入ったと言われています。もちろん地震は時々起きますが、大被害を伴う地震は起きませんでした。日本の発展にとって幸運だったのは、1948 年の福井地震以降、日本は西日本を中心に地震の静穏期に入って、それにちょうど高度経済成長が重なった

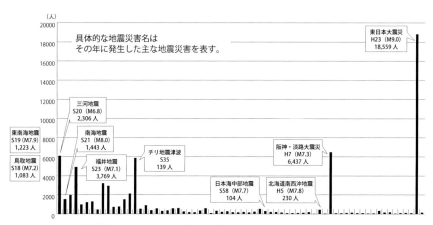

図 1-1　自然災害による死者・行方不明者数（昭和 20 年（1945 年）〜平成 24 年（2012 年））
内閣府『平成 25 年版　防災白書』より作成

ことです。日本は大きな地震災害を考えなくてもいいような状態で、都市の道路や上下水道、ガス管などのインフラ整備をすすめ、高度経済成長の中で社会を発展させることができました。

　そのような中で、1995年に阪神・淡路大震災が発生します。当時、大学生だった私は大きな衝撃を受けました。日本はもう地震など恐れることはない、高速道路も頑丈で倒れないなどと言われていましたし、木造はともかく鉄筋の建物は絶対に壊れないというようなことが、阪神・淡路大震災が起こる前に発行された文献などで見られます。しかしそのような確信が見事に覆されてしまったのです。

　地震学者の中でも議論が分かれていますが、1995年の阪神・淡路大震災以降、日本は再び地震の活動期に入ったと言われています。家屋の建て替えや耐震補強などによって、家屋の耐震性が上がったので、戦前のような大きな被害は出ていませんが、2000年には鳥取県西部地震、2001年には広島で芸予地震、2004年には新潟県中越地震、2006年には宮城県北部地震、2007年には能登半島地震と新潟県中越沖地震、2008年には岩手・宮城内陸地震と、毎年のように地震が起きています。日本は地震の活動期と静穏期を、西日本を中心に見ると約50年周期で繰り返していて、阪神・淡路大震災をきっかけに、日本は再び地震の活動期に入りました。これからは、今まで以上に「地震が起きる」「地震で被害を受ける」ことを考えなければいけない時代なのです。

　ただそうは言いながらも、阪神・淡路大震災以降、何百人も亡くなるような大災害は起きませんでした。もちろん阪神・淡路大震災の教訓をもとにして防災の大切さを訴えたり、2004年にはスマトラで大きな津波があったので、津波のことを日本でも改めて考えなければいけないなどとは言われていましたが、東日本大震災のような大地震による津波の被害はまず起きないだろうと思われていました。そのような状況の中で、2011年3月11日に東日本大震災が起こってしまったのです。図1-1の右端から2番目の棒グラフが東日本大震災が発生した2011年の死者・行方不明者数です。戦後の中でもダントツに大きな被害を出した災害に、現代の日本社会は直面することになりました。

## ③ 石巻の悲劇

　私たちは、東日本大震災でなぜ2万人もの方が亡くなってしまったのかということを考えなければいけません。そこで、みなさんも東日本大震災のことはテレビや新聞などを見て知っているかと思いますが、特徴的な話を紹介しようと思います。小学校や中学校の話がイメージしやすいと思いますので、2つの学校を紹介します。

　1つ目は、宮城県石巻市にある石巻市立大川小学校です。東日本大震災で、この小学校に何が起こったのかを見ていきます。「想定・計画・訓練の不備がもたらしたもの」というタイトルをつけます。まず地震発生から14分後の15時ころには校庭に集合し教員が点呼をとりました。これは防災訓練などで子どもたちがよく訓練している通り、地震が起きて、揺れが収まるまで頭や体を守って、みんなで校庭に避難した、ここまでは特に問題はないわけです。ところが、この後、教員間で意見が分かれました。ある先生は「このまま校庭でじっと待機しよう」と言いました、別の先生は「津波が来るかもしれないから逃げよう」と言いました。また別の先生は「『逃げろ』というのは簡単だけど、逃げるならばどこに避難すればよいか。子どもたちを安全に移動させることができるのか」と疑問を投げかけました。地震や津波の情報がなかなか入ってこない非常時のあいまいな状況で、先生たちの結論が出ないという事態が起きました。

　なぜこのようなことになったのでしょうか。宮城県は、東日本大震災が発生する7年前、2004年に第3次地震被害想定調査をしました。その時に作られた津波浸水域予測図では、「大川小学校には津波は来ない」とされていて、大川小学校は避難所に指定されていました。ですから、東日本大震災が起こった後、住民もどんどん学校に集まってきました。知っている人も多いかと思いますが、小中学校や公民館は避難所に指定されることが多いです。また、大川小学校には「防災危機管理マニュアル」がありましたが、これも訓練などでしっかり使って見直しや改良を重ねていたわけではなく、もともとのひな形をそのまま使っているような箇所も多く、津波が起こった時にどこに逃げるかといっ

た具体的な津波に対する避難行動計画はなかったそうです。だから「本番」で地震が起こってから「本当に学校でよいのか」「学校がダメならどこがいいのか」というテーマで先生たちはもめたのです。結局、結論が出た時には、地震から40分以上が経っていました。地震が起きて14分後に校庭に集合して、それから30分近く、先生たちが話し合いをしている間、子どもたちは校庭でずっと待機していたわけです。

地震から40分以上が経過して、ようやく話がまとまりました。学校の約200m西側に、北上川という大きな川が流れています。その川に架かっている新北上大橋のたもとが、堤防になっていて少し高いので、そこにみんなで逃げようということで、新北上大橋のたもとに向かって移動しはじめました。その直後、堤防を乗り越えた津波が児童の列を前方からのみ込んだのです（図1-2）。

列の後方にいた教師と数人の児童は向きを変えて裏山を駆け上がるなどして一部は助かったものの、校庭に避難していた児童108名中、74名が死亡または行方不明、教職員も当時校内にいた11名のうち、10名が死亡・行方不明になりました。大川小学校は2階建てで、2階の真ん中くらいの高さまで土砂で埋まってしまうほど大きな被害を受けました。

私たちが今まで過ごしてきた人生で、自分の住んでいる地域の子どもたちの7割がいっせいに亡くなるという事態に直面した人はほとんどいないと思いま

図1-2　大川小学校に津波がきた様子
（大川小学校事故検証委員会『大川小学校事故検証報告書』2014をもとに作成）

す。しかしそのような事態が、この現代の日本で発生したのです。マスコミは「裏山に避難していれば助かったかもしれない」などと言っていますが、事態が起こってしまった後から言っても取り返しがつきません。「石巻の悲劇」として、取り上げられました。

##  4　釜石の「奇跡？」

　もう1つ紹介します。今度は岩手県の釜石市立釜石東中学校です。釜石東中学校では、地震発生時校内にいた212人の生徒が、地震の揺れが収まった直後に校庭に移動をしました。ここまでは大川小学校と全く同じ対応です。しかしその後、約1.5km離れた峠まで教員の指示を受けながらも自発的に避難をしました。またその行動が隣接する釜石市立鵜住居小学校の児童の避難にもつながり、中学生や小学校の上級生が小さな子どもたちの手を引きながら迅速な避難を行ったのです。図1-3の写真は、実際のその時の写真です。みんなあわてふためいて、一種の集合パニックになって逃げているわけではなく、整然と移動している雰囲気がわかると思います。釜石東中学校と鵜住居小学校は、海に近い学校です。4階建ての校舎を丸のみするほどの十数mの津波が襲ったにもかかわらず、当時、登校していた小中学生全員が無事でした（図1-4）。実は、釜石東中学校は、東日本大震災が発生する前から有名な中学校でした。どのようなことで有名だったのかというと「防災教育が盛んな学校」として有名だったのです。さまざまな防災関係者がかかわっていて、私もその1人として東日本大震災の前から面識がありました。いろいろな

図1-3　津波から避難をする生徒・児童（小中合同訓練が生かされた）（釜石東中学校提供）

図1-4 避難先から見た津波（釜石東中学校提供）

防災教育の取り組みを行っているのですが、その1つに「避難3原則」という標語があります。1つ目が、「想定、とらわれるな」。災害前の被害想定は安心情報ではない。2つ目が、「最善を尽くせ」。もしその時に余裕があれば、自分ができる最善のことをどんどんやろう。3つ目が、「率先し避難せよ」。他人の指示を待たずに自ら行動を起こそうというものです。これを、訓練などを通して生徒に徹底していました。このような取り組みの結果、当時登校して学校にとどまっていた小中学生は誰1人として亡くならなかったのです。

これをマスコミでは「釜石の奇跡」というタイトルでニュースにしていますが、実際に先生や生徒に話を聞くと違和感があると言います。自分たちは、例えば聖書にあるような、「モーセが杖を振りかざすと海が割れて、そこを歩いて逃げて無事だった」というような奇跡を起こしたわけではない。普段から考えて普段から練習していたことが、本番でもうまくいったということで、「本番でもそれなりに上手に対応できた」という気持ちはあるけれども、「釜石の奇跡」というのはあまりしっくりこない。逆に、「奇跡だ！奇跡を起こした立派な子どもたちだ！」などと言われると違和感すら覚えるそうです。

ここでは釜石東中学校を取り上げましたが、東日本大震災で校舎が津波に浸かりながら誰も亡くならなかった小学校は他にもあります。彼らもまた、奇跡を起こしたわけではなく、「事前に事態を想定してやっていたことが、本番でもうまくいって、助かってよかった」というケースが多いのです。当時登校していなかった自分たちの仲間が亡くなってしまったこともあり、あまり素直に喜べないという気持ちもあったりして、この話はそんなに簡単な話ではないの

ですが、やはり災害に対して意識を持っていたこと、事前に想定していたこと、事前に訓練をしていたことが、自らの命を救った事例だと思います。

## ⑤ 南海トラフ巨大地震──「最大クラス」とは何か

　東日本大震災について、東北地方の人たち、関東地方の人たちは、自分の身近に起きたことなので、地震や津波は怖い、改めて災害に対して備えていかなければならないと強く思うかもしれません。しかし西日本に住んでいる人の中には、「あれは東北のことで、自分の地域とは違う」と、対岸の火事のように思う人も結構います。しかし、これは他人事ではありません。日本に住んでいる限り、自分たちにも起きることなのだというのが、これからの話です。

　南海トラフ巨大地震という言葉を聞いたことがある人もいると思います。太平洋の海底には水深4,000m級の南海トラフと呼ばれる深い溝（トラフ）があって、九州沖から四国沖、紀伊半島沖、遠州灘、御前崎沖を通って、駿河湾の富士川河口付近まで続いています。この溝は、北西に進むフィリピン海プレートが、日本列島が乗っているユーラシアプレートの下に沈み込むことによってできています。フィリピン海プレートが沈み込むことによって、2つのプレートの境界やプレート内部に歪みが蓄積されて、これを解消するために、南海トラフでは歴史的におよそ100年から200年ごとに、マグニチュード8クラスの巨大地震が発生しているのです。2012年8月末に新しい想定の第一弾が出されて、南海トラフ巨大地震が起こると最大で323,000人の方が亡くなるという結果が出ました。ただ「最大クラス」というところに注意してください。323,000人という数字だけが大きく取り上げられて、「必ずこれだけの犠牲者が出るような地震が起きる」と勘違いしている人もいますが、あくまでもいろいろな想定をした中で、最大クラスの地震・津波が起きた場合に、323,000人の犠牲者なのです。東日本大震災で「想定外」という言葉が一種の流行語のようになりましたが、このような想定外の事態をなるべくなくすために、一番大きな時にはどれぐらいの被害になるかという想定結果なのです。

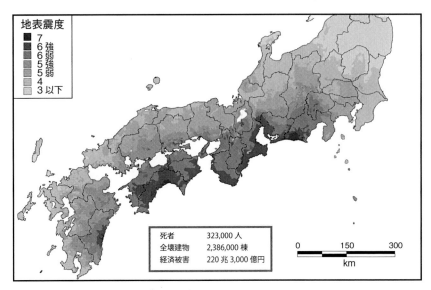

図1-5　南海トラフ巨大地震の被害想定(陸側ケース)
内閣府(防災担当)「南海トラフの巨大地震による津波高・浸水域等(第二次報告)及び被害想定(第一次報告)について」内閣府報道資料、2012年8月29日をもとに作成

　東日本大震災の犠牲者は約2万人ですので、その約16倍というとんでもない数字です。全壊建物が約240万戸、経済被害は約220兆円です。日本のGDP（国内総生産）は約520兆円（2012年・実質GDP）ですので、1年間のGDPの4割が丸ごとなくなってしまうような規模の地震が起こることが想定されているのです。
　この地震の特徴的なことは、被災地の広さです。図1-5で、最大クラスの地震が起きた時に、震度7や震度6強が想定されている地域を見ると、静岡県から宮崎県を中心とする広い範囲にわたります。日本の人口が減少して高齢社会がますます進んで、日本の国力がどんどん低下する中で、限られた人的資源・物的資源を、この広い被災地に「集中投下」しなければならないのです。国や地方自治体は、この災害を「国難」と位置づけて、これを乗り越えなければ日本という国自体の存亡にかかわると考えています。
　「最大クラスの地震というのは確率の小さい話なので、実際にはそこまでの

規模のものは起きないのではないか」という人もいます。確かに確率的にはその通りです。しかし「南海トラフでは結局地震なんて起きないのではないか」というのは間違いです。先ほども言ったように、南海トラフで地震は繰り返し起きています（図1-6）。1つ前が1944年（昭和19年）の東南海地震と1946年（昭和21年）の南海地震で、その1つ前は1854年、江戸時代の幕末期に起きた安政東海地震と安政南海地震で、その前が1707年の宝永地震です。この宝永地震の時には地震の49日後、

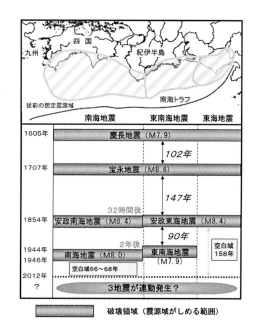

図1-6　東海・東南海・南海地震（三連動地震）対策の必要性（内閣府資料）

富士山も噴火しています。さらにその前は1605年の慶長地震、その前は1498年の明応地震と、歴史的に繰り返し起きています。前回はどれくらいの大きさの地震が起きて、毎年どれくらいの歪みが南海トラフの地域に溜まっていって、いつごろ限界をむかえて地震が起こるか、簡単に言うと南海トラフではこのような考え方で地震の発生時期が想定されています。すると2013年を基準として今後30年間で60～70％、前回の地震（1946年）から88.2年後あたりが次の発生時期です。1946年に88.2年を足すと2034年ごろです。もちろん確率の話なのでこの前後ということになります。

　みなさんは2034年ごろには何をしていますか。高齢者が多く参加する講演会でこの話をすると、「だったら大丈夫！（もうこの世にいないからということでしょうか……）」なんて自信満々に言う人もいますが、そんなことを言わないでください。2014年に70歳の人は90歳なので、十分に直面する可能性が

・最大クラスの地震・津波の性格
1. 平成23年に発生した東北地方太平洋沖地震で得られたデータを含め、現時点の最新の科学的知見に基づき、発生しうる最大クラスの地震・津波を推計したものである。
2. この「最大クラスの地震・津波」は、現在のデータの集積状況と研究レベルでは、その発生時期を予測することはできないが、その発生頻度は極めて低いものである。

図1-7 最大クラスの地震・津波への対応の基本的考え方
(内閣府(防災担当)「南海トラフの巨大地震による津波高・浸水域等(第二次報告)及び 被害想定(第一次報告)について」内閣府報道資料、2012年8月29日)

ある未来なのです。そしてもちろん確率の話ですから2034年よりも早く発生する可能性もあります。

その時にどれぐらいの規模の地震が起きるかは、残念ながら今の科学の力ではわかりません(図1-7)。最大クラスのものが起こることも考えられるし、もう少し小さなクラスのものが起こることも考えられます。しかし歴史から見て、いつごろ起こるのかはおおよそ予測できるのです。規模はともかく起きるということはわかっている。しかも現在大学生の人たちは、社会の中心でバリバリ働いているその時に、南海トラフ巨大地震による「西日本大震災」に直面する可能性が高いのです。

そしてさらにもう1つの危機が内陸型地震です。今回も、東日本大震災の翌日に長野県北部地震が発生しました。「誘発地震」とか「広義の余震」とか言われて、現時点では原理もはっきりと解明されていないのですが、大きな地震が起きて地面の下のパワーバランスが崩れると、いろいろなところに歪みが出てきて地震が誘発されるのではないかということも研究されています。

## ⑥ 大地の時間スケールと人間の時間スケールの違い

私たちは、海溝型地震と内陸型地震の関係を、歴史に学ぶことができます。それが800年代の災害です(図1-8)。800年代というと、「鳴くよ(794)うぐいす平安京」の平安時代です。平安時代にも日本中でさまざまな災害が頻発しました。その中に、869年(貞観11年)の三陸地震・津波というものがありました。この前後に、さまざまな災害が頻発しています。5年前の864年には富

| 西暦 | 地域 | マグニチュード(地震)/噴出量(火山) |
|---|---|---|
| 818 (弘仁9) | 関東諸国 | 7.5 以上 |
| 827 (天長4) | 京都 | 6.5〜7.0 |
| 830 (天長7) | 出羽 | 7.0〜7.5 |
| 838 (承和5) | 伊豆大島 | 8.3 億 m³ |
| 838 (承和5) | 神津島 | 10.4 億 m³ |
| 841 (承和8) | 信濃 | 6.5 以上 |
| 841 (承和8) | 伊豆 (丹那断層) | 7 程度 |
| 850 (嘉祥3) | 出羽 | 7 程度 |
| 863 (貞観5) | 越中・越後 | |
| 864 (貞観6) | 富士山貞観噴火 | 13 億 m³ |
| 868 (貞観10) | 播磨 (山崎断層) | 7 以上 |
| 869 (貞観11) | 三陸地震・津波 | 8.3 |
| 874 (貞観16) | 開聞岳噴火 | |
| 878 (元慶2) | 関東南部大地震 | 7.4 |
| 880 (元慶4) | 出雲 | 7 程度 |
| 886 (仁和2) | 新島 | 12.3 億 m³ |
| 887 (仁和3) | 五畿・七道 (南海トラフ) | 8.0〜8.5 |

図1-8 800年代の主な災害（地震・津波・火山）

内閣府・広域的な火山防災対策に係る検討会『大規模火山災害対策への提言(参考資料)』2013、北原糸子・松浦律子・木村玲欧編『日本歴史災害事典』吉川弘文館、2012、尾池和夫『四季の地球科学』岩波書店、2012 より一部追記・改変

士山が噴火しています。富士山貞観噴火といって、青木ヶ原の樹海や富士五湖がこの噴火によってできました。三陸地震・津波の1年前の868年には、播磨（兵庫県西部）の山崎断層が動きました。現在の高速道路、中国自動車道の一部は山崎断層の段差を利用して造っています。

そして、三陸地震・津波の5年後の874年には鹿児島の薩摩半島にある開聞岳が噴火しました。今回の東日本大震災の直前にも、やはり鹿児島県の新燃岳が噴火しました。三陸地震・津波の9年後には、関東南部大地震が起こりました。いわゆる大正時代の関東大震災の数回前の関東大地震です。そして三陸地震・津波の18年後の887年には仁和の南海トラフ地震が起きています。このように、地震と噴火が集中して起きました。日本史の存在するこの2000年くらいの間に、他にもこのような時期が何度もあります。

そして、私たちはこれを現在にあてはめて考える必要があります。この講義をしている今は2014年、東日本大震災から4年目を迎えました。マスコミも取

り上げることがあまりなくなってきました。人は日々生活をしているので、地震のことを忘れがちですし、中には「そろそろ地震の話題は勘弁してほしい」「飽きた」と思っている人もいます。しかしこの年表にあてはめると、869年の貞観地震に対して私たちは今872年ぐらいのところにいるのです。大地の活動規模の時間スケールと、私たちの人生の時間スケールは違います。2年経ったからもう大丈夫だろうと考えるのは人間の勝手な憶測で、体で感じる東日本大震災の余震はまだまだ10年以上続くと言われていますし、大地の活動のスケールから言うと、1995年の阪神・淡路大震災以降、私たちは地震の活動期の中に身を置いて生きているということを再確認しなければいけません。

　南海トラフ巨大地震の怖いところは、「自分の地域に救援は来ないかもしれない」ということです（図1-9）。被災地は途方もなく広いので、人的資源・物的資源がまんべんなく行き渡りません。今回の東日本大震災でも、資源は過不足なく行き渡りませんでした。例えば、岩手県の沿岸部よりも、交通の便がより良くて人口の多いところに資源が集中したそうです。岩手の沿岸部の人に話を聞くと、もちろん道路や海路が被害で物理的に使えなかったこともありますが、人的資源・物的資源がほとんど来ないまま、最初の大変な時期を何日間も過ごさなければならなかったそうです。資源は本当に必要な人のところに過不足なく行き渡るわけではありません。これほど広域で大きな災害がもし起こったら、自分のところに本当に救援が来るのかも定かではありません。

特に、交通事情が悪く、被害が相対的に軽い、人口が少ない地域には「当面の救援は来ない」ことを想定すべきです。南海トラフ巨大地震が発生すると、静

・国や自治体の注目度・優先度が高い
・被害が大きい
・重要な施設がある（原発など）
・人口・被災者が多い
　（＝声の総量が大きい）
・マスコミが取材しやすい
・情報が入りやすい
・交通の便がよい

→被害が相対的に軽い・人口が少ない地域には「当面の救援は来ない」
→当面（1週間程度）を乗りきるための「自助努力」と「共助で乗りきる仕組みづくり」が必要

図1-9　自分の地域に救援は来るのか？

岡、三重、和歌山、徳島、高知あたりを中心に大被害になる可能性があります。集落が丸々1個なくなってしまったり、自治体の半分近くが水没してしまったりという大きな被害が出たとしても、当面の救援が来ないことも考えなければいけません。また、相対的に被害の軽い内陸部の人たちは、自分たちで乗り切るという仕組みが必要です。すぐに消防や警察、自衛隊が、自分の家めがけて来てくれて、対応してくれて、物を届けてくれて助かるかと言うと、それは「ない」と考えた方が危機管理としては正解です。災害が広域で日本の国力も低下している中、もはやそういう時代ではないのです。こう考えると、自分の人生にとって、災害・防災は「他人事」「対岸の火事」ではないことがわかってきます。

## リスクの考え方

　リスクという言葉があります。一般用語としても普段からよく使われますが、リスクとは「生命の安全や健康、資産や環境に、危険や障害など望ましくない事象を発生させる確率ないしは期待損失」(『リスク学事典』TBSブリタニカ、2000)と、定義されています。リスクの定義は学問分野や研究者によって異なりますが、「被害がどれくらい重大であるかということと、それがどの程度の確率で起こるか、という2つの要素の積で表されるもの」という米国学術研究会議（NRC）による定義がよく使われます。つまり「リスク（Risk）」を「ある事象が発生する確率（Probability）」と「その事象によって発生する被害・影響の大きさ（Consequence）」との掛け算によって表す考え方、「R（リスク）＝P（発生確率）×C（被害・影響の大きさ）」です。これが最も基本的なリスク評価・リスク定量化の方法です。

　実際にリスクの計算をすることで、リスクの概念を理解することを学習目標として作ったワークシートが図1-10です。発生確率と影響度をそれぞれ5段階で表して、自分にとってのリスクを計算します。例を用いて説明すると、「自分が風邪をひく」ことの発生確率は4ぐらいあって、自分にとって結構大

リスクとは、危険や障害など望ましくない事象を発生させる「客観的」な確率・不確実性

$$R = P \times C$$
リスク　発生確率　被害・影響の大きさ
Risk　Probability　Consequence

|  | P（発生確率）× C（被害・影響）<br>5段階（5：大きい〜1：小さい） |  | 理由 |
|---|---|---|---|
| 例．風邪 | 4 × 2 = 8 | 3位 | 最近、体が弱ってきてカゼをひきやすくなった。ただ2日くらい寝ればだいたい治るので影響度は低い。 |
| 1．地　震 |  | 位 |  |
| 2．交通事故 |  | 位 |  |
| 3．ガ　ン |  | 位 |  |
| 4．通り魔 |  | 位 |  |
| 5．留年（卒業不可） |  | 位 |  |
| 6．（　　　　　） |  | 位 |  |

図1-10　リスクの概念を理解するためのワークシート

きい。その時の被害・影響は、無事ではないけれども、しばらく安静にすれば治るから2くらいだ。したがって、4×2＝8でリスクの大きさは8になります。そして算出するに至った理由を右側に書きます。ワークシートの6番が空欄になっていますが、ここには自分でリスクを1つ考えて、そのリスクを算出します。これまでの例だと、バイトをクビになったり、恋人に振られたり、安い居酒屋で食中毒になったり、ツイッターが炎上したり、電車内でチカンに間違えられたり、隕石が落ちてきたり、50m級の巨人に襲われたり（『進撃の巨人』）と……私たちの周りには、さまざまなリスクが存在します。

　子どもだましのような簡単な掛け算に思えるかもしれませんが、この手法は企業や組織が災害対応計画、防災計画、事業継続計画を作る時にも使われています。実際にさまざまなリスクを挙げてみて、それぞれのリスクについて、発生確率と自分たちの企業・組織への被害・影響を想定して掛け算をする。その中で、数値が大きかったトップ3のものや特徴的なものを抽出して計画を立てていきます。

　リスクは、発生確率と被害・影響の大きさの2つの要因によって決まると言いましたが、人間の心理で言うと、「発生確率」に引きずられる傾向がありま

す。例えば、鍵をかけ忘れて家を出てしまって、しばらく歩いてから気づいた時、「もういいや」と思って、そのまま外出を続行するということは、少なくとも都会ではありえないと思います。家からだいぶ離れてしまっていたとしても、「このままでは危ない」と思って引き返して鍵を閉める人がほとんどでしょう。

　なぜ人はそう思うのかというと、もしかしたら空き巣が家に入るかもしれない、帰ったら鉢合わせをして自分がケガをするかもしれない、下手をすると命を奪われるかもしれないという犯罪に対する防犯の意識があるからです。普段、空き巣はたくさん起きているし、知りあいがもしくは自分がそういう被害に遭ったという人もいると思います。発生確率が高い犯罪に対する防犯の意識は非常に高いです。「空き巣は『物を盗られる』のがほとんどで、『命が奪われる』ことはあまりないから、命にかかわらないならば別に鍵をかけ忘れてもそのまま放っておけばいいや」と思うかというと、なかなかそうは思わないわけです。

　ところが、災害はそうはいきません。理解しやすいように「頭の上に隕石が落ちてくる」というリスクで説明します。みなさんは「頭の上に隕石が落ちる」ということを考えて普段生活をしていますか。頭の上に突然隕石が落ちてきたら、2階から植木鉢が落ちてくるような程度では済みません。当然、死ぬか大ケガをしてしまうでしょう。だからといって、みなさんの中で、外出する時には絶対にヘルメットをかぶる、隕石にあたらないように横断歩道は猛ダッシュで走る、商店街を通る時には軒下をカニ歩きして自分の身を守る、というようにして普段から過ごしているという人は、いないと思います。いたらいたで困りますが、なぜいないかというと、発生確率はほとんどゼロだからです。

　それに比べると、犯罪や健康問題、リストラや企業の倒産、年金減額、子どもの進路問題は、常に身の回りにあることでイメージしやすく発生頻度の高いリスクです。そのため、健康問題では「モロヘイヤが体にいい」とテレビで特集すれば、普段は売れゆきがそれほどよいわけではないモロヘイヤがスーパーの野菜コーナーから一斉になくなり、「ヨーグルトがいい」と言われればヨーグルトの生産が追いつかなくて販売中止になり、など「モロヘイヤやヨーグルトを食べないと明日死ぬ」わけではないにもかかわらず、人々は即座に対応

行動をとります。ところが災害、特に命を奪うような巨大な災害は「低頻度事象」と言われていて、頻度が低いのであまりリスクとして人々の意識に上がってきません。ただし、1回起きると命を奪われてしまう可能性も低くない。1アウトで即退場、試合終了というような事態に陥るのが災害というリスクなのです。

## 8　わがこと意識

　21世紀前半は地震の活動期と言われています。また21世紀前半を生きる私たちは、地球温暖化などによる異常気象にも注意をしなければなりません。学術用語ではありませんが、ゲリラ豪雨や爆弾低気圧などと言われているような豪雨災害や、それに伴う地盤災害が毎年のように発生しています。もはや「異常気象が異常ではない」時代に突入しているのかもしれません。災害・防災の意識があまり高くない人からよく聞く言葉に「今まで起きなかったから、だぶんこれからも大丈夫だろう」というものがあります。しかし「今までに起きなかった」ことと「これからも大丈夫であろう」ことは独立した事象で何の関係もありません。これからを生きる人々にとって、地震や異常気象などによる災害は「めったに起きないもの」ではなく、「頻繁に発生して、そのたびに自分や大切な人たちの命を脅かすもの」という認識を持つべきなのです。

　そこで「わがこと意識」という言葉がキーワードになります。これは専門用語です。「自分たちに身近なこととして、自分たちに引き付けて考えること」「ある事柄について、それが自分たちに直接関係することでなくても、それが自分たちそのもののことのように意識すること」が「わがこと意識」です。

　災害は低頻度事象です。たくさんの方が亡くなるような災害を自分が身近に経験することは、21世紀前半の発生可能性が高くなった時期とはいえ、多分、一生に数回だと思います。犯罪のように高い発生確率ではありません。しかし起きた時にはその1回が命を奪ってしまうかもしれない。東北地方以外の人たちにとっても、東日本大震災は他人事の、よその災害ではないのです。同様に

阪神・淡路地域に住んでいない人たちにとって、阪神・淡路大震災は忘れても構わない災害ではないのです。もし同じような規模の地震が自分のところで発生したら、また豪雨災害が自分のところで発生したら、一体どんな被害・影響が発生するのだろうか、その被害・影響に対して何をすればよいのだろうか、事前にできることは何か、事後に適切に対応すべきことは何か、それをどういう順番でどんなふうに行えばよいのか、というように、いろいろな災害をわがことのように感じて、災害・防災への意識を高めることが必要です。

　「わがこと意識」には、現実性・地域性・人間性の3つが強く影響しています（図1-11）。コンピュータグラフィック（CG）の津波シミュレーションだけを見せられても、「すごいなあ」と思うだけでなかなかイメージが湧きません。「過去に実際に起きた」という現実性、「自分たちが住む地域で実際に何が起きたのか・何が起きるのか」という地域性をあわせて提示することは、「わがこと意識」を上げるためには大切です。例えば、ハザードマップのようなものも、自治体全域を1枚の地図に押し込めてシミュレーションの結果を色塗りで表示するだけではなく、例えば小学校区や中学校区単位で、地域で何が起こるのか、過去に何が起こったのか、その時に使える資源はどこに何があるのかなどの事実をあわせて提示することで、人々の災害に対するイメージと「わがこと意識」が養われます。このような工夫をしているハザードマップや防災マップも増えてきました。

　もう1つは、人間性です。南海トラフ巨大地震で死者が323,000人、建物全壊が約250万棟という全体の数を見せるだけでなく、災害は1人1人の人間にどのような被害・影響を与えて、生活を続けようとする上でどのような苦労や困難があ

図1-11　災害に対する「わがこと意識」を高めるためには

って、そこからどう立ち直っていくのか。このような人間のストーリーを示すことで、災害や防災に対する「わがこと意識」が高まるのです。

　この本では災害時の心理や行動について、現実性・地域性・人間性に焦点をあてながら、「わがこと意識」を持ってもらえるようにさまざまな過去の事実を紹介していこうと思います。ただ誤解してほしくないのは、災害・防災に対して、毎日「わがこと意識」を持ってほしい、毎日考えてほしいと思っているわけではありません。年に1回でも2回でもよいのです。防災訓練やマスコミの特集などをきっかけにして災害・防災に対する「わがこと意識」を継続的に確認しながら、来たるべきその日への備えにつなげてほしいと考えています。

## ⑨ 社会現象としての災害

　災害が発生すると、建物や道路、ライフラインなどの物理的な構造物だけが壊れるわけではありません。被災者の心身、毎日の生活、地域のつながり、組織・集団、社会制度などの心理的・社会的側面にも大きな被害・影響を及ぼします。災害は、自然現象であると同時に社会現象としての側面を持つのです。そして、社会の持続的発展は大きく長く阻害されて、元の社会機能を回復し、新しい社会を作りあげるためには長い時間が必要となります。

　本章の最後に、災害が発生するメカニズムを考えていきたいと思います。そのために林春男『いのちを守る地震防災学』（岩波書店、2003）で説明されている図を紹介したいと思います（図1-12）。災害というのは、自然現象である外力（Hazard）と、外力に襲われた地域が持つ社会の防災力（Vulnerability）の関係性によって、被害が大きくなったり小さくなったりなると言われています。同じ地震がやってきても、その地域の防災力が強ければ被害は小さくて済みます。例えば、中国でもさまざまな地震被害が想定されていますが、日本と同じ程度の地震が中国で起きるというシミュレーションをすると、中国の被害は日本よりも大きくなるという結果があります。それは、その地域の建物の耐震性の低さなど、さまざまなことが影響しています。地震や豪雨などの自然現象である

外力の大きさが、そのまま被害の大きさに直結するわけではないのです。それを迎え撃つ地域の防災力によって、被害は大きくもなれば小さくもなるのです。このような考え方のもとに、外力のことを災害誘因、社会の防災力のことを災害素因と

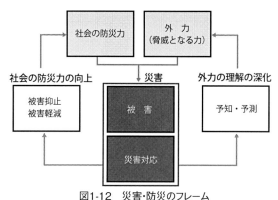

図1-12　災害・防災のフレーム
（林春男『いのちを守る地震防災学』岩波書店、2003 を一部改変）

呼んだりもします。ちなみに社会の防災力は英語ではバルナラビリティと呼びますが、この単語は「脆弱性」「弱さ」という意味です。そのため日本語でも英語の意味の通りに「社会の脆弱性」「地域の脆弱性」と呼ぶこともあります。

　そして発生した被害・影響や、それに対する災害対応・復旧・復興などの現象を、災害（Disaster）と呼びます。例えば、人間が住んでいないジャングルの真ん中で地震が起きても、人間がいない星の火山が噴火しても、人間や町がやられているわけではないので、それらは基本的には災害とは呼びません。

　この災害を小さくするには、どうすればよいのか。それには2つあります。まずは外力をよく知って解明することで、何とかしようとする方法です。理屈として一番よいのは、外力をなくすことです。例えば、台風を消し去る、地震をなくすということです。しかしこれは現代の科学の力では残念ながら不可能です。そこで、発生や被害・影響の予知や予測をします。敵を知ることによって外力からの被害・影響を小さくしていこうという考え方です。2つめが、社会の防災力を上げていくという方法です。命や暮らしを守るために、発生する被害・影響自体を小さくしよう（被害抑止）、または防ぎきれずに発生した被害・影響をそれ以上大きくさせないように上手に対応しよう（被害軽減）という方法です。このように想定された被害・影響を減らそうということで、最近は防災だけではなく「減災」という言葉も使われます。

したがって、地震や豪雨などの自然現象のメカニズムがわかれば、それだけで災害をなくすことができる、抑えることができるというのは大きな勘違いです。私たちはこれまでに発生した災害の知恵・教訓などを学び、「わがこと意識」を高めて、地域の防災力を上げていかなければならないのです。
　以上が、第1章の災害・防災・減災の基本的な枠組みの話です。いかがでしたか。枠組みというのは抽象的な話なのでわかりにくかったかもしれません。次章以降は、より具体的な話をしたいと思います。まず第2章では、なぜ災害で人が亡くなったのか、その死因を知ることで、私たちが「命を守り」「生き残る」方法を考えていきたいと思います。

---

**第1章の確認事項**

1. 「21世紀前半が災害時代である」ことについて、地震災害を中心に、過去の活動期の特徴を踏まえながら説明しなさい
2. 災害に対する想定・計画・訓練の大切さについて、東日本大震災における津波避難を例にとって説明しなさい
3. 南海トラフ巨大地震において「最大クラス」の想定がなされているが、最大クラスとはどのような意味で、なぜ最大クラスの想定が必要なのかについて説明しなさい
4. リスクの考え方について、発生確率、被害・影響の大きさの2つの要素をもとに説明しなさい。またなぜ災害において「わがこと意識」を持つことが必要なのかについて、リスクの考え方をもとに説明しなさい
5. 災害について、外力、社会の防災力、予知・予測、被害抑止、被害軽減といった単語を用いて説明しなさい

# Chapter 2

## 「自分が助かる」ことから考えよう
―― 死なない・ケガをしないためのイメージづくり

---

### 本章の学習目標
1. 東日本大震災（海溝型地震）の死因（直接死）を説明することができる
2. 阪神・淡路大震災（内陸型地震）の死因（直接死）を説明することができる
3. 「地震＝津波連想」「津波てんでんこ」の意味を説明することができる
4. 地震の揺れが家具等に与える「5つの影響」について対策を含めて説明することができる
5. ケガをしないための「4つの備え」について説明することができる

**keywords**

地震＝津波連想、津波てんでんこ、層破壊、新耐震基準、家具転倒、「自分が死なない」、「自分がケガをしない」

---

 ### 東日本大震災における死因

東日本大震災では、被災して亡くなった人の92.4％が溺死でした（図2-1）。ほとんどの人が津波に飲み込まれて亡くなってしまったということです。亡くなった人の年齢構成と実際の人口構成を比べると、高齢の人が逃げ遅れて亡くなっていることがわかります（図2-2）。東日本大震災が発生する前、太平洋沿岸の小学校で津波について授業をしたこ

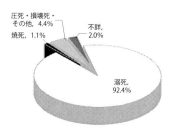

図2-1　東日本大震災における死因
（岩手県・宮城県・福島県）
（震災1ヵ月後の2011年4月11日時点）
（内閣府『平成23年版　防災白書』2011）

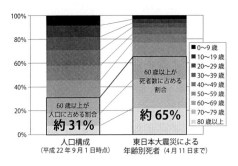

図2-2 東日本大震災における死者と地域人口の年齢構成比較(岩手県・宮城県・福島県)
(内閣府『平成23年版 防災白書』2011)

とがあるのですが、ある子どもが「僕は泳ぐのが得意だから津波がきても大丈夫」と言っていました。東日本大震災によって津波の映像が多く流れたため、見た人はおわかりかと思いますが、津波というのは大きな水の塊が、陸地付近では時速36kmという速度を保って、飲み込んだ家のガレキや車などを巻き込みながら襲ってくるわけです。逃げ遅れた高齢者が被害に遭っていますが、年齢に関係なく、「津波に接触すること」自体が命取りになることを再確認しなければなりません。「流れるプール」とはわけが違うのです。

## 2 地震＝津波連想

　津波への対応について、「地震＝津波連想」という専門用語があります。沿岸部にいて地震の揺れを感じたら、即、津波の危険性を思い出すこと。そして、外部からの情報を待たずに、津波から遠く高い場所（高台や頑丈な建物の上層階など）へと避難することです。人は地震に遭遇すると「この揺れは本当に地震なのか」「地震だとしたらどこで発生して、どのような規模の地震なのか」「大きな被害を受けたところはあるのか」「津波は発生するのだろうか、いつ来るのだろうか」など地震の情報を獲得しようとします。しかし、たとえあいまいな状況であっても、現時点の状況が非常事態なのか違うのか、逃げてよいのか悪いのかがわからなくても、自分のとるべき行動を熟考したり他から情報を得ようとしたりすることに時間を使うのではなく、「まずは津波の危険を回避する」ことを優先順位の一番目の行動として、津波から遠く高く逃げることが適切な対応です。

そして、津波が起きなかった時は、「ああ、逃げて損した」という「逃げ損」の考え方ではなく「上手な危機管理」ができたと自分の行動を褒めましょう。日本人は、行動を加点評価ではなく減点評価する傾向があるようです。いろいろな人たちの話を聞いていると、地震で津波警報が出た、大雨に関する警報が出た、避難勧告が出たという時に、実際に逃げたのにもかかわらず何もなかった時に、「ああ、逃げて損した」と思ってしまうというのです。「隣の人や近所の人など、周りは逃げていないのに、自分の家族だけあわてふためき逃げた。臆病者のようで恥ずかしい。結局何もなかった。もう次からは逃げることはやめよう」というように、行動が結果に結びつかなかった時に、その行動をマイナスに評価しがちだということです。

　しかし、これは低頻度事象の大災害では、危険な考え方です。「逃げ損」と言って、「どうせ次だって何ともないのだからもう逃げない」「周りが逃げないのだから自分だって逃げない」と思ってしまったために、次の警報が出た時に何もしなかったところ、今度は本当に災害が起こって、巻き込まれて亡くなってしまうこともあるのです。逃げて何ともなかった時にこそ、「今回も上手に避難・対応することができた。次回もこういうふうに避難しよう。上手に対応しよう」と行動を褒めてあげる、心理学の専門用語では「行動を強化する」というのですが、このような個人や家族の心構え、地域や社会の仕組みを作っていく、マスコミもキャンペーンを張っていくことが必要です。「わがこと意識」を持ち続けながら、上手に危機管理をしていくことが21世紀の災害時代の日本の大きな課題です。

　東日本大震災では、被災地で昔からの言い伝えである「津波てんでんこ」という言葉が何度も取り上げられました。「てんでん」は、てんでんばらばらのてんでん、「こ」は三陸地方の方言でよく語尾につく言葉です。三陸地方は、1896年（明治29年）の津波で約22,000人が亡くなっています。1933年（昭和8年）の津波でも3,064人の人が亡くなったり行方不明になったりしています。地震が起きたら子どもも親もてんでんばらばらになって逃げろ、という教訓です。これは郷土の津波災害史研究家で、自身も1933年昭和三陸津波、

2011年東日本大震災で被災をした故・山下文男さんが広めた言葉です。

「津波てんでんこ」について、よく誤解をしている人がいるのですが、この言葉は、とにかく自分だけが助かるために親を見捨てて逃げろとか、おじいちゃん、おばあちゃんを見捨てて逃げろ、という意味ではありません。山下文男さんは、その著書『津波てんでんこ』(新日本出版社、2008)の中で、今日の「災害時要援護者」の問題、体の不自由なお年寄りや障がい者の避難はどうするのかという問題に対しては、その家庭まかせにするのではなく、地域・集落全体の問題として捉えることが大切である。自主防災組織などで手助けする人々をリスト化し、誰が誰の避難をどのように手助けするかを考え、必要資器材を整備するなど、日頃からの取り決めと準備・訓練が必要である。これは「自分の命は自分で守る」という考え方を基本とした「自分たちの地域は自分たちで守る」という防災思想の実践であって決して矛盾することではない。ただ単に漠然と「みんなで手助けしなければ……」というぼんやりした意識が、いざという時にかえって混乱を招き、共倒れを増やすことにつながるのである(一部改変)、と述べています。事前に最善の対策をとりながら、揺れを感じたら、みんなの命を守るために逃げること、人命以外の何かに構って時間をロスしないように、高く遠くに逃げて戻らないことが大切です。

##  津波の高さだけでは、地域ごとの死亡率を説明できない

津波から命を守る3ステップは、①「揺れを感じたら」もしくは「揺れを感じなかった時でも津波警報を聞いたら」、②「遠く高くに逃げて」、③「戻らない」です。人間の対応はこれに尽きます。東日本大震災で津波に襲われた自治体ごとに、横軸に津波の高さ、縦軸に亡くなった割合(%)をとって図を作ると、同じ高さの津波が襲っているのに、あるところではたくさんの人が亡くなり、あるところではほとんど亡くなっていません(図2-3)。もちろん集落全体の地形や高度なども関係しますが、同じぐらいの津波が来襲した海辺の町で、死者の割合が違うのです。第1章で述べましたが、外力と地域の防災力の関

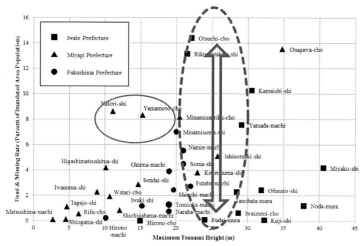

図2-3 津波の高さによっては、地域ごとの死亡率を説明できない

(鈴木進吾・林春男「東北地方太平洋沖地震津波の人的被害に関する地域間比較による主要原因分析」地域安全学会論文集、No.15, 179-188)

係によって、被害の大きさが違うわけです。

 ## 4 内陸型地震における死因

　東日本大震災以前の、1995年 阪神・淡路大震災、2004年 新潟県中越地震、2007年 中越沖地震といった内陸型地震（直下型地震）を見ると、地震ごとに特徴があります（図2-4）。私たちが住んでいる真下や近傍で起こる地震のため、発生した地域の特徴によって被害や影響が大きく違うのです。これが災害の難しいところです。都市で発生した阪神・淡路大震災、中山間地で発生した中越地震、地方都市で発生した中越沖地震は、それぞれの地域の特徴を反映した被害・影響が出ています。

　ここでは死因について、阪神・淡路大震災の事実を見てみましょう。阪神・淡路大震災で亡くなった犠牲者のうち、72.57%（3,979人）が窒息・圧死、7.75%（425人）が外傷性ショックということで8割が建物が倒壊したり、家具が転倒

|1995|2004|2007|
|---|---|---|
|阪神・淡路大震災|新潟県中越地震|新潟県中越沖地震|
|〈都市災害〉|〈中山間地域災害〉|〈地方都市災害〉|
|・物理的な被害が甚大<br>・社会システムが破壊<br>・復興への長い道のり<br>・復興施策決定に苦慮|・インフラ大規模破壊<br>・孤立集落の発生<br>・関連死の発生<br>・集団移転の発生|・全国に影響を与える地元企業の被災<br>・個人財産への被害<br>・二重被災の発生|

図2-4　3つの内陸型・直下型地震災害の特徴の違い

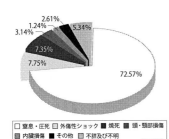

図2-5　阪神・淡路大震災における死因
（直接死(5,483人)に占める主な死因の内訳）
（兵庫県企画県民部災害対策局災害対策課の調査データをもとに作成）

したりすることによって亡くなっています（図2-5）。この図は地震による「直接死」という亡くなり方の死因ですが、命を守るためには建物倒壊・家具転倒についてまず考えなければいけないという根拠の図です。次に多いのは焼死で、7.35％（403人）です。これは、例えばビル火災のように、建物の中を逃げ惑っているうちに煙がどんどん近づいて来て、煙にまかれて一酸化炭素中毒で亡くなったということではありません。実はこの7.35％の多くが、建物や家具の下敷きになったところに火災が発生して亡くなった人だと考えられています。

　家がつぶれて、お父さんが下敷きになった。家族は一生懸命に助けようとするけれども、なかなか引っ張り出すことができない。そうこうするうちに近くで発生した火災の火の手が、どんどん家に近づいてくる。お父さんは、「もう自分のことはいい。おまえたちの方がよほど危ないから、先に逃げろ。自分は力があるから、後で這い出て追い掛けていく」と言って家族をみんな逃がして、残念ながらお父さんはそのまま亡くなってしまう。検死の結果、多くの人が建物や家具の下敷きが原因で「火災」で亡くなっていたのです。ですから、あわせて9割近くの人が建物の倒壊・家具の転倒が原因で亡くなっていると

いうのが、都市直下型地震災害である阪神・淡路大震災の事実なのです。

## 5　建物被害程度による死者発生の違い

　建物が壊れるといっても、少し斜めになったとか、壁や屋根が剥がれた、瓦が落ちたなど、いろいろあります。そこで、阪神・淡路大震災でどんな壊れ方をした家で人が亡くなったのかという研究結果が図2-6です。その結果、84.6％が層破壊（そうはかい）という壊れ方で亡くなっていました。聞き慣れない言葉だと思います。自治体の被害想定などでは、この図でいう全壊と層破壊をあわせて「全壊」と言っています。「全壊」の中でも、ある特殊な壊れ方をしたものを層破壊と言うと理解してください。

　図2-7が阪神・淡路大震災の層破壊の写真です。層、つまりある階、フロアーの部分がぺしゃっとつぶれてしまって、生存空間がありません。このような壊れ方をした建物の中で、人が亡くなっていることがわかりました。阪神・淡路大震災では、木造2階建ての多くで1階部分がつぶれています。1階は玄関やリビングやガレージがあって壁が少ないとか、2階の重みが1階にかかってとかいろいろな原因があるようです。また古い鉄筋コンクリートの建物でも、層破壊が起こります。図2-8は神戸市役所2号館です。8階建ての6階部分が層破壊しました。古い鉄筋コンクリートの建物にも層破壊が起きたのです。

　日本における「全壊」という状態は、ガレキになるだけではありません。国の判定基準では、「住家の損壊、消失もしくは流失した部分の床面積がその住家の延床面積の70％以上に達した程度のもの、または住家の主要な構成要素の経済的被害を住家全体に占める損害割合で表し、その住家の損害割合が50％以上に達した程度のもの」を全壊と認定しています。ですから、全壊にもいろいろな壊れ方

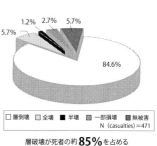

図2-6　建物被害程度と死者発生の関係

(LU et al."Building Damage and Casualties after an Earthquake", *Natural Hazards*, 29, 387-403, 2003)

図2-7　層破壊の例（兵庫区 1995.1.21）
（撮影者：大木本美通氏　提供：神戸大学附属図書館震災文庫）

図2-8　層破壊の例（神戸市役所2号館 1995.1.18）
（撮影者：大木本美通氏　提供：神戸大学附属図書館震災文庫）

があるのですが、その中でも特に層破壊は命を守ることに影響を及ぼします。「自分の家を層破壊させない」対策をとることが大切です。まずは自分の家の耐震診断をする必要があります。補助金を出す自治体も多いので、数万円程度の自己負担で耐震診断ができるところが多いです。

1981年（昭和56年）6月1日に国の建築基準法の耐震基準が大きく変わりました。阪神・淡路大震災の調査では、1981年の新耐震基準よりも前に建てられた建物は被害率が大きく、1981年よりも後の建物は被害率が小さいという結果が出ています。図2-9は、横軸が地震の揺れの大きさ、縦軸が全壊した建物の割合です。横軸は計測震度といって、5.0以上5.5未満が震度5強、5.5以上6.0未満が震度6弱、6.0以上6.5未満が震度6強、6.5以上が震度7です。木造建物について、図中の6本の積み上げ折れ線を見ていると、左側の3つと右側の3つに分かれているように見えます。左の3つは、6.0（震度6強）を超えると急に全壊が増えていき、6.5（震度7）を超えると全壊率が非常に大きくなっています。右の3つは、6.5（震度7）を超えてようやく全壊率が上がっています。左の3つは1980年よりも前の建物、右の3つは1981年より後の建物ということで、1981年の新耐震基準を境に建物の強さが大きく変わっていることがわかります。ですから、私たち

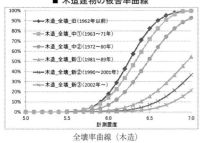
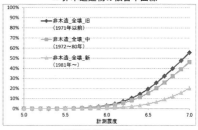

全壊率曲線（木造）　　　　　　　全壊率曲線（非木造）

図2-9　木造建物・非木造建物の被害率曲線
（中央防災会議「南海トラフの巨大地震 建物被害・人的被害の被害想定項目及び手法の概要」2012）

の対策としては「1980年よりも前の建物は、地震の揺れに対して非常に危険な建物である可能性が高いので、早期に耐震診断を受けましょう。それより後の建物も、注意すべき建物として、やはり耐震診断などを受けて気を付けましょう」ということです。自治体の補助金なども利用しながら、ぜひ住んでいる自治体の情報を調べてみてください。

## 6　家具転倒による被害

2つ目は家具です。図2-10の絵に興味がある人は、「日本シェイクアウト提唱会議」というウェブサイトにパンフレットのPDFがありますので閲覧してみてください。地震時には、「うごく」「とぶ」「たおれる」「おちる」「われる」という5匹の悪いやつらが出現するのです。

図2-11に、地震の揺れによる5匹の「悪さ」の内容とその対策が書いてあります。小学校などで、「地震の揺れの危険性を理解して安全対策を考えてみよう」という授業を行ってい

図2-10　地震の揺れによる5つの「悪さ」
（「シェイクアウト」パンフレットより）
http://www.shakeout.jp/common/pdf/pamphlet.pdf

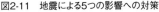

図2-11　地震による5つの影響への対策
（「シェイクアウト」パンフレットより　http://www.shakeout.jp/common/pdf/pamphlet.pdf）

る学校があります。例を挙げると、授業の最初に5匹の悪さの内容を学びます。次にいくつかのグループに分かれて、自分の教室から校庭までの避難経路や校内全体で、5匹が悪さをしそうな危険な所を、デジカメで写真に撮っていきます。教室に戻った後、デジカメの写真をプリントアウトしてハサミやカッターで切り取り、大きな模造紙に貼っていき、危険の内容や対策を水性マジックで模造紙に書き込んでいきます。実際にこのような授業を行っている学校では、この後に実際に対策してほしいというA4・2枚ぐらいの「要望書」をクラスのみんなで作って校長先生に提出したりします。「理科室の廊下に置いてある薬品棚が危ないから、ちゃんと鍵を閉めて扉が開かないようにしてください。理科の担当の先生にそう言っているけれども、『わかった、わかった』と言うだけでやってくれないので、校長先生から注意してもらえますか」。防災教育の先進校では、現在、こんなことをやっていたりもするのです。

地震時の家具などの揺れの対策として、もう1つ配置・レイアウトの問題があります。阪神・淡路大震災のインタビューで、地震の揺れで危ないと思った3つの家具は、たんす、本棚、テレビでした。それから、ピアノが壁をやぶったとい

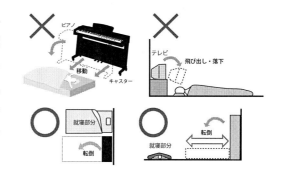

図2-12　家具のレイアウト（愛知県春日井市ホームページをもとに作成）

う例もありました。立派な凶器です。テレビも最近は薄型軽量だからよいかというと、いくら軽量とはいっても、何キロもあるものが、バランスを崩したりして頭に落ちたりしてきたら、たんこぶぐらいでは済まないことはイメージできます。その他、たんすや本棚も危険なので、たとえ転倒したとしても人に直撃しないように寝ている部分と平行に設置し、さらに転倒防止などの対策をしておくことも重要です（図2-12）。「どうせ大きく揺れたら倒れるのだろうから転倒防止をしない」という人もいますが、これはイメージ不足だと思います。たとえ最後に揺れに耐えきれなくなって転倒したとしても、最初の強い揺れを吸収して倒れるまでの時間をかせいでくれる間に、安全な場所に移動することができますし、倒れるまでに揺れを吸収しているのでそのままパタンと倒れて遠くへは飛ばないということが考えられます。これらの家具転倒防止については、インターネットにも情報が多くありますし、ホームセンターなどに行くといろいろなグッズがありますので、ぜひ対策をしてもらえればと思います。私たちは命を守るために、とにかく建物と家具の下敷きにならないことが、最重要課題なわけです。

　余談ですが、この話をすると、「うちの建物は新しくて耐震はちゃんとやっているし家具もたぶん大丈夫だから、もう防災は必要ない。災害が起きても自分の家でちゃんと生活していくことができます」と言う人がいます。しかし、これから話を続けていくように、防災はそれだけではないのです。例えば「自

分の家は大丈夫」といっても、近くで火事が起きて、自分の家が燃えてしまうかもしれません。がけの上や下に自分の家があって、がけが崩れてきて家が駄目になってしまうということもあります。阪神・淡路大震災では、家が並んで建っているところで、隣の家が自分の家に倒れ掛かってきて全壊するということもありました。さらに地面の液状化も想定することができます。どんなに耐震を施した立派な家でも、地面が斜めになってしまったら、結局、その家には住めません。家の被害だけではありません。電気・ガス・水道といったライフラインが止まってしまったり、道路が不通になれば、家は無事でも生活することはできません。ですから、家だけをよくすれば、他に防災でやることはない、もう大丈夫というのは大きな間違いです。ここで言いたいのは「命を守る」「死なない」という目的において、建物の耐震性向上と家具の転倒防止が、とても大切な対策だということです。

##  自助によって助かる・助けられる体制

もう1つ、イメージを持つべきことは「自分がケガをする」可能性です。授業などで「災害時に、どのような被害・影響が発生して、どのような対応をすべきか」と聞くと、「このような被害・影響が出るから、家族を助けて、近所の人の安否確認をして、初期消火をして、消防・警察に連絡をしながら救助活動をして……」という回答があります。これはスーパーマンの発想です。みなさんは、自分がケガをする可能性、自分がケガをして他人に助けてもらわなければならない可能性を考えていますか。このイメージが弱いと、事前の備えの不足から真っ先に自分がケガをすることになります。ここでは必要最低限の備えとして、「まくらもとにはスリッパもしくは靴、懐中電灯、笛、眼鏡を準備しておく」という話をしたいと思います。

1つ目はスリッパ、できればスニーカーのような底のしっかりした動きやすい靴を備えておくことです。図2-13は、2007年の能登半島地震の家の中の様子です。地震によって家の中が散乱しています。地震によってさまざまなところ

をケガしますが、特徴的なケガが2つあります。1つが足のねんざ、もう1つが足の裂傷、つまり切り傷です。

「地震時に家の外の道路などでケガをする」というイメージは、ケガのイメージとしては不十分です。家の中で、布団やベッドから家の外に出るまでにケガをする人が多いのです。この可能性を考えた備えをまずは、しなければいけません。図2-14も能登半島地震の写真ですが、足のケガは高齢者に多いと言われています。高齢者は思うように体が動きませんので、足のケガが多いことはイメージしやすいでしょう。そしてもう1つ、足のケガが多い年代があります。それが10代より下の子どもたちです。

図2-13　台所の被害（2007年3月25日能登半島地震）
（3月26日　林能成氏　撮影）

図2-14　家の中のガラス（2007年3月25日能登半島地震）
（3月26日　林能成氏　撮影）

小中学校で防災の授業をすることがあるのですが、例えば小学生に「地震が起きたら何をしますか」とたずねます。すると、元気のいい子が「地震が起きたらまず電気をつけて、テレビをつけて、地震の情報を確認します」と答えます。「停電する」ことがイメージできていないのです。テレビをつけたら地震の情報が流れてきて、それに従って適切に対応できるというイメージなのです。子どもの防災教育の必要性がわかるエピソードです。

引き続き、小中学校の防災の授業ですが、授業を進めていき、例えば「どうやって避難しますか」と話を進めた時に、また元気のいい子が「はい」と手を挙げて、「僕の家にはおじいちゃんとおばあちゃんがいます。おじいちゃんは

ちょっと体の調子が悪いので、地震が起きたら、僕はおじいちゃんを背中に背負って、おばあちゃんを右手で引っ張りながら避難所まで避難します」と発言をします。とても頼もしく、ありがたい話なのですが、実際に地震が発生した時には、子どもは人生の経験が浅く、あわてふためいて舞い上がってしまって、「お父さん！お母さん！おじいちゃん！おばあちゃん！」などと叫びながら、裸足のままで、図2-14の写真のような家の中や廊下を走り抜けるわけです。古い木造家屋では、床板を釘で打ちつけてあったりして、内陸型地震の縦揺れで床板が跳ね上がってひっくり返り、釘が床から飛び出して上を向いている場合があります。その釘を素足で踏み抜いて、ケガをする子どももいます。足をケガして泣いている中学生の男の子を、おじいちゃんが背負って避難所まで避難をしたという光景が、阪神・淡路大震災でありました。これは地域においても困った事態です。迷惑なのです。災害発生後は、安否確認、初期消火、救助・救出をはじめ、避難所での救援物資の整理・分配、炊き出し、後片付けや清掃、高齢者の見守りなど、平時には行わない仕事が大量に発生します。小学校高学年・中学生・高校生は、大人に比べて思った通りに体が動き、大活躍します。彼らは、災害時には地域における貴重な人的資源です。活躍すべき貴重な人的資源が、真っ先にケガをして、おじいちゃんに担がれて避難所までやってきて、本来ならばケガをしたり体調を崩したりしやすい高齢者が寝るベッドを占領して、高齢者に看病される、という事態はあってはならないのです。もちろん避けられないケガもありますが、先ほどのケガの原因を見てもイメージ不足による不慮のケガも多くあります。図2-15は、阪神・淡路大震災における内部被害によるケガの原因です。ケガの29％はガラスです。こういうケガを1％でも減らすために、普段からイメージを持って対策を取っておく必要があります。

2つ目は懐中電灯です。新潟県中越地震は2004年10月23日17時56分に発生しまし

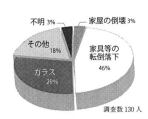

図2-15　内部被害によるけがの原因
（日本建築学会建築計画委員会『阪神淡路大震災　住宅内部被害調査報告書』1996）

た。10月下旬の夕方6時というと、あっという間に真っ暗になります。しかも停電です。視覚が健常な人は、情報の80％を目で処理していると言われます。人間は、犬のように鋭い嗅覚で情報を処理したりすることはできません。したがって、目がうまく使えなくなると、情報処理能力が大きく低下するため、懐中電灯のような視覚を補助する道具が必要になります。なお「ろうそく」の炎による明かりは暗いので、今では視覚を補助するものとしては適していないと言われています。また、マッチなどの着火する道具も必要です。しかし、「どこかでガス管が壊れたのか、地域一帯でガスの臭いがして、怖くて火は使えなかった」という阪神・淡路大震災の体験談があります。火の取扱いには注意が必要です。

　懐中電灯の話に関連して、防災教育の例を1つ紹介します。愛知県のある小学校で行われた、防災学習発表会です。1年生から6年生までの縦割りの班を作り、各班で出し物を1つ考えます。防災学習発表会では、子どもたちが体験するだけでなく、PTAや地域の人も呼んで、一緒に体験してもらいます。

　ある班は、目が見えないとどれだけ大変なことになるのかを体験してみようと考えて、「煙の中で防災クイズ」という出し物を作りました（図2-16）。消防署に協力をお願いをして訓練用の人体に無害な煙を教室内に充満させました。机や椅子、パーティションなどで迷路を作り、ケガをしないように机の角を緩衝剤で防護して、煙が漏れないように窓を閉め切った教室内に煙を充満させます。そして入口から出口まで何秒で出られるかを体験してもらいます。

　図2-17は、出口の写真です。ストップウォッチで測って、何秒かかったかを伝えています。さらに、ただ何秒で出られるかを計測するだけでは面白くないの

図2-16　防災学習発表会（けむりの中で防災クイズ）

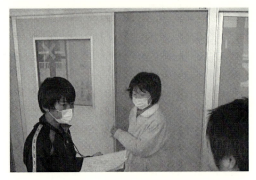

図2-17　出口の様子（けむりの中で防災クイズ）

で、迷路の中に防災に関する問題を持った人が、数ヵ所設けられたチェックポイントに立っていて、そこで出題された問題に答えられないと先へ進むことができないという仕組みにしました。図2-17の写真の左側の男の子が右手に持っているのは、その問題の答えと解説プリントです。迷路を出た時に、「はい、何秒ですよ」と伝えるのと同時に、問題の答えと解説プリントを渡して、後で復習してもらいます。最近の防災教育は、ここまで進んでいます。

　私も迷路の中で周囲が見えない恐怖感に襲われました。手で前後を探りながら迷路を抜けだし、単なるイベントだと大人心にバカにしていた自分を反省しました。このような「わがこと意識」を体験することによって、具体的な対策へつなげていきます。なお、ここでの体験で使われた煙についてですが、あくまでも「見えない」状況を作り出す小道具として使用したものであって無害ですが、実際の火災時の煙については姿勢を低くして濡れたハンカチやタオルなどを鼻と口にあてながら避難する必要があります。興味を持った方はインターネット等で調べてみてください。子どもたちはこれらも学習しています。

　3つ目が笛です。先程の図2-7の層破壊の写真を見てください。あってはならないことですが、仮に、家が倒壊してしまい、家の中に閉じ込められたとします。「助けてくれ」と大きな声で叫び続けたとしても、人間の体力には限界があり、声もだんだん枯れてきますので、長い時間は叫び続けられません。そこで、なるべく少ない体力消費で、長い時間、大きな音量を出し続けることができる道具が必要になります。したがって、笛のようなものが大切になるわけです。

　災害時、家の外は騒然としています。パトカーや救急車のサイレンが近くに遠くに鳴り続いていますし、安否確認や救助する人たちも「こっちか？」「いた

ぞ！」「どうやって助けるんだ？」と大声で怒鳴り合いながら作業しています。そして騒音といったらマスコミのヘリコプターを忘れてはいけません。今では協定などが結ばれてあまり飛ばないようにはなっていますが、被害の大きい地域に飛んできて、「みなさん、眼下をご覧ください。家が全部つぶれています。人々が必死の思いで捜索活動をしています。ガレキの下にいる人たちはどうなっているのでしょうか」などと中継をします。ヘリコプターが1台飛んできただけでどれだけうるさいか。ともかく外は騒然としているわけです。建物内の声などかき消されてしまいます。それでも、安否確認や救助・救出のために近くにいる人に自分の存在を継続的に知らせることはとても大切で、そのために笛のようなものが必要だということなのです。

　2番目の懐中電灯の話に戻りますが、最近は、電池の要らない手回し式のもの、豆電球ではないLEDのものが主流になってきました。携帯電話やスマートフォンが充電できるタイプのものなどは、停電が続いた東日本大震災で大活躍しました。また、デスクスタンドになる懐中電灯や、自動車に載せることを考えて、ガラスを割るハンマーやシートベルトカッターが付いているものもあります。

　このような手回し式のLED懐中電灯の中で、サイレンの機能が付いているものがたくさんあります（図2-18）。このサイレンの機能が笛の機能に相当するのです。またサイレンは、屋内に閉じ込められただけでなく、屋外の騒然としている中で作業をしている時に使えば、周囲の人が自分に注目してくれます。体験しないとなかなかイメージがわかないかもしれませんが、災害時や非常時には、大きな音の出る道具はとても大切です。もし今後、手回し式の懐中電灯を買う時には、サイレンの機能が付いているものを購入すると、「懐中電灯」と「笛」の両方の備えが満たされます。

　4番目が眼鏡です。眼鏡をかけている人の絶対数が多いので「眼鏡」

図2-18　手回し式のLED懐中電灯
（多くのものに緊急時のサイレン機能が付いている）
（写真提供：イーグルジャパン社）

としていますが、「それが無くなることによって、日常生活が困難になるもの」です。つまり、眼鏡、補聴器、入歯、杖、常備薬など、普段はそれがあることによって機能が維持・補完されている道具のことです。眼鏡は、1本だけしかない人もいれば、たくさん持っている人もいるのですが、眼鏡をたくさん持っていても「眼鏡置き場」のように1ヵ所にまとめて眼鏡を置いている人で、たんすが眼鏡置き場に倒れて全部駄目になってしまったという体験談があります。災害時に眼鏡がないと、自分が「助けられる側」にまわってしまいます。ですから、眼鏡に関しては、安い眼鏡でも昔使っていた眼鏡でもよいので複数本用意して、玄関や非常用持ち出し袋の中、車の中、外の物置など分散させて保管しておきます。また、コンタクトレンズ、使い捨てのコンタクトレンズなどを併用していれば、あわせて分散させておくことも大切です。

　先ほど、家の中がごちゃごちゃになった写真でイメージをしてもらいましたが、もちろん外もひどいのです。図2-19は新潟県中越地震の写真ですが、アスファルトの道路は基本的に地面の上に1枚載っているだけなので、揺れで壊れてしまいます。眼鏡なしでこのような環境を乗り越えることは難しく、自分自身がケガをしたり、もちろん他人を助けるということは困難になります。

　さらに言うと、先ほどの写真のように、はっきりとわかるぐらい環境が変わっていれば、気持ちを引き締めて用心して歩こうということになるかと思いますが、問題なのが図2-20のような状態です。これは新潟県中越沖地震の柏崎市の写真です。道路がひび割れたり、段差が

図2-19　新潟県中越地震
（写真提供：共同通信社）

できたりしています。災害の時に怖いのはこれです。眼鏡なしにこういうところを不用心に歩いていて、割れ目に足がはまって転んだり、段差につまずいて大腿骨を骨折して、寝たきりになったりする高齢者がいます。日常の家の中でも、大

図2-20　新潟県中越沖地震

きな段差よりも、電気の延長コードだったり何気ないちょっとした段差が危険なのです。

　本章のはじめに戻ります。「自分はスーパーマンのように災害の時に生き残って、素敵な対応をして、そこからたくさんの人を助けたい」と言う人がいますが、結局、今まで述べたようなことが事前にイメージできていて対策をとっていることが前提条件です。「人を助けたい」という気持ちは尊いものです。そう思うのであれば「まず自分が助かること、死なないこと、ケガをしないこと」が重要なのです。災害のような低頻度事象では、このような事実に関するイメージが不足しているのです。

### 第2章の確認事項

1. 東日本大震災の死因（直接死）について、どの年代に多くの被害が発生したかも含めて説明しなさい
2. 阪神・淡路大震災の死因（直接死）について、兵庫県のデータをもとに説明しなさい
3. 「地震＝津波連想」の意味を説明しなさい。また「津波てんでんこ」の意味とこの言葉が生まれた背景について説明しなさい
4. 地震の揺れが家具等に与える「5つの影響」について具体的な対策例も含めて説明しなさい
5. 「自分がケガをしない」ための「4つの備え」についてなぜその備えをしなければいけないのかの理由も含めて説明しなさい

# なぜ人は逃げないのか
## ──「バイアス」という人間特性を理解する

**本章の学習目標**

1. 正常性バイアスと2つの下部バイアスについて、説明することができる
2. 狼少年効果について、語源を含めて説明することができる
3. バイアスを乗り越えるための3つの効果的事項について、説明することができる
4. 行動のパッケージ化とは何か、なぜ災害時に効果的かについて、説明することができる
5. 2種類のパニックおよび災害時の発生条件について、説明することができる

**keywords**

正常性バイアス、丁度可知差異、同調性バイアス、同化性バイアス、狼少年効果、楽観主義バイアス、バージン・バイアス、ベテラン・バイアス、行動のパッケージ化、ShakeOut（シェイクアウト）、緊急地震速報、指導案、ワークシート、心理パニック、集合パニック

 正常性バイアス

　第3章は、人間の心理について紹介したいと思います。まずは「なぜ人は逃げないのか」ということについてお話しします。みなさんは「正常性バイアス（normalcy bias）」という言葉を聞いたことはありますか。たとえそれが危険な状況であっても、ちょっとした変化ならば「日常のこと」として処理してしまう人間心理です。例えば、地震で大きく揺れたのにもかかわらず特に被害もないし海も変わった様子がないので「たぶん大丈夫だろう」と思ったり、火災が発生している際に、薄い煙であるから「まだ安心だ。そう大きくはならないだ

ろう」と思ったりして、深く考えることのないまま逃げ遅れるというものです。

　正常性バイアスとは、異常を正常の範囲内のことと捉えてしまう錯誤、心の安定を保つメカニズムです。例えば、朝起きた時に、昨日より気温が1度高いからその変化に体がついていけないとか、5％湿度が高いから体調がおかしくて活動ができないなどということはありません。人間はこれくらいの変化ならば、「いつもの毎日」として生活します。人とのコミュニケーションでもそうです。例えば、相手の声の大きさや、話すスピード、話す時の勢いなどは、体調や気分によって微妙に違ってきます。しかし私たちはその微妙な違いにいちいち反応して「あれ？　何かおかしいな？」と思うことは少ないです。もちろん、よほど声がキツかったり強かったりすれば「怒っているのかな？」と思うでしょうが、そうでなければ多少の違いはあっても「いつもの毎日」と受け取る傾向があります。

　これは、健全な日常生活を送っている人間にとっては大切なことです。つまりちょっとした変化の幅の中ならば、それらはすべて日常のことと捉えることで精神への過重負担を防いでいるのです。人間が環境変化に対して強いのは、このような正常性バイアスがあるおかげだとも考えられます。ところがこれが災害時にはマイナスに働きます。許容値（専門用語で丁度可知差異と言います）を超えない限りは、危険な状態に気づかずに、生命の危険を脅かすような緊急事態に即座に反応できないのです。

　津波の時にも、海の色や潮位や雰囲気が明らかにいつもと違っていれば逃げられるのかもしれませんが、被災者へインタビューをすると、地震で揺れて「ああ、びっくりした」とは思うものの、「地震＝津波連想」がないと、「驚いた」「結構揺れたね」「あまり被害はないようだね」「津波が来るかな」「どうだろうね」「逃げた方がいいかな」「揺れが収まったからいいかな」「津波だったらそのうち情報が流れてくるよ」「近所もあまり騒がしくないね」などと、あいまいな状況の中で現状確認をしながらコミュニケーションをとっているうちに時間が経ってしまい、気づいた時には、津波から逃げられない状況になっていたということがしばしばあるようです。

火災の時にも同じです。2003年2月18日に韓国大邱(テグ)地下鉄放火事件の地下鉄で火災が発生した際、煙が車内に充満してきていて、手ぬぐいで口や鼻を押さえているような状態でありながら、ほとんどの人が座席に座ったままで、立ち上がって情報交換をしたり、扉を開けたり、隣の車両や車掌のところに駆けつけたりしなかったのです。これは正常性バイアスの典型的な例だと言われています。悲しいことに、この火災で192人の命が失われたのです。

## 2000年東海豪雨と狼少年効果

水害の例で考えてみます。2000年東海豪雨では、愛知県名古屋近郊で台風と秋雨前線により大雨となりました。鉄道をはじめ交通網は大混乱になり、経済被害は2,700億円を超えて、1959年伊勢湾台風以来の水害になりました。この時の大雨洪水警報について、「警報を聞いてどう思いましたか」と愛知県西枇杷島町(びわじま)の住民に尋ねました。西枇杷島町は、新川という河川の堤防が決壊して、町のほぼ全域の家屋が床上浸水をしたところです。その結果、「警報どおり大雨や洪水が起こるかもしれないと思った」が9.7％、「雨はかなり降ると思ったが、まさか災害が起こるとは思わなかった」が80.6％、「たいしたことはないと気にとめなかった」が9.7％でした（図3-1）。

人間というのは、特別な防災意識がなければ、これが普通の心理状態なのです。「まさか自分がこういう目に遭うとは思わなかった」「まさかこんなことになるとは思いもしなかった」と思うのです。第1章でも述べた通り、今まで大丈夫だったことと、次の災害でも大丈夫かどうかということは、基本的に独立した事象なのですが、しかしこういう風に思ってしまうのです。これは、発生頻度は低いものの、その1回で命を奪われるかもしれない災害においては危険な心理です。

図3-1　警報に対する住民の認識
（2000年東海豪雨）
（廣井脩編著『災害情報と社会心理』北樹出版2004より作成）

先ほどの質問で、警報の情報を軽視した人に「あなたはなぜそう思ったのですか」と聞くと、「まさか自分の住むところが大被害を受けるとは思わなかったから」が 81.5％、「今までこの地域はほとんど災害がなかったから」が 40.0％、「今まで何度も警報が出ていたのに災害が起こらなかったから」が 33.8％、「いざという時も何とか避難できると思ったから」が 6.9％となりました（図 3-2）。このようにさまざまな理由で、人々は逃げないのです。

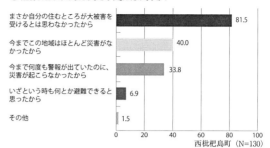

図3-2　警報の情報を軽視した理由（2000年東海豪雨）
（廣井脩編著『災害情報と社会心理』北樹出版、2004より作成）

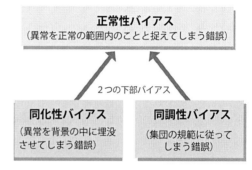

図3-3　正常性バイアスと2つの下部バイアス
（広瀬弘忠『無防備な日本人』筑摩書房、2006より一部改変）

正常性バイアスについて、もう少し詳しく見てみましょう。正常性バイアスは、同化性バイアス（assimilation bias）と同調性バイアス（conformity bias）によって構成されています（図3-3）（広瀬弘忠『無防備な日本人』筑摩書房、2006）。同化性バイアスとは、「異常を背景の中に埋没させてしまう錯誤」のことで、部屋に少しずつ煙が入ってくるように、環境変化が緩やかだと（先ほどの専門用語で言えば丁度可知差異以下だと）人間はなかなか気付かないというものです。災害に限らず、「もうちょっと、もうちょっと」と時間やお金を使っていった結果、気がついたらとんでもない時間や金額を浪費していたという経験は多くの人にあるかと思います。いきなり大量の時間やお金を浪費しようものならば行動に歯止めがかかったはずなのに、不思議な心理です。同調性バイアスとは、「集団の規範に従

ってしまう錯誤」のことで、周りの人が逃げないと自分も逃げないというものです。人間は集団生活をする社会的動物なので、周りの人が動かないと自分も動きません。集団からの圧力によって「自分が思い違いをしているのかも」「変な行動を取りたくない」という認知のゆがみが生じるのです。ちなみに、バイアスとは「偏り」「偏向」「偏見」という意味で、合理的な思考や判断を妨げるような認知のゆがみのことです。

　人間が動かない理由として、他には「狼少年効果（誤報効果：false alarm effect）」というものもあります。イソップ物語の狼少年の話です。村の広場で少年が「狼が来たぞ」と叫んだので、村の人が武器を持って駆けつけると実は少年がウソをついていただけだった。別の日に、少年がまた「狼が来たぞ」と叫ぶので、村人が駆けつけたがまたウソだった。そしてまた別の日、少年が村の広場で遊んでいると、本当に狼がやってきた。少年が「狼が来たぞ」と叫ぶけれども、村の人たちは「あいつがまたウソを言っている」と思って誰も助けに来ない。結局、その少年は狼に食い殺されてしまったという寓話です。

　狼少年効果とは「度重なる誤警報や空振りの結果、警報や警告が信頼されなくなる効果」です。大雨・洪水警報や津波警報など、警報が出たからといって100％被害が起きるわけではありません。これを空振りと言います。非常ベルもそうです。例えば、今、非常ベルが鳴ったとしても、「大変だ」と思ってあわてふためいて外に出ていく人は、少なくとも日本人ならばほとんどいないと思います。ところが、非常ベルがあまり設置されていない国から来た留学生だと、大きな音にびっくりして、何か対応しようとします。そんな留学生も、日本に数年いると慣れてしまって、「また非常ベルが鳴っている」と思って逃げなくなります。これが狼少年効果です。

　狼少年効果も、災害時の行動を妨げます。1982年長崎水害を例に挙げます。7月11日から22日までの12日間に4回、大雨・洪水警報が出たのですが、1回も被害がありませんでした。そして23日夕方に長崎地方気象台が「大雨・洪水警報、強風・雷雨・波浪注意報」を出した時も、どうせ空振りだろうと思ったようです。避難の呼びかけを受けた人の避難率は27.3％でした。ところが、

23日夕方から24日未明にかけて、1時間に187mm、午後7時からの3時間で366mmの雨が降りました。「バケツを引っ繰り返したような雨」が50mmぐらいですから、いかにすごいかがよくわかると思います。3時間で36.6cmです。地面に傾斜がなくて平らだとして、すべての地面で36.6cmの水に浸かったのです。夜間や停電という悪条件も重なり、この水害によって長崎市内で約300人の方が亡くなったのです（高橋和雄「過去の災害に学ぶ（第3回）1982長崎豪雨災害」内閣府『広報ぼうさい』No.27、18-19、2005）。

 ## 人間はリスク情報を素直に受け取らない

　正常性バイアス、同調性バイアス、同化性バイアス、狼少年効果の他にも、人間にはさまざまなバイアスがあります。人間は、自分ではきちんと物事を見たり聞いたりした上で判断していると思っているのですが、人間にはもともとこういう認知のゆがみがあるのです。

　楽観主義バイアス（optimism bias）は「今までも自分は生きてきたのだから、たいしたことにはならないだろう」と楽観的に見ようとするものです。ここには何の根拠もありません。またバージン・バイアス（virgin bias）は、未経験な事態に対して「自分は知らないのだから、よくわからない」と事態を認識したり判断をしたりすることを止めてしまったりもします。一方で、ベテラン・バイアス（expert bias）というものがあります。経験が豊富であることで自分の技術や能力を過大に評価して、結果として危険な行動を冒してしまうということです（日本リスク研究学会編『リスク学事典』TBSブリタニカ、2000）。

　さまざまなバイアスを挙げましたが、私が言いたいのは1つ1つのバイアスについてどうこうということではなく、「人間というのはリスク情報をそのまま素直に受け取らない傾向がある」ということを自覚しなければならないということです。図3-4は、内側の楕円が個人、外側の楕円が個人を取り巻く環境と考えてください。個人を取り巻く環境からは、さまざまなリスク情報が入ってくるのですが、各個人にはバイアスメカニズムというものがあって、その

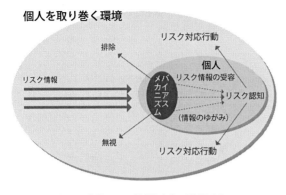

図3-4 人間はリスク情報を素直に受け取らない
広瀬弘忠『無防備な日本人』筑摩書房、2006より一部改変

リスク情報を無意識のうちに排除したり無視したりする傾向があります。また受容されて入ってきた情報も、さまざまなバイアスによって情報がゆがんでしまい、結局、情報通りにリスク認知しない。その結果、必ずしも適切なリスク対応行動にならないのです。

　人間というのは、情報を与えたからといって、その通りに受け取るとは限りません。「人が逃げなかったのは情報の精度と量が足りなかったからだ。もっと詳細な情報をたくさん出せば人は動くようになる」と言う人もいますが、これは適切ではありません。情報の量をたくさん出して行動してくれるのであれば、例えば、保護者が「勉強しろ」と10倍言うと、みなさんの成績はうなぎ上りでしょうか。そんなことはありません。下手をすると、やかましく言われる環境が正常になってしまい、ちょっとやそっとのことでは「正常性バイアス」が働いて「また言っている」と思うので、かえってやらなくなってしまうかもしれません。

　リスク情報もそうです。出せば出すほど、みんなが「またか」と思って聞かなくなります。また専門的で詳細な情報を出されても「結局何をすればよいか、よくわからない」となり、そのような人間が多くなれば「みんなも動かないのだから」とやらなくなります。バイアスメカニズムを理解し、バイアスメカニズムを持つ人間にどのような対応を取らなければいけないのかということを目的にして、情報の内容や情報発信のあり方を考えないと、災害時にせよ、何にせよ、うまく対応することができないわけです。

さまざまなバイアスをどう乗り越えるか

　それではどうやってバイアスを乗り越えていったらよいでしょうか。これはかなりの難問です。バイアスは、無意識的に働く認知システムなので、絶対的な解決策はありません。ただバイアスを乗り越えるために効果的だと言われている方法が3つあります。
　1つ目は、「バイアスは必ず生じる」ということを理解することです。本人にとっては無意識なものなので「今、自分にバイアスがかかっている」とは、なかなか気づきません。「自分の認識は、無意識のうちにゆがむことがあり、災害時にはそれが命取りになる」ことを自分が理解する、大勢の人に理解してもらうのです。「バイアス」そのものをその時に認識しようとするのではなく、地震や水害や火災の最初の状況を認知した時に、「バイアスがかかっているのではないか」と自分自身をチェックするように習慣づけるのです。
　2つ目は、「状況と行動をパッケージ化する」ことです。いくつかの危機的場面について「この状況の時には必ずこうする」という事前行動計画（自分の中での行動のルール）を作っておきます。例えば「非常ベルが鳴ったら、どんな時でも必ず現場を確認する」というルールを私は作っています。たぶんこのルールがなければ、非常ベルが鳴ったとしても私は確認に行かないような気がします。基本的には誤報なのだから、しばらく鳴り続いたら確認しよう、警備の人が確認するはずだから放送があったら考えよう、本当に火災ならば「きゃー」とか外が騒がしくなるはずだけれど聞こえないから大丈夫だろうなど、無意識のうちに判断するわけです。ところが私は、自分の中にルールを決めているので、授業中だろうと何だろうと非常ベルが鳴ったら「面倒くさいなあ」と正直思いながらも授業を中断して必ず見に行きます。そして「大丈夫」であることを確認してから授業を再開しています。自分へのルールづくりが効果的な理由については、本書の最後、「おわりに」のところの「コミットメント」の箇所を参考にしてください。
　災害のような低頻度事象については、計画（ルール）づくりを行ったり、訓

練を継続的に行ったりして、いざという時にバイアスを乗り越えて体が動くようにしておくことが大切です。「どうせ訓練してもすぐ忘れる」と言う人も多いのですが、計画や訓練をやったことがあるのと、全くやったことがないゼロの状態なのとでは違います。災害は、その1回が命を奪ってしまうことにもなりかねないのです。特に災害は、普段とは環境が異なるので、普段の知恵や力をそのまま発揮することが難しいのです。毎日やる必要はないけれども、地域の行事や訓練や講演会などの機会を利用して、定期的に継続的に、災害のことを考え行動しておく必要があります。

3つ目は、「機先を制して場の主導権を取る」ことです。同調性バイアスという集団の圧力は結構くせものです。周りの人がやらないと、自分もやらないのです。場の空気に反して自分だけが特異な行動をすると、群れから外れて仲間外れになってしまうからです。社会的動物である人間は本能的にこの事態を避けます。先ほどの非常ベルについても、最初に何もしない場の空気ができてしまうと、しばらくしてから「これは怪しいのでは」と思ったとしても、突然手を挙げて「そこへ行って見てきます」と言い出すのは、最初に行動するよりも難しくなっているのです。したがって、「行動のパッケージ化」などによる、機先を制した行動・声がけによって、場の主動権を取ることが必要なのです。

## ⑤ 行動のパッケージ化

ここで「行動のパッケージ化」について説明をします。定義としては先ほども述べたように「普段は経験しない危機的場面について『この状況の時にはこうする』という事前行動計画を作り訓練を通して徹底させる」ことです。普段は経験しないような災害時の場面においては、「認知→判断→行動」に時間がかかるために、認知から行動に至るまでの過程をパッケージ化するという考え方です（図3-5）。

運転免許の学科教習とかで、聞いたことがある人もいるかもしれません。人間は「認知→判断→行動」という順番で情報処理をしています。車を運転して

いて「赤信号」を目で見る（認知）。そうすると「ブレーキを踏もう」と思う（判断）。そして「実際にブレーキを踏んで止める」（行動）。赤信号を認知することができなければ、ブレーキを踏むことにはつながりません。また赤信号を見ても、それで何をすべきかわからなければブレーキを踏むことを思いつきません。またブレーキを踏む

1. 普段は経験しない危機的場面について「この状況の時にはこうする」という事前行動計画を作り、訓練を通して徹底させる
2. 普段は経験しない場面においては「認知→判断→行動」に時間がかかるために、認知から行動に至るまでの過程をパッケージ化する

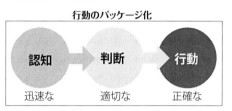

図3-5　行動のパッケージ化

ことがわかっていても、上手にブレーキを踏めなければ止まりません。こういう一連の行動を身につけるために教習所に行くわけです。自動車教習所では「迅速な認知→適切な判断→正確な行動」という「認知から判断し行動に至るまでの行動のパッケージ化」を学科教習や技能教習で学んでいるわけです。

## 6　新たな防災訓練 ShakeOut（シェイクアウト）

このような行動のパッケージ化は小中学校の防災訓練でも行われています。①まず低く（Drop！）、②頭を守り（Cover！）、③動かない（Hold on！）は安全行動の3段階です（図3-6）。これは、学校における「地震の揺れなどに対して身を守る訓練」の定番ですが、今、この考え方が世界に広がっています。「ShakeOut（シェイクアウト）」は、2008年にアメリカではじまった防災訓練で、世界中で行われています。2011年には世界中で950万人、2012年は2,000万人以上が参加しています。実は「ShakeOut」の起源は日本です。

図3-6　安全行動の1-2-3
（「シェイクアウト」パンフレットより
http://www.shakeout.jp/common/pdf/pamphlet.pdf）

日本に来たアメリカ人が、「防災の日」に国を挙げて一斉に防災に対する意識啓発・訓練を行っているのを見て感心し、アメリカで社会運動として発展させたものです。

アメリカは日本と違って、人種も民族も多様ですし、英語が話せる人ばかりではありません。宗教も風習も生活習慣も違います。そういう人たちが、統一した科学的な地震シナリオをもとに、ある日時に一斉に「Drop！」「Cover！」「Hold on！」という簡単な行動を地域全体で行います。そうすると例えば、子どもが学校から帰ってきて、「お母さん、今日、ShakeOutを学校でやったよ」と言うと、お母さんも「私も今日、自治会でShakeOutをやったわ」と言う。父親も会社から帰ってきたら「俺も会社でShakeOutをやったよ」と言う。簡単な行動なのですが、その地域全体がShakeOutをする、それを定期的に繰り返すことで、さまざまな考え方の人に対して「災害や防災の大切さ」を共通のものとして意識づけよう、そういう社会運動にしたわけです。日本で防災訓練というと、だんだんマニアックになっていって、ある一部の組織や人々だけが非常に高度で詳細な訓練を台本付きでやったりするようになるのとは対照的です。

この「ShakeOut」は日本にもいわゆる「逆輸入」されています（興味のある人はシェイクアウトのホームページを閲覧してください http://www.shakeout.jp/）。日本で初めてシェイクアウトが行われたのは、東日本大震災から約1年後の2012年3月9日、東京都千代田区です。図3-7は、左から2番目が千代田区長、周囲が日米のシェイクアウト関係者です。区長さんが区長室にいる時にシェイクアウトを行っているという写真です。ただよく見ると、区長さんは両手をついてお辞儀をしているよう

図3-7　日本初のシェイクアウト（2012年3月9日東京都千代田区役所・区長室）（千代田区広聴課提供）

①さまざまな場所で、総勢1万1400人が参加した「シェイクアウト訓練」　②津波による浸水の恐れが低い地域への避難訓練

③津波避難ビルへの避難訓練　④訓練ゴール地点の防災・減災イベント　⑤病院・福祉施設における利用者搬送訓練

平成25年1月27日、兵庫県西宮市が主催する、南海トラフ巨大地震を想定した「にしのみや津波ひなん訓練」が実施されました。関係機関、各種団体、企業等の参加・協力に加え、数万人規模の一般市民も参加した大規模訓練となりました。

**図3-8　兵庫県西宮市のシェイクアウトを利用した訓練**（内閣府『広報ぼうさい』第71号、2013より）
（写真提供：西宮市防災危機管理局防災総括室災害対策室）

な格好になっています。シェイクアウトはどこかに摑まったり頭を守ったりしながら身を守らなければならないのです。後でアメリカの関係者から「つかまっていないからあまり良くない」と言われて「しまった」と反省していましたが、これこそ正に「わがこと意識」で、簡単に見えそうなこの3つの行動も実際にやってみなければわからないことがたくさんあります。

　防災に興味がない人にも参加してもらいやすいイベントとして、日本中でシェイクアウトが行われています。例えば2013年1月27日には兵庫県西宮市で「にしのみや津波ひなん訓練」が行われました（図3-8）。シェイクアウトの行動をきっかけにした避難訓練です。関係機関、各種団体、企業等の参加・協力に加え、数万人規模の一般市民も参加した大規模訓練となりました。今後も日本中に広がっていくことと思います。みなさんのお住まいの地域などで「シェイクアウト」が行われることを聞いたら、ぜひ参加してみてください。

## ⑦ 緊急地震速報とは

　このシェイクアウトの3つの行動にからめてもう1つの話をしたいと思います。それが、緊急地震速報から身を守る訓練です。テレビから「ティロンティロン」という音とともに「緊急地震速報です。強い揺れに警戒してください」という音声・映像が流れてきたり、携帯電話が「ウィンウィンウィン」と鳴るのを聞いた経験がある人も多いかと思いますが、あれが緊急地震速報を知らせる音です。地震にはP波とS波があります。P波が秒速7kmぐらい、S波が秒速4kmぐらいです。そこで、地震計で地震波をキャッチした時に、気象庁で各地での強い揺れの到達時刻や震度などを予想し、通信回線によって可能な限り素早く知らせる情報のことです。強い揺れの前に自らの身を守ったり、列車のスピードを落としたり、信号を赤にしたり、工場等で機械制御を行ったりするなどの活用がなされています（図3-9）。

　緊急地震速報は、地震を予知するものではありません。地震が起きたことをいち早くキャッチして、地震の強い揺れ（秒速4kmのS波）が来ることを知らせるものなのです。そのため地震が起きた場所が、私たちが住んでいるところから比較的遠い海溝型地震の時には有効なのですが、私たちが住んでいる真下で起こるような内陸型地震の時には、震源の深さが10kmとか20kmとかだとS波も3～5秒程度で届いてしまうために「緊急地震速報が鳴った時には、すでに揺れた後だった」という事態が起きるのです。このように緊急地震速報は、全ての地震に有効なわけではないことに注意が必要です。

1. 地震発生場所に近い地震計で地震波（P波、初期微動）をキャッチ
2. 気象庁で、震源や規模、予想される揺れの強さ（震度）等を自動計算
3. 地震による強い揺れ（S波、主要動）の到達前に連絡（緊急地震速報）
4. 家庭や工場、集客施設、交通機関などで、自身を守るためなどに活用

図3-9　緊急地震速報とは
（気象庁「緊急地震速報とは」気象庁ホームページより）

## 8 緊急地震速報を利用した学校での防災学習・訓練

　今、学校には、緊急地震速報の受信端末が設置されはじめています。緊急地震速報を受信すると、校内放送設備で自動放送が流れるのです（図3-10）。そのため、防災教育の進んでいる学校では、緊急地震速報の音が流れたら、児童生徒が自発的にシェイクアウト行動をとる訓練が行われています。そしてこの訓練は「抜き打ち」で行われることもしばしばあります。授業中など学校にいる時に突然鳴るのです。訓練の時の映像を、私の講義の時に大学生に見せているのですが、みな一様に、子どもたちの意識と能力の高さに驚きます。例えば、授業中だったのにもかかわらず、緊急地震速報の音が鳴った瞬間、子どもたちが「ハッ」とした顔になり一斉に机の下にもぐるのです。そして放送で続けて「地震です。落ち着いて、身を守ってください」と放送している時には、既に机の中で身を守っているのです。

　もちろん子どもたちに訓練や行動の意味を伝えないまま「とにかく机の下にもぐれ！」と無目的にやってもらっているわけではありません。事前学習として、緊急地震速報についての基本的な知識や必要性、対応の仕方についての学習をした上で、実際に訓練をしています。さらに訓練の後に事後学習として、訓練時に自分が行った対応の振り返りをします。このように「事前学習 → 実践訓練 → 事後学習」という3ステップの防災教育・訓練プログラムを、熊谷地方気象台の永田俊光さん（当時）が中心になって作りあげています（図3-11）。

　こういったプログラムが、防災の専門家など「特殊な人間」でなければ使うことができないのならば、複数の学校に、そして全国に広がっていきません。そこで、防災を専攻していない

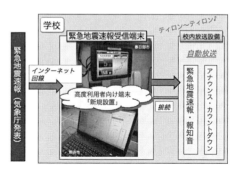

図3-10　児童生徒の安全を確保するために
（永田俊光氏の資料をもとに作成）

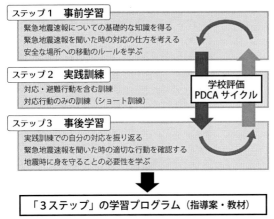

図3-11　3ステップの学習プログラム
（永田俊光氏の資料をもとに作成）

「学校の担任の先生」にも広く使ってもらえるような仕組みを作りました。それが「指導案」と「ワークシート」です。指導案とは、学校の先生にとって音楽家の楽譜のようなもので、授業のタイトル、学習目標、必要な準備物、時間経過における学習の流れと学習の内容、指導上の留意点（主な発話と子どもへの援助）、評価のポイントなどがまとまっているものです。これがあると学校の先生は、自分でアレンジを加えながら授業を進行することができます。またワークシートとは、授業中に配って、子どもたちが書き込みながら学習していくプリントのことです。このプリントと、解答・解説が書いてあるプリントがあれば、学習目標に沿った学びを実現することができます。

　図3-12が、事前学習の指導案とワークシートです。「事前学習について、20分バージョンと45分バージョンを作ってほしい」という要望があったため2バージョンを作りました。45分バージョンを見ると、最初が「1．導入（5分）」と書いてあり、学習活動の内容として「1．地震の怖さを知る」となって、指導上の留意点のところに「今日は、地震が起きた時に何をすれば、自分の身を守ることができるのかについて考えてみましょう」と書いた上で、補足事項として「※過去に発生した地震（東日本大震災、阪神・淡路大震災等）について、写真等を見せながら思い出してもらう」とあります。

　次いで学習活動の内容として「2．緊急地震速報についての基礎的な知識を得る」となって、指導上の注意点のところに「まず、みなさんは緊急地震速報という言葉を知っていますか。テレビやラジオから『ティロン♪　ティロン♪』

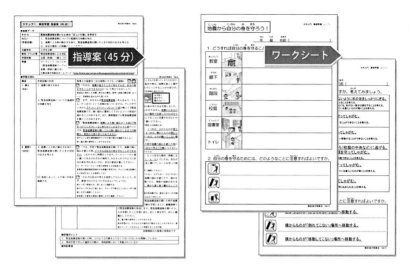

図3-12　事前学習の指導案とワークシート（45分版）
（熊谷地方気象台「緊急地震速報訓練用・事前学習プログラム（指導案・ワークシート）」より）

という音が鳴って『緊急地震速報です。強い揺れに警戒してください』という放送が流れることがあります。また、携帯電話でも緊急地震速報を聞くことがあります」というセリフに続けて、「緊急地震速報は、地震による強い揺れがくる前に『気をつけてください！』と知らせてくれるチャイム音のことです。緊急地震速報を聞いてから強い揺れがくるまでの時間は、数秒から数十秒しかありません」とあります。補足事項として「※チャイム音を携帯電話やラジカセ等で聞かせ確認するとよい」「※二重下線の意味をしっかりおさえる」とあります。ここまでが、授業の最初の導入の5分です。このような感じで、授業を進めていくことができます。

　ワークシートは、授業の学習目標・指導案に対応した内容で作られています。記入量が多くて高学年向きのタイプAから、記入量が少なく短時間で行う高学年および中学年向きのタイプB、記入量が全くないタイプCの3種類を作成しました。ワークシートを見ると、「1．どうすれば自分の身を守ることができますか。考えてみましょう」とあって、教室、廊下、階段、校庭、図書室、トイレの6つの場面を設定しています。ここに子どもたちは自分で考えた解答を書

8　緊急地震速報を利用した学校での防災学習・訓練　　69

き、発表しながら答えあわせをします。次に「2. 自分の身を守るためには、どのようなことに注意すればよいですか」と問いかけを行い、3つの注意すべきことを解答します。先生が持っている解答・解説付きのワークシートには、例えば問1における「教室での自分の身の守り方」の解答として、「机の下にもぐる。机が動かないように机の足をしっかりにぎる」とあり、注として「※机が移動しないような行動を併せてとることを教える」「※自分の机ではなく、近くの机の下にもぐる。机がない場合は頭を守ることを教える」「※強い揺れにより、キャスターが付いている重たいものが動くことを考える」と解説が書いてあります。

　このような資料をインターネットからダウンロードすることができます。しかも教員が自分なりに手を加えられるように、ワードやパワーポイントといったパソコンで編集可能なファイル形式でダウンロードできます。興味のある人は、気象庁・熊谷地方気象台のホームページからダウンロードできます（http://www.jma-net.go.jp/kumagaya/education/index2.html）（図3-13）。

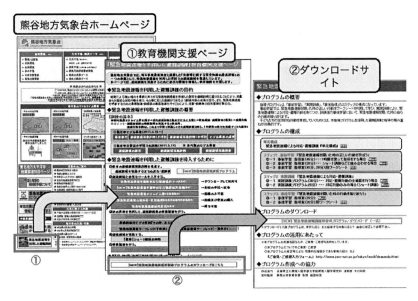

図3-13　「緊急地震速報を利用した避難訓練」の指導案・ワークシート

図3-14　現場教員と連携した学習プログラムの発展
（永田俊光氏の資料をもとに作成）

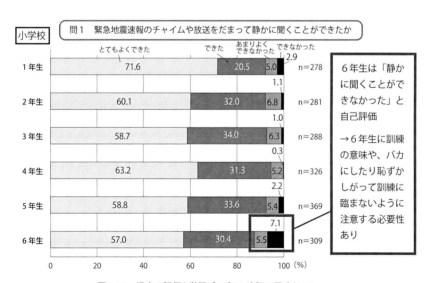

図3-15　児童の評価を学習プログラム改訂に反映させる
（永田俊光・木村玲欧「緊急地震速報を利用した「生きる力」を高める防災教育の実践——地方気象台・教育委員会・現場教育の連携のあり方」地域安全学会論文集、No.21、81-88、2013）

8　緊急地震速報を利用した学校での防災学習・訓練　　71

このプログラムは現場の先生の意見を反映しながら、何度もバージョンアップしています。また先生もさまざまな工夫をしています。ワークシート項目を黒板に貼りつけたり、指導のポイントを吹き出しで表現したり、理科学習に発展できる内容を追加したり、特別支援学校では大きな絵・文字で手話等も含めて表現したりです（図3-14）。また事後学習では、ワークシートで子どもたち自身に自己評価をしてもらっています。例えば「緊急地震速報のチャイムや放送をだまって静かに聞くことができたか」という問いに、6年生は「静かに聞くことができなかった」と評価していました（図3-15）。ですから、「6年生には、訓練の意味や、バカにしたり恥ずかしがったりして訓練に臨まないように注意するように指導しましょう」という記述を追加したりして、指導案のバージョンアップを図っています。このように災害時に「行動のパッケージ化」によって自分の命を守るという取り組みが進んでいます。

## 9　パニックを正しく理解する

　本章の最後にパニックの話をしたいと思います。災害情報を受け取る時の心理について「『今度の警報こそ大変なことになるかもしれない』『2回目の地震が起きる可能性がある』と人々に知らせた時、その情報で人々がパニックになるかもしれません。どうしたらよいのでしょうか」という質問を受けることがあります。このような「パニックが起こるかも」という質問に対しては、「あなたが想像しているようなパニックは、歴史上ほとんど起きていませんが、いくつかの条件が重なると発生する可能性が高くなるので、そのことを理解した上で事前に計画・訓練を行ってください」と回答しています。
　パニックには、個人レベルでの「心理パニック」と人々の集合行動レベルでの「集合パニック」の2種類があって、この2つが混同されます。心理パニックは「自分にとってよくない状況だとわかっていても、どうすることもできない無力感に陥った状態」のことで、例えば、家族が事故に遭った知らせを突然聞いた時、取り返しのつかない失敗をしてしまった時、大地震が発生した時

などの心理状態が挙げられます。このような心理パニックは、大きな環境変化が起こって自分の心の許容量を超えてしまった時に、誰にでも起こりうると言われています。このパニックについては、次章の「失見当（しつけんとう）」で詳しく述べます。

一方で、集合パニックは、一般にイメージされている「パニック」のことで、「ある脅威に対してその場にいる多数が相手のことを考えずに同じ行動を一斉にとり、周囲の環境がそれに対応できない状態」のことです。例えば、映画館で火災が発生した際の避難口への殺到や、銀行への取り付け騒ぎ、トイレットペーパーや水などの買いだめ行動が挙げられます。ただこれらは、これから挙げる条件が重なった時に発生する特異な現象で、その特異性ゆえにマスコミなどで何十年も経過した後も取り上げられたり、「われを失った行動」として人々の記憶に残るような強い印象を与えたりしますが、すべての災害時で発生しているわけではなく、むしろ滅多に発生しないのです。

集合パニック発生の条件として、(1) コミュニケーションが正常に成り立たない（適切なコミュニケーションがとれず全体状況が理解できない）、(2) 多くの人が差し迫った脅威を感じている、(3) 安全が保証されていないという強い不安感がある（空間的な制約・時間的な制約がある、競争原理が働いて「我先に」となる）、(4) 危険を逃れる方法があるとの確信がある（助かる見込みがなければ行動せずに、諦めと受容の姿勢で受け入れるか、討ち死に覚悟で捨てばちな行動をとる）という4条件があります（広瀬弘忠『人はなぜ逃げおくれるのか』集英社、2004）。これを、パニックを起こしてしまうような災害情報の発信の仕方という観点から整理すると、(1) パニックの発生を恐れるあまり情報が隠されてコミュニケーションが取れず、(2) 人々は情報を遅く受けとるのでその時には差し迫った事態になっていて、(3) 遅く受け取った情報はもはや現在の事態とは違うので、どの情報を信じていいかわからなくなり不安が増大し、(4) 取るべき具体的行動もわからないので目先の状況に全員喰い付いて一斉に行動を起こしてしまうということになるのです。

集合パニック発生の危険性を下げるためには、(1) 情報そのものを隠さない、(2) 情報を出し渋らない（情報を抱え込まない）、(3) 事実通り伝える（被害・

状況などを過小に伝えない、嘘をつかない)、(4) 適切な行動についての指示・情報をあわせて伝えることが重要で、緊急時にはこの4点に沿った情報発信によって人々の不安を低減させることが求められています。これが本番で実現できるように、情報発信者は、情報の受信・処理・発信までの情報処理プロセスを整備しておく、情報発信の内容・文言を事前に作成しておく、報道機関・地域コミュニティとともに住民への情報連絡体制を事前に相談・整備しておく、これらを計画として整理し、さらに訓練によって災害対応能力を上げておくなど、適切な情報発信・災害対応がなされれば集合パニックは低減させることが十分にできるのです。

次の第4章から第8章までは、災害後の大きな時間の流れである災害過程・生活再建過程の話をしていきます。まずは最初の段階である「失見当」について話をします。

### 第3章の確認事項
1. 正常性バイアスおよび、正常性バイアスの2つの下部バイアスについて、災害事例を交えながら説明しなさい
2. 狼少年効果について、語源を踏まえながら、災害事例を交えて説明しなさい
3. バイアスを乗り越えるための3つの効果的事項について詳述しなさい
4. 「行動のパッケージ化」とは何かについて、なぜ災害時に効果的な考え方であるのかの理由を交えて説明しなさい
5. 2種類のパニックおよび災害時の発生条件について、それぞれの違いを踏まえて説明しなさい。また災害時の集合パニックの発生可能性を低くするための情報発信のあり方について論じなさい

# 第Ⅱ部
# 災害発生から10年間の心理や行動

　ここでは災害発生直後から10年間にわたる災害過程・生活再建過程を取り上げます。

　第4章は、第1段階「失見当」です。失見当とはどのような状態で、この失見当に打ち勝つための事前学習・直後の行動は何かなどについて学びます。

　第5章は、第2段階「被災地社会の成立」です。救助・救出の実態と自助・共助の重要性について、Golden 72 hours ruleやカーラーの救命曲線などの知識も含めて学びます。

　第6章は、第3段階「災害ユートピア」です。避難所の2つの機能、災害関連死の実態、災害時要援護者への支援のあり方などについて学びます。

　第7章は、第4段階「現実への帰還」です。被災者の居住地の変遷や、被災者支援におけるり災証明書、被災者の精神面・物質面・情報面での支援などについて学びます。

　第8章は、第5段階「創造的復興」です。生活再建課題の7つの要素、災害時の孤独死、10年間にわたる復旧・復興過程とその構造などについて学びます。

# Chapter 4

# 「心のブレーカー」を上げよう
―― 災害過程① 失見当

### 本章の学習目標
1. 災害過程・生活再建過程とはどのようなものかを説明することができる
2. 生活再建過程での失見当の時期の位置づけと失見当の内容を説明することができる
3. 失見当に打ち勝つための事前学習の3ステップを説明することができる
4. 非常持出袋における2つの勘違いを説明することができる
5. ローリングストックとは何かを説明することができる

**keywords**

災害過程、生活再建過程、失見当、情報空白期、心のブレーカー、非常持出袋、ローリングストック、ランニングストック

 **災害過程・生活再建過程とは**

　本章から第8章まで全5章にわたって「災害過程」について考えていきたいと思います。災害過程（Disaster Process）というのは、「災害によって創られた、これまでの日常とは異なる新しい環境の中で、被災者が生活を立て直し、被災地が復旧・復興していく過程」です。被災者の復興のゴールが生活再建のため（第8章で詳しく取り上げます）、生活再建過程（Life Recovery Process）とも呼ばれています。第3章まではどちらかというと災害発生前の話でしたが、ここからは、災害発生後にどんな困難が人々や社会に降りかかってきて、どのように対応していけばよいのかについて話をしていきたいと思います。

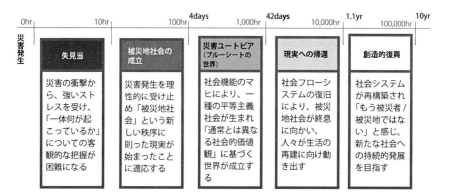

図4-1　災害過程における5つの段階

　災害が発生すると、人々はどのような心理状態になって、どのように行動するのでしょうか。そしてどのようにして生活を立て直していくのでしょうか。もちろん人間にはそれぞれの個性があり、異なった存在です。性格・立場・役割・人生経験によって異なる感じ方・考え方を持ち、その結果としての行動も違います。しかし、人間全体として見た場合に、大きな共通点が見えてきます。それは、「人々は、災害発生後、5つの段階（ステージ）を1つずつ進んでいくことによって、生活を立て直している」ということです。今までの災害を見ていくと、5つの達成すべき段階があって、その1つ1つの段階には達成すべき課題があって、その課題を達成していくことによって、最終的に災害から立ち直って災害を乗り越えていることがわかっています。まずは5つの段階（ステージ）を見てみましょう（図4-1）。

　1つ目が「失見当」という段階です。災害の衝撃から強いストレスを受けて、自分の身のまわりで一体何が起こっているかを客観的に把握することが難しくなり、視野が狭くなる段階です。本章ではこの第1段階について詳しく説明します。

　失見当の段階の課題を達成すると、2つ目が「被災地社会の成立」という段階です。被害の全体像が明らかになるにつれ、災害によるダメージを理性的に受け止め、被災地社会という新しい秩序に則った現実が始まったことに適応し

ようとする段階です（第5章）。この段階をクリアすると、3つ目が「災害ユートピア」の段階で、社会基盤の物理的破壊やライフラインの途絶など従来の社会機能がマヒすることにより、通常とは異なる社会的価値観に基づく世界が成立する段階です（第6章）。4つ目が「現実への帰還」の段階で、ライフラインなどの社会フローシステムの復旧により、被災地社会が終息に向かい、人々が生活の再建に向け動き出す段階です（第7章）。そして最後、5つ目が「創造的復興」の段階で、上下水道や都市ガスなどの社会基盤が再構築され「もう被災者（被災地）ではない」と人々が感じ、新たな社会への持続的発展を目指していく段階です（第8章）。

　図に「10hr、100hr、1,000hr」とありますが、hr は hours の略で、災害発生から10時間後、100時間後、1,000時間後という意味です。100時間というのは災害発生後4日目ぐらい、1,000時間というのは災害発生後1ヵ月半〜2ヵ月、1万時間というのは災害発生後1年で、10万時間は災害発生後10年です。5つの段階がこのような時間軸で区切られていますが、これは大体平均的にこれぐらいの時間で次のステージに行くという意味です。具体的な話は第8章でします。

　本題に行く前にもう1つ補足します。災害過程の話をすると、「失見当」とか「災害ユートピア」とか耳慣れない専門用語で難しい、世間でよく言われて

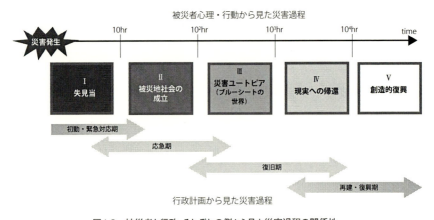

図4-2　被災者と行政、それぞれの側から見た災害過程の関係性

いる「緊急期」「復旧期」「復興期」とどのような関係にあるのかという質問を受けることがあります。図4-2が「被災者の心理・行動から見た災害過程」と「行政計画から見た災害過程」の関係性を示したものです。外力の種類や被害の大きさなどによって微妙に変化するために厳密に対応するものではありませんが、おおよその目安として理解してください。

##  失見当（Disorientation）

最初の課題は、失見当です。これは初めて聞く言葉かもしれませんが、言葉の由来は精神医学の用語で、失見当識（しつけんとうしき）という言葉です。英語ではDisorientationと言います。Orientationという言葉にDisという否定する意味の言葉（接頭辞）が付いています。オリエンテーションという言葉は、日常生活でも聞いたことがある人が多いと思います。新しく学校や会社に入ったり、新しい学年になったり、新しい部署に異動になったり、修学旅行やイベントやプロジェクトなどの新しいことをはじめたりする前に、ルール・仕組みや行程・工程を把握するために行われるものをオリエンテーションと呼びます。「見当をつける」という意味です。オリエンテーションによって、私たちは全体像を見渡すことができるのです。

ところが災害発生後の最初の10時間は、この見当がつかず失見当の状態になります。災害の衝撃から強いストレスを受けて、自分の身の回りで一体何が起こっているかを客観的に判断することが難しくなり、視野が狭くなるからです。何が起きたかわからないという無覚知（むかくち）の状態になったり、どうすればいいかわからないという心理パニックに陥ったりします（第3章の集合パニックとは別のパニックで、心の中がパニックになるということを指します）。頭が真っ白になったり、心にぽっかり穴が空いて反応が鈍くなったり無反応になったりします。災害対応のプロの集団を除いて、組織的な対応がなかなかできません。人によって失見当の程度や時間は違いますが、大きな衝撃を受けると誰もがこのような精神状態に置かれると考えられます。

またこの時期は、情報が全く入らない情報空白期とも言われています。大きな地震があると、テレビが緊急放送に切り替わります。「番組の途中ですが、〇時〇分に起きた地震の情報についてお伝えします。〇時〇分に〇〇で非常に大きな地震がありました。地震の規模を示すマグニチュードは〇〇です。各地の震度は以下の通りです」と、一通りの情報を伝えた後に必ずといっていいほど言うセリフがあります。「詳しい情報が入り次第、お伝えします」です。そして「繰り返し、〇時〇分に〇〇で発生した地震についてお伝えします……」と繰り返します。そしてまた「詳しい情報が入り次第、お伝えします」となります。時間が経つにつれて少しずつ情報が入ってきますが、どれも断片的な情報で、被災地全体がどうなっているかということはなかなかわかりません。この「詳しい情報が入り次第、お伝えします」という正にその時、被災地は失見当の状態に陥っているのです。

　失見当とはどのようなものか。阪神・淡路大震災で、当時40代の主婦の体験談を紹介します。兵庫県西宮市の自宅で寝ている時に地震が起きました。冬の朝5時46分なので真っ暗です。家は幸いにも半壊でしたが家の中はぐちゃぐちゃで、とにかく揺れて目が覚めて、わけがわからない状態でした。揺れが収まって、隣に寝ていた旦那さんの安全を確認して、2階にいる子どもたちに声を掛けたら、ちゃんと声が返ってきたので、取りあえず無事だと思った時に、外から「助けてくれ！」と声が聞こえてきたそうです。

　外に出ると、隣の家が全壊していて、隣の家の奥さんが埋まっている。隣の家の旦那さんが「誰か手伝ってくれ」と助けを求めていたので、一緒になって何とか救出した。そうこうするうちにまた近くで「助けてくれ」と声がする。行ってみると、大学生が住んでいる2階建ての木造アパートが全壊していて、何人かはガレキの下に閉じ込められているようだが、よくわからない。しかし、絶対に誰かいるはずだということで、一生懸命に救出作業を行ったそうです。「助けてくれ」という声のするところへ向かい、救出や救護などを必死にやっているうちに、ふと気が付くと、太陽が頭の上に上がっていたそうです。「朝5時46分の地震だったのに、必死に対応しているうちにお昼になってしまっ

た」と、その時そばにいた近所の奥さんに話しかけたところ、「あんた何を言っているの。しっかりしなさい！」と大きな声で言われたそうです。「今日は1月17日ではなくて、1月18日のお昼でしょう！家族はどうしたの。あんたこんなところにいていいのか」と言われた時に、「そういえば……」と我に返ったという体験談です。実に30時間以上も失見当の状態が続き、その間、家族のことも自分の食事も睡眠も忘れて救助活動を行っていたのです。もちろんこれは極端な失見当の例ですが、人によって差はあるものの、平均すると10時間くらいはこのような失見当の状態に陥ることがわかっています。

## 3 失見当の事例紹介

　阪神・淡路大震災は朝5時46分に発生したので、多くの人々は寝ていましたが、2004年10月23日の新潟県中越地震は17時56分ですから、人々は起きています。そこで新潟県中越地震の被災者に「激しい地震の揺れの中、あなたは何をしましたか」とアンケートをしました（図4-3）。すると、43.1％の人が「動くことができなかった」、12.4％の人が「あわてずにじっとしていた」と答えました。17時56分という活動している時間帯でも、4割の人が動くことができなかったのです。2位の「あわてずにじっとしていた」というのは意図的に入れた項目なのですが、「動くことができなかった」と同じく、行動量はゼロです。本当はじっとしていてはいけないのです。身を低くして頭を守ったりしなければいけません。ですから「動くことができなかった」も「あわてずにじっとしていた」も心理学的には

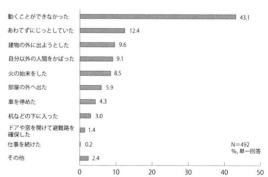

**図4-3　最初の激しい揺れの時の行動**（2004年新潟県中越地震）
木村玲欧他「新潟県中越地震における被災者の避難行動と再建過程」地域安全学会論文集、No.7、161-170、2005

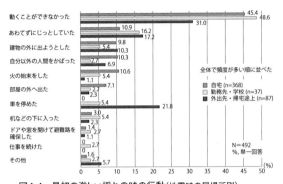

図4-4 最初の激しい揺れの時の行動(地震時の居場所別)
木村玲欧他「新潟県中越地震における被災者の避難行動と再建過程」地域安全学会論文集、No.7、161-170、2005

2つともゼロの行動として、この2つを足すと55.5%で、過半数の人が何もしなかったと回答しているのです。さらにその時に、自宅にいたのか、勤務先・学校にいたのか、外出先・帰宅途上にいたのかで行動に差があるかを調べたところ（図4-4）、外出先や帰宅途上の人は、取りあえずブレーキを踏んで「車を停めた」という人も多かったのですが、やはり「動くことができなかった」「あわてずにじっとしていた」という人が多いことがわかりました。

救急医療関係者、消防士、警察官、自衛官など、緊急事態対応を日常的に行っているプロフェッショナルな災害対応従事者も、大きな環境変化が起こると失見当になるそうです。阪神・淡路大震災における、神戸市の消防士の例を紹介しようと思います。

「ドーン、ガタ、ガタ、……」大きな音と突き上げるような激しい揺れが待機室を襲った。

地震だ！　それも、とてつもなく大きい。「全員出動だ！　消防車を出せ！」揺れがおさまった時、私はこう叫んだ。情報通信室へ駆け降り、「全員非常招集だ」と指示。その時、すでに視界の中には赤い炎が飛び込んできた。

「川西通で炎上火災発生」。第1覚知の火災である。ガレージを出ると大道通でも続発炎上火災発生。部隊は分散して出動した。現場到着後、予測もしないハプニングが待っていた。消火栓が断水しているのだ。慌てて、防火水槽への部署替えを指示するが、火災に対処するだけの水源にはなり得ない。

また、一方で「子供が、母が……、瓦礫の下に……」助けを求める声が次々

に飛んでくる。我々だけでは全く手が足りない。本部へ必死の思いで応援要請をするが、本部からは「長田管内は長田の部隊で対処せよ」との返答。全市で同時多発的に災害が起こっているのだ。現場の中隊長として、一瞬、頭の中が真っ白になった。

神戸消防の火災戦闘は消火栓に絶対の信頼を置いていた。それが、今は全く機能しない。

あたりを見渡すだけで赤い火柱が十数本。倒壊家屋の下では恐らく大勢の人々が我々の助けを待っている。なのに、火勢は無情にも倒壊した家屋を飲み込むように拡大していく。

各現場へポンプ車1台すら配置できない。救助活動と延焼阻止、現状の部隊でこの双方を成し遂げるなどとても不可能である。考えられる手立ては全て成し、足が前へ出なくなるまで活動し続けた。

一夜明け、二夜明け、極めて危険な環境下で、しかも終息の見えない長時間の活動、救助の声に全て応えられなかったことからくる無力感、絶望感が肉体的にも精神的にも疲労感を高めていく。

すでに人間としての限界など遙かに超えていた。それでも、誰一人、根を上げるものなどいなかった。

(神戸市消防局編集『阪神・淡路大震災における消防活動の記録〈神戸市域〉』1995より表記等一部改変)

##  失見当を理解するためのポイント

失見当は、人間の生理的な現象だと考えられます。環境変化の大きさに対して「心のブレーカー」が落ちるのです。人によって限界値は違いますが、それを超えると、まるで家のブレーカーが落ちて真っ暗になってしまうように、頭が真っ白になって、視野が狭まったり周りが見えなくなったりして適切な対応ができないという状態に陥ります。人によって失見当に陥った時の程度の大きさや、陥る時間の長さは違いますが、「心のブレーカー」の許容限界値を超え

れば老若男女を問わずに「みんな」に起こります。

　このような失見当などなくなればよいと思いがちですが、「失見当があるから自分自身を守ることができる」という考え方もできます。家の中でエアコンをつけて、電子レンジを使いながら、ドライヤーを使ってなど、消費電力の高そうな家電をたくさん使うとブレーカーが落ちますが、なぜ落ちるかわかりますか。もちろん電力会社が嫌がらせをしているわけではありません。契約量で落ちるアンペアブレーカーもありますが、漏電ブレーカーや安全ブレーカーなどは、電気回路の故障による感電事故、電気機器の損傷、漏電火災などを防止するために設置されています。家や利用者自身を守るために、ブレーカーが設置されているのです。

　心のブレーカーも、同じような働きをすると考えることができます。もちろん体の器官として存在するわけではありませんが、自分の許容限界値を超えて大きな刺激（ストレス）が外部からかかると、心のブレーカーが落ちることで、自分自身の心と体を外部の刺激から守るのです。もし心のブレーカーがうまく働かなかったら、刺激を全部真に受けてしまって、体調を崩したり、心の病になったりすることも多くなるかもしれません。ですから、心のブレーカーにはそれなりの存在意義があります。

　このような話をすると、「心のブレーカーが落ちる経験をしたことがないから、よくわからない」という人がいます。しかし心のブレーカーは、大きく長く落ちるのでないものならば、よく落ちているのです。例を挙げると、1つは試験を受けている時です。中学校でも高校でもいいですが、試験で問題を解いていて、穴埋めの問題で穴が空いています。「あっ、何だっけ？　思い出せない！」となった瞬間、心のブレーカーが落ちて、急に頭の中が空回りしだします。昨日、一生懸命教科書を見て暗記したはずなのに……、ここは明日絶対に出ると思って何回も何回もノートに書いたのに……、この単語を書いた後に休憩してテレビを見ていたら、親に「いつまで休憩しているんだ」と嫌味を言われて、ムッとしながら勉強を再開して……など、周辺情報はすべて思い出せるのに、なぜかその単語だけが出てこない。一生懸命思い出そうとすればするほ

ど焦ってしまって、頭が空回りして思い出せない。そうこうするうちにチャイムが鳴って試験が終わって、「ああ、思い出せなかった……」と肩を落とすというような経験は、私も含めて大なり小なりみなさん持っているかと思います。

　もう1つの失見当の例は、鍵などが見つからない時です。年齢を重ねるとこの経験がどんどん増えていくと言われますが、例えば家の鍵でも車やバイクの鍵でも何でもいいのですが、家から外に出ようとするのだけれども鍵が見つからない。いつも置いてあるところにないし、玄関マットの上にもリビングにもない。「えっ！」と思ったその瞬間、失見当に陥ります。同じところを何回も見たり、置くはずのない洗面所やベッドの上を見たり、意味もなくあっちへ行ったりこっちへ行ったり、うろうろするのだけれども見つからない、という経験がある人もいると思います。

　このように、失見当というのは普段から起きているのです。そして大概は短い時間で解消します。例えば、試験の時に失見当に陥っても、チャイムが鳴って試験が終わって、教科書やノートを見れば「ああ！これだったか！」と思い出して失見当は終了です。家で鍵が見つからなくても、例えば家族に「そこ！」と言われてふと見ると鍵があって「なぜ見つからなかったんだろう……」というその時に失見当は終了です。このように事態が自動的に解決したり、誰かが助けてくれると失見当を脱することができます。ところが、日常の失見当と違って、災害のような大きな環境変化が起きると、自分を含めて周囲の人たち全員が一斉に失見当の状態になってしまい、そして時間が経っても事態が自動的に解決しません。ここが災害時の失見当の怖いところなのです。

## 5　失見当が引き起こす事態

　失見当で怖いのは、失見当という状態そのものだけではありません。「どうしよう、どうしよう」という不安な気持ちになると、私たちは慌ててしまいます。慌てるという状態は、私たちの判断力の低下につながります。「不安な気持ち」「慌てる状態」「判断力の低下」の3つは密接な関係にあると考えられます。

不安で慌てて判断力が低下していると、適切な行動ができなかったり、やってはいけないことをやったりします。これが失見当の非常に怖いところです。訳もわからず、わーっとなって、とんでもないことをしてしまった。ただ震えながらそこにいて、何も行動することができなかったなど、やるべきことができなくなってしまう。大災害時には、自分を含めたほとんどの人間が失見当になって、手助けする人もほとんどいない環境で、日常とは違う非常時の適切な行動を、短時間の切迫した状態で行わなければいけないのです。

　1945年（昭和20年）の三河（みかわ）地震の例を紹介します。アジア・太平洋戦争（第2次世界大戦）が終わる7ヵ月前の1月13日に三河地震は発生しました。2,306人が亡くなった内陸型地震でした。当時、18歳だった富田達躬（たつみ）さんの体験です。夜中の3時38分の真っ暗な中、震度7に相当する激しい揺れに襲われました。揺れが収まり、全壊した家屋の中から何とか外に出て、家族の安否確認をしたところ、達躬さんのおばあさんが家から出てきていない。そこで達躬さんのお父さんが壊れた家の中に入ったところ、家の梁が落ちていて、おばあさんがその下敷きになっていた。そこで達躬さんのお父さんは、いったん外に出てのこぎりを取り出し、もう1回家の中に入って、梁をのこぎりでギーコギーコ切って、おばあさん（自分の母親）を救出しようとしました（図4-5）。

　実はこの絵の中には、災害対応上、大きな間違いがあるのですがわかりますか。それはのこぎりで切っている位置です。おばあさんの胸の真上を切っています。必死になって梁を切って、全部切り終わった時にどうなったか。1本の棒が切れた瞬間、切れ目からV字型になります。ですから、全部切り終わった時

おばあさんが崩れた家の下敷きになった。ぶっとい梁を、のこぎりで切って救出しようとした。

図4-5　1945年三河地震での富田達躬さん（愛知県安城市）の体験談

に、おばあさんの胸の上に屋根の重みが全部かかってしまったのです。残念な話ですが、達躬さんのおばあさんは亡くなってしまいました。

達躬さんは当時のことを振り返っています。「自分の父親も馬鹿なことをした。おばあさんの真上ではなく、別の箇所を切れば、もしかしたら助かったかもしれないのに。胸の上を切ってしまったから、自分の母親を殺してしまった」と。ところが、こうも言っています。「でも、父親は農家の人間で、のこぎりの使い方は誰よりも上手かった。だから、胸の上を外して切った方がいいということは、ちょっと冷静に考えればわかったはずなのに、慌てていたのだろうね。自分の母親を助けたい一心で、のこぎりで切っているうちに、こんな結果になってしまったんだね」。

「別の箇所を切れば、おばあさんが本当に助かったかどうか」という「もしも」のことを、ここで議論するつもりはありません。「とにかく自分の母親を救出しなければ死んでしまうかもしれない！」という不安な思いで、非常に慌てていた、視野が狭まっていたことが、残念ながら取り返しのつかないような対応を選択してしまったと考えることができます。

このように、災害時においては「不安な気持ち→慌てる状態→判断力の低下」による対応の間違いが命を落とすことにもつながってしまう危険性がある。これが失見当の怖いところなのです。

## 6　失見当に打ち勝つためには

このような失見当に打ち勝つためには、どうすればよいのでしょうか。一番簡単なのは、失見当にならないことです。しかし人間の生理的な現象の1つなので、自分の許容限界量を超えると失見当になってしまいます。そこで大切なのは「いざ失見当になったとしても、なるべく早い段階で心のブレーカーを自分で上げる」ことです。そこでまずは平時から考えておくこと（事前学習）から話をしたいと思います。

事前学習の3ステップは、「失見当が起きることを理解する」「具体的イメ

ージを作る」「行動を伴った解決策を作る」です。「理解」「イメージ」「解決策」の3ステップとして覚えてください。

これはスポーツなどでも応用される考え方です。みなさんが、スポーツ経験の浅い小学生の部活の監督になったと仮定してください。試合に勝つために、子どもたちに何を教えればよいでしょうか。まずはルールだと思います。サッカーでキーパーでもないのにフィールド内で手を使ったら反則です。野球選手がボールを打った後、3塁方向に走っても得点になりません。

次に監督がやることは、具体的な得失点につながる場面のイメージを作ることだと考えられます。例えばミーティングで、ホワイトボードに、得点や失点に結び付くような場面を描きます。いわゆるシミュレーションです。「例えばこういう状態の時に、○○君ならどうする？」と1人ずつ聞いていきます。最初のうちは、みんな勝手なことを言ってバラバラです。しかし話し合いを続けていくうちに、その場面のイメージが共有されて、最後には各自の適切な行動、つまり解決策がまとまります。そして解決策を1つの型として練習を重ねます。これがイメージと解決策の部分です。もちろん本番の試合では、シミュレーションと全く同じ場面にはならない、シミュレーション通りにはいかないと思います。しかしシミュレーションでの成果が応用できる状況は出てきます。こうやって「理解」「イメージ」「解決策」の3ステップによって危機的な場面を乗り切っていくのです。

これを失見当に適用してみましょう（図4-6）。1つ目は「失見当が誰にでも起きることを理解する」「しかしそれは一時的なものであり、失見当の状態に不安になり慌てることこそが判断力を低下させる重要なポイントになる」ことを知ることです。失見当で一番いけないのは、通

① **失見当が起きることを理解する**
「このような状態は誰でもなるが、しかしそれは一時的なものである」ことを知ることで、不安が増大して慌てることを防ぐ

② **具体的イメージを作る**
シミュレーション、イメージトレーニングをすることで、何が起きるのかを想定する

③ **行動を伴った解決策を作る**
解決策を事前に考えておくことで、実際に起きた時に応用がきく

図4-6 「失見当」に打ち勝つための事前学習3ステップ

常ではない自分の視野が狭まくなった状態に不安になって「どうしよう、どうしよう、何もできない！」と慌ててしまうことです。「ああ何も頭に浮かんでこない。ブレーカーが落ちてしまった。でもこれは皆に起きる正常な反応なのだから、まず、まずやるべきことは落ち着くことだ。一回、大きく深呼吸してブレーカーを上げよう」という理解・対応になれば最初の段階はクリアです。

　東日本大震災で、失見当という状態を知っていた人にインタビューをしました。仙台市内にいて、大きく家が揺れた。その時に頭がぽんと真っ白になって、周りがぼんやり見えなくなったそうです。ところが、揺れながらも「ああ、人ってやはり心の中がこういう状態になるのだな。弱いものだな」という知識が、頭をかすめたらしいのです。そしてその知識が頭をかすめた瞬間に、その人の言葉を借りると、ふと周りが急に明るくなって、周りをはっきり見ることができるようになって、「あ、食器戸棚が危ないからこちらに逃げなければ」「閉じ込められないように少し揺れが収まったら扉を開けて運動靴を出そう」と思って適切な対応を取ることができたそうです。このように、「知っている」ということ自体が大きな力になります。知識によって、自分の状況を外から客観的に理解することができるのです。

　2つ目は「具体的イメージを作る」です。いろいろなイメージがあると思いますが、地震時には、まずは3つくらいのイメージが必要です。まずは、自分が寝ているところで地震が起きたらどうなるか。自分の周りの物はどう動くか。自分にとって害のある物は何か。自分はどう動いてその部屋から出たらいいか。家から出るまでに自分がすべきことは何かということを、一度でもシミュレーションをして考えてみましょう。次に、寝ている場所以外で家の中で一番多くいる場所です。特にここでは家具などの挙動に注意しましょう。第2章で取り上げた「うごく」「とぶ」「たおれる」「おちる」「われる」の5匹がどのような悪さをするのか、そして家族がいる場合には家族がどんな危険にさらされるか。高齢者や小さい子どもの身をどう守るのか。そして最後には、家以外で一番長くいる場所です。学校や勤務先、スーパーなどどこでもいいですが、ここでは先ほどの5匹の悪さに加えて、安全な場所（避難場所・避難所な

ど）にどのように移動すればよいのか、安全な場所がどこかを知っているか、またその場所までの途中にどのような困難が待ち構えているかをイメージトレーニング、シミュレーションをしてみます。本格的に時間をかける必要はありません。ほんの5分程度のイメージトレーニングでよいのです。もちろん本番でその通りになるとは限りません。しかし考えておくことで、「そうだ、揺れが収まったあとは、あれとあれを持って、こうしなければ」と自分で適切な対応を取りやすくなります。実際に起きてから何をやろうか考え始めるのでは間に合いません。私は、講演会場や人がたくさん集まる場所に行った時に、少し時間があれば必ず「ここで地震が起きたらどうやって身を守って逃げようか」ということを考えるようにしています。これもイメージトレーニングです。

　3つ目が「行動を伴った解決策を作る」。継続的な訓練が大切です。消防士や警察官、医療関係者にもインタビューすることがあるのですが、やはりこのような災害対応のプロも失見当になります。凄惨な場面で多くの遺体などもあり、どこから手を付けていいかわからないような状態の時に、頭が真っ白になってしまって、何もすることができなくなってしまうことがあるそうです。しかしインタビューを続けるとこんなことを言います。「ところが、不思議なものなんだね。頭が真っ白なのに、手と足が勝手に動いて、自分のやるべきことをちゃんとやっていたんだよね。これがもしかしたら自分たちが普段訓練をしている成果なのかもしれないし、自分たちがプロだという一つの証(あかし)なのかもしれないね」と。スポーツでも音楽の演奏でも何でもいいですが、みなさんの中にもそういう経験がある人がいると思います。本番になって気持ちは舞い上がっていて記憶もおぼろげなのだけれども、手と足が動いてうまくやっていた、「体が覚えていた」という経験です。普段からやっていたことは本番でも発揮できる。失見当を乗り切るためには、事前の理解や普段からイメージしておくこと、解決策を考えて訓練しておくことなどが大切だと言われています。

## 7　心のブレーカーを上げるためには

　心のブレーカーを上げるために、具体的に何をしたらよいでしょうか。よく出てくる例を挙げてみます。人によってさまざまなのですが、何も特別なことをやっているわけではないようです。1つ目は、「落ち着け！」「まず〇〇（具体的行動）からしよう！」と率先して言うことです。前章で同調性バイアスの話をしましたが、最初に大きく落ち着いた声を出して、みんなを落ち着かせるということが、とても効果的なようです。例えば、授業をしていて緊急地震速報が鳴ったり、揺れを感じたりしたら、私は受講者のみなさんに対して、「椅子をどけて机の下に潜って。揺れが収まるまで、机の端っこを握って、しばらくじっとして。意味なく外には出ないで。頭を出さないで！」と、大きな声を出して指示をします。実際に誰もいない教室でしばしばこの発声練習をしています。教室の外から見たらただの怪しい人でしょうが（笑）。

　また、頭で考えるだけでなく、声を出して自分自身にも声掛けをすることも有効です。これは鉄道や工場などで指差呼称（ゆびさしこしょう）などという名前で呼ばれています。電車の運転手が「制限40」などと標識を指で差しながら読み上げたり、飛行機でも乗務員が「〇〇よし」などと声を出して指で差しながら確認したりしています。頭の中だけで考えていると、考えが頭の中をぐるぐると空回りしてしまうことがあります。1人の時にも自分自身に声掛けをすると、客観的に受け取ることができます。

　俳優の大泉洋さんはエッセイの中で、自分で編み出した試験の鉄則を紹介しています。その1つに「わからないと思ったらニヤリと笑え」というものがあります。「素人は少しでも難しい問題にあたると、すぐ慌ててしまう。そして実はわかる問題なのに、冷静な判断ができなくなってしまうのだ。これには『やるじゃねーか』の一つも言ってやった後に、落ち着いて考えることである」（大泉洋『大泉エッセイ　僕が綴った16年』メディアファクトリー、2013より）。実際のエッセイはこの後にオチがあるのですが、この箇所は困難に直面した時の人間の心理をうまく言い当てているように思います。

なお「自分自身に声掛けする」というのは、試験での暗記の方法などにも応用できます。例えば、教科書やプリントをただ眺めて眼力で覚えようとする人がいますが、これだと視覚だけを使って情報を直接頭に焼きつけようとしています。一方、暗記したい単語などを書きながら覚える人は、目で見た情報を手という運動器官を使って文字に表して客体化し、書いた文字が正しいかを判断するという複雑な情報処理をしています。さらに、書きながら声を出したり、音読したりすると、発声器官や聴覚なども使った情報処理をしています。記憶に残りやすいのは後者の方だと考えることができます。

　2つ目は、深呼吸・ストレッチをする、飲み物（水など）を飲むなど、自分が普段からやっている気分転換の行動をすることです。みなさんも意識的にも無意識的にも、緊張をほぐすためにこのようなことをしていると思います。これには「心と体のつながり」が関係しています。「心が緊張しているのに体がリラックスしている」ということは、普通はありません。プロのスポーツ選手などは別かもしれませんが、心が緊張している時には体も緊張します。同様に、「体が緊張しているのに心がリラックスしている」ということも普通はありません。体が緊張すると心もぎゅっと緊張します。そして心が緊張するとますます体が緊張します。心と体はそういう密接な関係にあります。

　心の緊張を取り除きたい時、心に「緊張するな！」とどんなに言い聞かせても、なかなか取れません。ところが、少し体をストレッチしてみたり、飲み物で血中濃度を下げたり異物を入れてみたりすると、体の緊張が取れます。体の緊張が取れると、不思議なことに心の緊張も緩和しやすくなります。少し休憩をして飲み物を飲んだり気分転換することは重要です。余談ですが、怒りでカッとなった時に頭を冷やすというのは重要で、カッとなった気持ちに対して直接的にカッとなるなと言ってもなかなか静まらないばかりか、火に油を注ぐような事態になりかねません。私は、家や学校でテンションが上がってカッとなると「冷却シートなどで本当に頭を冷やす」というルールを自分で作って実践しています。ウソのようですが、本当に効果てきめんです。「何を怒っていたんだろう」「それほど怒ることなのだろうか」と、それこそ「我に返った」気

持ちがします。傷害事件や殺人事件の原因が些細なケンカだったということもしばしば耳にします。普段も災害時も、私たちは自分の気持ちを落ち着ける方法を意図的に取り入れる必要があると思います。

　3つ目ですが、慌てている人への対処方法です。許容限界量が小さい子どもなどに有効だと考えられます。それは「そばにいるよ、みんな一緒だよ、だから安心して」と言うことです。不安を抑えるために「不安になるな！」と言ってしまいがちです。しかし不安な人に不安になるなと言っても、安心できないから不安なわけであって、言われたからって「はい、不安になるのはやめます」とは簡単にはいきません。

　では、不安な人には何を言えばよいかというと、一番よいのは不安な材料を取り除くことができるような具体的な情報を伝えることですが、災害時には自分自身がそのような情報を持っていることは少ないです。そこでキーワードは「連帯感」です。「一緒に頑張ろう」「慌てずに一緒にやろう」と、孤立しているのではなく人とつながっていることを強調することです。安心感と連帯感には、密接なつながりがあると考えられます。これは人間が社会的動物である特徴の1つですが、人とつながっている、人と一緒だということが安心感につながって、不安が低減されるというような効果があるようです。ですから、不安な人に対して単に「大丈夫だ」「不安なことなんてない」と言うのではなくて、「不安な気持ちはわかる」「一緒にやろう」という感じで連帯感を強くすることは効果的です。

　失見当の段階の達成目標は、もちろん失見当を脱すること、心のブレーカーを上げることです。もちろん時間が経てば心のブレーカーは自動的に上がりますが、災害時には短時間で状況にあわせてさまざまな対応を適切に行わなければなりません。みなさんには失見当の知識を基に、失見当の状態になった時には、何とか早い段階で心のブレーカーを上げてもらいたいと願っています。

## 8 非常持出袋に対する勘違い

　失見当期の課題として、補足があります。非常持出袋の話をしようと思います。災害後を生き抜いていくためには、さまざまな「物品」も必要です。第2章では「靴、懐中電灯、笛、眼鏡」という4つの道具を挙げましたが、それ以外にもさまざまな物品が必要になります。そこで「非常持出袋を備えましょう」と言われて備えている人も少なくありません。しかしここで時々勘違いをする人がいます。非常持出袋に関する勘違いということで、2つの現象が見られます。1つが「旅行かばん現象」、もう1つが「たんすの肥やし現象」です。旅行かばん現象とは、何でもかんでも必要なものを詰めて、リュックサックはパンパン、成人男性が持ち上げるのがやっとの重さという非常持出袋になっている現象です。もちろんこれでは災害後の道路などが壊れた中を移動することはできません。非常持出袋は、避難場所・避難所などの安全な場所まで到達し、当面（1日程度）の時間を過ごすために必要な物を入れる袋です。家に備えておくものと外に持ち歩くものは区別しなければいけません。非常持出袋に水を何リットルも入れたら持ち出せません。せいぜい500mlのペットボトル1本にします。非常持出袋はドラえもんのような「何でも袋」ではなくて、「必要なことをするための物品袋」です。

　たんすの肥やし現象というのは、非常持出袋を押し入れの奥底にしまい込んでいる現象です。大切なのでしまっている、非常時しか使わないのでしまっている、という人がいます。非常持出袋は「すぐ取り出せる」ことが重要です。靴箱、外の物置、ベランダ、車の中など、取り出しやすいところに置いておきましょう。

　具体的にどのようなものが必要かという一覧を書きました（表4-1）。〇印は重量の軽い非常持出袋にする時でも必要なものです。これを見ると、ほとんど小学校の遠足のような感じです。そんなに特殊な資機材やサバイバルキットはありません。基本的なものです。移動中にけがをしない、衛生・健康状態を保つ、ということを中心に、なるべく軽くする必要があります。また災害時に工

表 4-1　非常持出袋の物品一覧（○は重量の軽い非常持出袋にする時でも必要なもの）

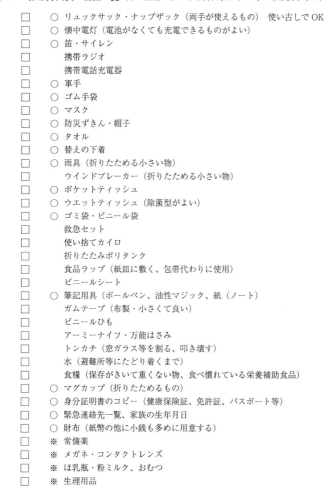

夫次第で大活躍するものもあります。電子レンジなどで使用する食品ラップです。お皿に敷いて使えば、お皿をいちいち洗わなくて済み、断水・節水時に大活躍します。ケガをした時に一時的な三角巾や包帯代わりになります。窓ガラスの割れた箇所に丸めて詰めて雨風をしのいだり、ヒモ状にして強度の強いビニールひもにしたり、ラップの上から油性ペンで描いてホワイトボード代わり

にしたりと、さまざまな使い方があります。

　もう1つ、食べ物の話をします。災害の食べ物の備えというと、固い乾パンやサバイバル用の固形食料などが出てきます。飛行機が墜落して海の上に1人ぽつんと取り残されているわけではなく、みなさんは自分の家や地域にいるので、こういうものは実はあまり使われません。被災者の方の意見です。「高齢者は固い乾パンを食べられなかった」、確かにその通りです。「単調な味で食べるのが苦痛だった」「あんな大変な状況で、そんなおかしなものを食べていたら、逆に気が変になってしまう」「温かいおみそ汁を飲んだときに、体と心がようやくほっと一息ついたのがわかった」ということで、食べ物は「生命維持」だけでなく、「長く続く災害と闘っていくチカラ」になる食事であることが大切です。普段食べ慣れていないものは、やはり食べづらいのです。ましてや、災害時の大変な状況なのでなおさらだと思います。行政が大量に備えるのならばともかく、個人の食べ物の備えは、できれば普段食べ慣れているものがいいのです。

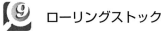 ローリングストック

　そこで今注目されているのが、ローリングストックもしくはランニングストックと呼ばれている新しい備え方です。災害用の特別な食べ物を備えておくと、いつの間にか賞味期限が切れてしまって、結局捨ててしまうということもよくあります。確かに災害用の水は5年ほどもちますし、「災害用」はたいてい3年や5年の間は平気でもちます。大量に備蓄しなければならない行政の備えとしては重要な要素です。しかし、個人の備えで考えた場合、実は普段食べているものも結構もつのです。普通の水でも2年ぐらいはもちます。ツナ缶は3年ぐらいはもちます。カップラーメン系は短いですが、それでも半年ぐらいはもちます。災害時にすごく役立ったという意見が多かったのは「レトルトのおかゆ」です。まず安価です。スーパーで100円ぐらいで買えます。そして高齢者が食べやすい。そしてレトルトの多くが「そのままでも食べられ

ます」と書いてあるので冷たいままでもよいという利点もあります。

　「温めればよい」という人もいますが、災害時はお湯を沸かしにくいのです。電気やガスが止まっていても、カセットコンロで沸かせばよいという人がいるかもしれませんが、カセットコンロは煮立ったなべを保温するのにはよいのですが、水から沸かすと、あっという間にボンベのガスを使い切ってしまいます。ですから、災害時はレトルトをそのままか、もしくは携帯用カイロで挟んで数時間すると、人肌ぐらいには温まるのでそれを食べます。一度、ご家庭で訓練としてやってみてください。

　このように普段から食べるものを多めに買っておいて、これを日常的にどんどん使ってどんどん食べて、食べた分だけ新しいものをどんどん買っていく。こうやって食糧を回転させていこうという考え方です。それでローリングストックとかランニングストックとか言われたりするのです。したがって普通の缶詰でよいので、普段から買って食べるようにしておいて、災害時にも食べる。災害用の特殊な何かを備えるのではなくて、普段から飲食するものを災害用の備蓄の分だけ多く買い、常にストックを作っておいて、このようなものを継続的に食べるという習慣を作りましょうという新しい考え方なのです。だいたい1週間から10日くらいの食料のストックがあれば上出来です。ぜひ取り入れてみてください。

**第4章の確認事項**
1. 災害過程・生活再建過程とはどのようなものかについて、具体的な5段階の名称および時間軸を踏まえて説明しなさい
2. 失見当の時期とは具体的にどのような時期かについて、生活再建過程における位置づけも併せて説明しなさい
3. 失見当に打ち勝つための事前学習の3ステップを、事前学習3ステップそのものだけではなく失見当における具体例を交えながら説明しなさい
4. 非常持出袋における2つの勘違いについて、それぞれの現象名およびその内容を説明しなさい
5. ローリングストック・ランニングストックとはどのようなことか、従来のストックと何が違うのかについて説明しなさい

# Chapter 5

# 「救助・救出」は自分たちで という現実を直視しよう

―― 災害過程② 被災地社会の成立

---

**本章の学習目標**

1. 生活再建過程での被災地社会の成立の時期の位置づけと内容を説明することができる
2. 内陸型地震災害を例とした救助・救出実態を説明することができる
3. Golden 72 Hours Rule およびカーラーの救命曲線を説明することができる
4. 自主防災組織とは何かを説明することができる
5. 4つの効果的な安否確認手段を説明することができる

---

被災地社会の成立、救助・救出、輻輳、Golden 72 Hours Rule、生存率、カーラーの救命曲線、自主防災組織、安否確認、171、パケット通信、避難行動要支援者名簿

 被災地社会の成立

　生活再建過程の第1段階である失見当のステージをクリアすると、人は徐々に客観的に物事が見られるようになります。「危険な場所からの避難」や「安否確認」「救助救出」「二次災害の防止活動」が進んでいくうちに、被害の全体像が次第に明らかになってきます。周囲の人たちと「どんな規模の災害だったのか」「それぞれの家や地域ではどんな被害なのか」「これからどうなってしまうのか」などの情報交換をして、「今までの日常とは違う事態になってしまった」ことを実感し、「不自由な暮らしが当分続く」ことを覚悟します。災害という新しい現実が目の前に突きつけられたことを理解し受け止めるようになり

ます。このような「被害の全体像が明らかになるにつれて、震災によるダメージを理性的に受け止め、被災地社会という新しい秩序に則った現実が始まったことに適応する」段階が、第2段階の被災地社会の成立の段階です。だいたい災害発生後10時間(災害発生当日)から100時間(4日目)がこの段階にあたります。

 救助・救出の現実

この段階は、失見当の時期と違って、地域でさまざまな組織的な活動が行われはじめます。図5-1は、この時期の救助活動についての実態です。阪神・淡路大震災で生き埋めになった人、閉じ込められた人、235人に「あなたが生き埋めになったり、閉じ込められたりした時に、誰に助けてもらいましたか」と尋ねました。1位が「自力で脱出した」で34.9%、2位は「家族に助けられた」で31.9%、3位は「友人・隣人に救助してもらった」28.1%、4位が「通行人に救助してもらった」2.6%、5位「救助隊に助けられた」1.7%と続きます。

防災の主体を考える時に、自助(自分や家族)・共助(近所)・公助(公的な組織)と言いますが、このように考えた時に、34.9%の人は自分で這い上がってきて、31.9%は一緒に住んでいる家族に助けてもらったので、自助が約7割です。そして近所の力などで助けてもらった共助が約3割ということで、基本的に自助と共助で乗り切っていたということがわかりました。

一方、消防、救急、警察、自衛隊などのいわゆる公助に助けられたのは1.7%でした。小学校の防災の授業などでこの話をすると、元気な子どもが

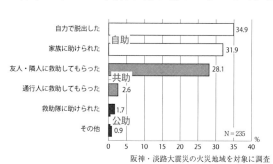

図5-1 生き埋め・閉じ込められた際の救助
(日本火災学会「1995年兵庫県南部地震における火災に関する調査報告書」1996をもとに作成)

手を挙げて「消防や警察って、案外サボっていて役に立たないのですね」ということを言いますが、もちろんサボっているわけではなくて1.7%には1.7%の理由があります。しかも、この図は現在もさまざまな地域の被害想定の根拠としても使われています。被害想定に使っているということは、次に災害が起きる時もこのような実態になるのではないかという理屈があるということです。

なぜ1.7%なのかという理由は、いくつかあります。1つ目は、平時の救急・消防、警察の事案のようにはいかないということです。平時は何かあって、119番か110番をかければ、大体すぐに救急車や消防車、パトカーが来ますが、大災害が発生すると、例えば数百ヵ所、数千ヵ所、下手をすると数万ヵ所で生き埋め者が発生して、一斉に119番をかけます。その結果、「お掛けになった電話は大変回線が混み合っています。しばらくたってからお掛け直しください」ということで、電話がつながらないのです。これは専門用語で「輻輳（ふくそう）」と言います。車や自転車の車輪のスポークの部分を輻と言い、輻が真ん中のハブのところに集まってきているような状態になぞらえて、電話がある1ヵ所に集中することを輻輳と言うのです。平時と違って、助けを呼ぼうにも電話がつながらないのです。

阪神・淡路大震災のインタビューでは、100回以上かけたけれどつながらなかったという人もいました。ただその人は100回以上かけたあとに、ようやくつながったそうです。その時にどのような返答があったのか。それは「本当に申し訳ありません。既に消防・救急の部隊は全部出てしまっています。既に出てしまった部隊が、いつあなたのところに行けるかは全くわかりません。本当に申し訳ないのですが、まずはみなさんの周りで何とか出来るところまでをやってもらえますか。本当に、本当に申し訳ありません」と、泣いているような声で言われたそうです。確かに、救急や消防の隊員数にも限界があります。全員出動してしまったら来たくても来られないということが十分あるわけです。

インタビューをする中で、119番につながった時に「お宅に行きます」と言われた人に出会ったこともあります。その人については幸運なことに来てくれたかというと、残念ながらこれもそうではありません。第2章の写真でも見

たように、普通の自動車も通ることができないような壊れた道路を、救急や消防の特殊車両が通れるわけがありません。行きたくてもたどり着くことができないのです。

もう1つ勘違いしてはいけないのは、共助の約3割です。万が一、自分が埋まったり閉じ込められたりした時に近所が助けてく

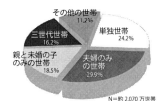

図5-2 65歳以上の高齢者がいる世帯の家族構成
(内閣府『平成24年版 高齢社会白書』印刷通販、2012をもとに作成)

れるのかというと、この時の共助の対象は、基本的には高齢者の1人暮らし、高齢者の夫婦2人暮らしです。自分の力だけでは這い上がれない、一緒に住んでいる人たちだけでは助けられない人が、共助の力をセーフティネットとして使っているのです。普段から元気に歩いてあちこち行くことができるようなみなさんは、まず家に埋まったり閉じ込められたりするような環境にならないように耐震・家具の転倒防止をしっかりするというのが大前提で、もし埋まってしまった、閉じ込められてしまったとしても、白馬の騎士が助けにくる、近所の人が助けに来てくれるという可能性はそれほど大きくないのです。

残念ながら、この第2段階では、被災地外からボランティアなどが温かい食べ物を持ってきてくれるという段階ではありません。第1段階と第2段階では、基本的に自助と共助で乗り切らなければならないのが現実なのです。さらに地域では、高齢者の数は増加の一途をたどっています。65歳以上の高齢者がいる世帯の家族構成を見ると（図5-2）、65歳以上の高齢者が1人で住んでいる世帯が24.2％もあります。夫婦のみで暮らしている世帯は29.9％で、足すと5割を超えています。つまり高齢者がいる世帯の半分は、地域の助けを必要としているのです。私たちは、この現実を踏まえた上での地域の対策を考えなければいけません。

 ## Golden 72 Hours Rule

このことを、災害の経験がある地域で講演すると「なるほど、確かにそうだ！

**図 5-3　救助隊の活躍**（阪神・淡路大震災のもの）
（東京消防庁監修『弁慶のおたすけまん（救護・救出マニュアル）』東京法令出版、1995 より）

災害時こそ高齢者問題がますます重要になる！」と賛同してもらえることが多いのですが、災害の経験がほとんどない地域でこの話をすると反論されることがあります。「今は、ハイパーレスキューなどと言われるような素晴らしい技術と資機材を持った人たちが、ヘリか何かでスルスルと自分の家の上に降りて来て、自分たちを助けてくれる。テレビで何度も見たことがある！」と言うのです（図5-3）。確かに、東京消防庁のハイパーレスキューのようなすごい人たちが10万人、100万人いればやって来てくれるかもしれませんが、実際にはごく限られた人数しかいません。彼らがニュースでよく出てくるのは、被災地で目立つ存在、「絵」になる存在だからです。しかしニュースで目立つ「絵」になる存在が、そのまま被災地の全体像を表しているわけではありません。特殊な技術が必要となる「難しい」現場で彼らが活躍する一方で、地域の人たちによる懸命の救助作業が行われているのです。

　Golden 72 Hours Rule という専門用語があります。Golden とは黄金（ゴールド）のことですが、この単語には貴重なという意味があるので、私は「値千金の72時間のルール」と訳しています。図5-4は阪神・淡路大震災における救助活動のデータです。阪神・淡路大震災は1995年1月17日の早朝に起きました。当日は1,500人ぐらいの人が救出されて（棒グラフの全体）、1,110人が生きていました（棒グラフの濃い部分）。生存率は74.1％でした（棒グラフの上の数字）。2日目の1月18日には600人弱が掘り起こされて、154人が生きていました。生存率は26.5％でした。3日目は500人弱が掘り起こされて、92人が生きていました。生存率は19.8％でした。生存率は時間経過とともにどんどん下

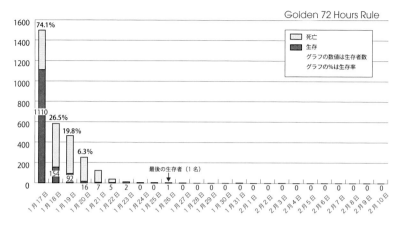

図5-4　阪神・淡路大震災における救助活動
(消防庁『阪神・淡路大震災の記録2』ぎょうせい、1996より作成)

がって行き、そして72時間が経過した4日目で生存率が10％を大きく割り込みます。人は物理的に72時間ぐらいしか生き残ることができないという結果です。Golden 72 Hours Ruleというのは人間の生身の体に関する経験則なので、日本以外のトルコや中国のデータも、基本的に同じ傾向を示しています。

　2008年の中国四川省の地震では、1週間たって小学校から子どもが掘り起こされました。あるいは、東日本大震災でも津波で流された人が1週間たって保護されたというニュースがありました。なぜニュースになるかというと、珍しいからです。これを見て「人間って案外強くて、ちょっとやそっとでは死なないものだ」とコメントした評論家がいて驚かされました。違うのです。言い方は悪いですが、このニュースの背景には多くの遺体があって、たまたま生きていた1件の例がとても珍しいのでニュースになっているのです。日本は先進国なので、72時間を超えても、1週間、1ヵ月たっても捜索を続けることが多いですが、発展途上国などでは72時間を捜索の目処としているところもあります。72時間が人間の生死を判断する1つの目安になっているのです。そしてこの図からわかるように、72時間を待つことなく一刻も早く救出しなければならないのは自明です。生活再建過程の第2段階は、自助と共助のあり

方によって生死を分ける段階なのです。

 ## ❹ カーラーの救命曲線

　もう1つ人間の生死についての図を紹介します。これはカーラー（Cara）という医師が1977年に提唱したもので、概念的な図であるので厳密ではないということですが、今でも救命講習などでよく使われています（図5-5）。横軸は時間経過で、縦軸は死亡率です。心臓が停止すると死亡率はどんどん高くなっていって、停止してから3分が経過すると死亡率は約50％になります。また、呼吸が停止してから10分が経過すると半数の人が亡くなります。同様に、多量の出血をしてから30分が経過すると半数の人が亡くなります。このように人間の体については、いち早い救助、救出が必要で、待ったなしなのです。

　今、AED（Automated External Defibrillator：自動体外式除細動器）がさまざまな公共施設などに設置されています。「AEDは心臓が止まった時に便利な道具だから使ってくださいね」ということで設置されていると勘違いしている人がいますが、2004年7月から一般市民もAEDが使えるようになったのには理由があります。それがカーラーの図を見ると理解できると思います。心臓が停止すると3分間で半数の人が亡くなってしまうのです。救急車が到着して病院に搬送している間に、死亡率はどんどん高くなっていくのです。ですから「心停止に関しては救急車では間に合わないことが多々あります。今、その現場を目撃したあなたが助けるべきなのです。助けてください」というメッセージなのです。現在、普通自動車の免許を取る時などでもAEDの講習が入っています。人間の命は、これぐらいシビアな状況の中で揺れ動いている

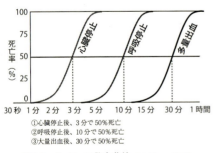

図5-5　カーラーの救命曲線 （M. Cara, 1977）

ということを、ぜひ再確認してもらいたいと思います。ちなみに「AEDを使いましょう」というと、「電気ショックを自分が流して責任問題になることが怖い」という人がいます。AEDの講習を受けた人は知っていると思いますが、電気を流すかどうかは機械が判断することで、みなさんは装着をすればよいのです。知らない人はぜひ調べて正しい知識を収集してください。

## ⑤ 自主防災組織

　ここまでの話について「誰が誰を助けるのか」という観点からまとめると、「地域内で自己完結しなければならない」「高齢者が高齢者を助けなければならない」「学校や事業所など地域の資源を積極的に利用していく」という3点がポイントとして挙げられます。基本的に外から助けは来ないと考えなければならない。そして住宅地ならば昼間は働き盛りや若者が少ない。そこで80歳の元気な高齢者が、70歳の歩行に難のある高齢者を支援しながら避難所まで避難する。介護の世界で「老老介護」と言われていますが、防災の世界でも「老老支援」を考える必要があります。そしてもし地域に中学校や高校、事業所があればしめたものです。こういう貴重な人的資源のあるところと協定を結び訓練を行っていれば、災害時には大きな力になります。

　このような地域での取り組みは「不言実行ではいけない」「事前の実態把握、計画・協定づくり、合同訓練が肝要である」ということが次のポイントです。こういう平時とは違った特別な事は、それ相応の準備がないと本番ではやらないのです。心理学の世界に「責任分散」という用語があって、自分だけが特別なことをするよりも、他者と同調して何もしないことで責任や非難が分散されると考える傾向のことを言います。第3章の同調性バイアスの話でも出てきましたが、基本的に人間は特別な事はしないのです。

　そして実行するためにはまず「訓練」などのイベントをきっかけにしてみましょう。安否確認・救助・搬送訓練などに一緒に参加してもらい、そこから「計画」などで明文化していくのです。これは「コミットメント」という考え

方です。「かかわりあうこと」という意味です。まずはそれほど高くない要求を呑んでもらって関係性を作ってから、そこから要求を少しずつ高くしていくのです。まずは参加しやすい訓練などのイベント、もしくは防災でなくてもお祭りや草刈りなどの地域のイベントなどに参加してもらい、そこから段階的に訓練などに直接的間接的にかかわってもらい、最終的には地域における計画・協定に参加してもらうのです。これは「段階的要請法（フット・イン・ザ・ドア・テクニック：Foot in the Door Technique）」と言われています。最終的な要求を通すために、まず簡単な要求からはじめて、徐々に要求の段階を上げていくというものです。セールスマンが顧客を獲得する時に、いきなり物を売りつけるのではなく、まずはドアの中に一歩入れてもらうことを要求事項とするという考え方です。

　現在では、地域にさまざまな防災を実行する組織があります。従来の消防団・水防団だけではなく、最近、自主防災組織が注目されています。「自分たちの地域は自分たちで守る」という自覚・連帯感に基づき、自主的に結成する組織で、災害による被害を予防し、軽減するための活動を行う組織です。自主防災組織は、主に自治会・町内会などの地域住民を母体として結成します。阪神・淡路大震災以降、自主防災組織の育成が行政の責務の1つとして災害対策基本法に明記されてから、自主防災組織が地域でどんどん増えています。

　平常時は、防災訓練の実施、防災知識の普及啓発、防災巡視、資機材他の共同購入などを行い、災害時は、初期消火、避難誘導、救出・救護、情報の収集、伝達、給食、給水、災害危険箇所他の巡視などが主たる活動です。自分の地域は自分の力で守らなければいけないという考え方を体現するための組織なのです。組織率（各地域における組織による活動カバー率）は全国平均で74.4％（平成22年（2010年））ですが、地域によって組織率に差があり、サラリーマン世帯・マンション住民などの参加率が低いこと、構成員が高齢化して世代交代が進まないこと、行政主導型で住民の自主性が乏しいことなどの問題点も挙げられています。

　阪神・淡路大震災で、残念で悲しい出来事がありました。「下敷きのまま餓死

61歳独居女性　震災8日後？」という新聞記事です（毎日新聞1995年3月12日朝刊）。飛行機が墜落して無人島に漂着するのとは違うので、今の日本で災害が起きても、少なくとも動き回れる人は、餓死などなかなか考えられません。ところが、阪神・淡路大震災で、悲しいことに動き回れない人が1人餓死しました。アパートの1階で1人暮らしだった61歳の女性です。「死因は餓死」「ほかの入居者は無事で、餓死した女性も無事だと思われていたため、救助活動は行われていなかった」「布団の中に入った状態で、家具や天井が覆いかぶさっていた。布団との間にはわずかにすき間があったが、はりが肩を押さえつけ、脱出できなかったらしい」「解剖の結果、胃の中の食べ物はすべて消化されていた」ということです。自分が日々暮らす地域で、安否確認から見逃されて餓死する人が出るという、このような悲しい事態を2度と出してはいけないと思います。

 安否確認の種類

生活再建過程の第2段階「被災地社会の成立」の解決すべき最大の課題は

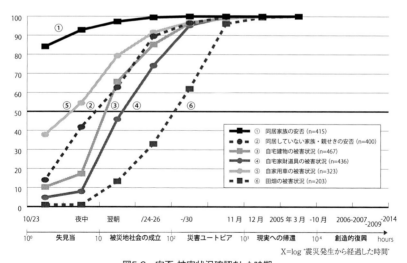

図5-6　安否・被害状況確認をした時期
（木村玲欧他「新潟県中越地震における被災者の避難行動と再建過程」地域安全学会論文集No.7、161-170、2005）

「救助・救出などによって生命を守る」ことです。この段階は他にも解決すべき課題があります。ここでは解決すべき課題である「安否確認によって大切な人・物の安否を確認する」ことについて取り上げたいと思います。図5-6は、新潟県中越地震における安否確認の状況です。横軸が時間経過、縦軸が①〜⑥までのそれぞれの安否確認をした人の割合を表します。この結果を見ると、起きた直後に同居家族の安否を確認して（①）、その次に自家用車の安否（破損・使用可能性）を確認して（⑤）、失見当の時期が終わるころに、同居していない家族の安否を確認して（②）、自宅建物の被害状況を確認して（③）、家財道具の被害状況を確認して（④）、そして田畑の被害状況を確認する（⑥）といった順番でした。人だけではなく物の安否確認があり、「被災地社会の成立」の段階で多くの人が完了していました。

次に安否確認の手段ですが、ここでは人についての安否確認を取り上げます。やはり同居していない人の安否確認手段は電話（電話回線による通信）です。阪神・淡路大震災の避難所には多くの仮設電話が設置されました。当時は携帯電話が広く普及していなかったため、仮設電話で安否確認をしました。今は携帯電話があるので便利です。しかし東日本大震災で電話がつながりにくかった経験のある人も多いかと思います。阪神・淡路大震災でも平時の50倍、

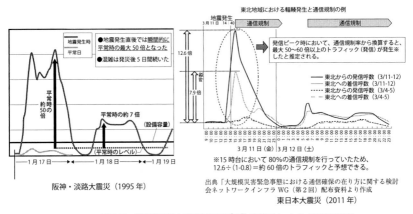

図5-7　災害時における電話の発信量（総務省ホームページをもとに作成）

東日本大震災でも平時の50〜60倍のトラフィック(発信)が発生しました(図5-7)。もちろん回線は増えているのですが、携帯電話を含めた電話の台数も増えましたので、やはりつながりにくくなったのです。東日本大震災では、固定電話で最大80〜90%、携帯電話で最大70〜95%の通信規制を実施しました。携帯電話の通信規制は断続的に数日間行われました(図5-8)。

携帯電話の音声とパケット通信は別の回線なので、音声と比べるとメール等のパケット通信の方が届きやすかったようです。メールも遅配はしましたが通信回線に比べてつながりやすく、携帯電話から災害用伝言板に接続してやり取りをすることもできました。それよりも携帯電話の問題で一番多く耳にしたのが電池(バッテリー)切れです。特にスマートフォンの電池切れは早かったそうです。コンビニで売っている充電用の機器がすぐに売り切れ、停電の中、連絡をとりたくてもとれなかった、情報を知りたくても知ることができなかったそうです。ここでは、携帯電話・スマートフォン充電機能がある手回し式の懐中電灯、車のシガーソケットから携帯電話等を充電できる装置などが活躍したので、やはり事前の備えは重要です。

1. 警察・消防への緊急通報(110番、119番)や国民の生命・財産の保護のために行われる緊急性の高い災害対策機関の音声通話を確保するために、固定電話で最大80%〜90%、携帯電話では最大70%〜95%の通信規制を実施
2. 固定電話(NTT東日本管内)の通信規制は比較的短時間で解除されたが、携帯電話の通信規制は断続的に数日間にわたり実施
3. 携帯電話におけるメールなどのパケット通信では、通信規制が行われなかったか、又は通信規制を実施した通信事業者であってもその割合は最大30%かつ一時的であったため、携帯電話の音声通話と比べると、メール等パケット通信の方がつながりやすい状況にあった(ただし、送信したメールの到達時間については、メールサーバの輻輳により通常よりも時間を要する状況にあった)
4. 今回の震災時には、長時間にわたる停電の発生や計画停電により固定電話などの電気通信サービスが利用できない状況も生じた

図5-8 東日本大震災における電話網の輻輳
(総務省報道資料、2011年8月24日)

## 安否確認の手段

災害時の対応について聞いてみると、案外、安否確認がおろそかになっています。災害発生時に家族全員が一緒にいることが前提になっていたり、携帯電

```
・適切な災害対応の前提となる行動
　①「安否がわからないので気が気でなく、
　　他のことが手につかなかった」
　②事前に手段を確認・確立する必要がある
・誰を（何を）どのような手段で確認すべきか
　①携帯電話のパケット通信
　　　メール、災害用伝言板、災害用音声お届
　　　けサービス
　②災害用伝言ダイヤル「171」
　③地域の災害時安否確認ネットワーク
　④遠方の親戚
```

図 5-9　安否確認の考え方

話を持っていない高齢者が「ずっと家にいるもの」として安否確認の対象になっていなかったり、連絡手段はあるけれども「家に集合できない時に家族が落ち合う場所」について合意が取れていなかったり、同居している家族以外の安否確認手段がなかったりします。安否確認は適切な災害対応の前提となる行動です。被災者のインタビューをすると「安否がわからないので気が気でなく、他のことが手につかなかった」「仕事をしながらも家族がどうしているのかの不安でいっぱいだった」という体験談が多くあります。特に災害対応従事者である行政や消防・警察・医療関係者は発災後1週間くらい家に帰れないことも珍しくありません。最大限の力を発揮して効果的な災害対応にあたるためには、事前に誰と（何を）どのような手段で確認するか、家族とどこで落ち合うかを決めておくことが大切です（図5-9）。

今の時代は携帯電話、特にパケット通信が効果的です。メール、伝言板、音声お届けサービスなどもありますので、このようなもので相手と連絡を取るのがいいでしょう。高齢者で固定電話しか使えない人もいます。そのような時は「171」に掛けると、被災地の自分の家の電話番号を暗証番号にして、メッセージを吹き込んだり聞いたりすることができます。「171」は、災害時でなくとも体験利用することができます。本書の執筆時点（2014年6月）では、毎月1日・15日、正月3が日、防災週間、防災とボランティア週間などです。これらを家族・親戚・友人間で一度使っておくのも立派な訓練です。

また、地域の安否確認ネットワークは、地域で災害時に1人暮らしのお年寄りの方などが安否確認できるようなネットワークです。防災が進んでいる地域にはこのようなネットワークがあって、定期的に名簿の更新をしながら訓練をしている地域もあります。特に2013年6月に、災害対策基本法が一部改正

第 49 条の 10（避難行動要支援者名簿の作成）

市町村長は、当該市町村に居住する要配慮者のうち、災害が発生し、又は災害が発生するおそれがある場合に自ら避難することが困難な者であつて、その円滑かつ迅速な避難の確保を図るため特に支援を要するもの（以下「避難行動要支援者」という。）の把握に努めるとともに、地域防災計画の定めるところにより、避難行動要支援者について避難の支援、安否の確認その他の避難行動要支援者の生命又は身体を災害から保護するために必要な措置（以下「避難支援等」という。）を実施するための基礎とする名簿（以下この条及び次条第一項において「避難行動要支援者名簿」という。）を作成しておかなければならない。

2　避難行動要支援者名簿には、避難行動要支援者に関する次に掲げる事項を記載し、又は記録するものとする。

一 氏名

二 生年月日

三 性別

四 住所又は居所

五 電話番号その他の連絡先

六 避難支援等を必要とする事由

七 前各号に掲げるもののほか、避難支援等の実施に関し市町村長が必要と認める事項

3　市町村長は、第一項の規定による避難行動要支援者名簿の作成に必要な限度で、その保有する要配慮者の氏名その他の要配慮者に関する情報を、その保有に当たつて特定された利用の目的以外の目的のために内部で利用することができる。

4　市町村長は、第一項の規定による避難行動要支援者名簿の作成のため必要があると認めるときは、関係都道府県知事その他の者に対して、要配慮者に関する情報の提供を求めることができる。

避難行動要支援者名簿（例1）

| 番号 | 氏名 | 生年月日 | 性別 | 郵便番号 | 住所又は居所 | 電話番号<br>その他の連絡先 | 避難支援等を必要とする事由 | | その他 |
|---|---|---|---|---|---|---|---|---|---|
| | | | | | | | （障害、要介護、難病、疾病）の種別 | 障害等級、要介護状態区分、療育判定等 | |
| | | | | | | | | | |
| | | | | | | | | | |
| | | | | | | | | | |

第 49 条の 11（名簿情報の利用及び提供）

市町村長は、避難支援等の実施に必要な限度で、前条第一項の規定により作成した避難行動要支援者名簿に記載し、又は記録された情報（以下「名簿情報」という。）を、その保有に当たつて特定された利用の目的以外の目的のために内部で利用することができる。

2　市町村長は、災害の発生に備え、避難支援等の実施に必要な限度で、地域防災計画の定めるところにより、消防機関、都道府県警察、民生委員法（昭和二十三年法律第百九十八号）に定める民生委員、社会福祉法（昭和二十六年法律第四十五号）第百九条第一項に規定する市町村社会福祉協議会、自主防災組織その他の避難支援等の実施に携わる関係者（次項において「避難支援等関係者」という。）に対し、名簿情報を提供するものとする。ただし、当該市町村の条例に特別の定めがある場合を除き、名簿情報を提供することについて本人（当該名簿情報によつて識別される特定の個人をいう。次項において同じ。）の同意が得られない場合は、この限りでない。

3　市町村長は、災害が発生し、又は発生するおそれがある場合において、避難行動要支援者の生命又は身体を災害から保護するために特に必要があると認めるときは、避難支援等の実施に必要な限度で、避難支援等関係者その他の者に対し、名簿情報を提供することができる。この場合においては、名簿情報を提供することについて本人の同意を得ることを要しない。

同意を得るための様式例

| | | | |
|---|---|---|---|
| フリガナ | | | |
| 氏　名 | | | |
| 生年月日 | | 性別 | 男　・　女 |
| 住　所 | | | |
| 避難支援等を必要とする事由 | □介護保険の認定を受けている　要介護状態区分<br>□手帳所持　障害名：（　　　）等級：<br>□その他<br>【特記事項】 | | |
| 電話番号 | | ＦＡＸ番号 | |
| 携帯電話番号 | | メールアドレス | |

※同意いただいた場合、　　　の欄に障害名等を記載し、避難支援等関係者に提供します

避難行動要支援者は、避難支援者への情報提供に同意することにより、避難支援者（地域等）から災害発生時における避難行動の際の支援を受ける可能性が高まりますが、避難支援者自身や家族などの安全が前提のため、同意によって、災害時の避難行動の支援が必ずなされることを保証するものではなく、また、避難支援者は、法的な責任や義務を負うものではありません。

上記の内容を理解し、避難の支援、安否の確認、その他の生命又は身体を災害から保護をうけるために、上記内容（氏名、生年月日、性別、住所、障害種別等の内容、連絡先等）及び障害名や病名等を、○○市防災計画に定める避難支援等関係者に提供することに、

□　同意します

□　趣旨を十分理解した上で、同意しません

□　同意するかしないかを判断するために、市町村からの詳細な説明を求めます

平成△△年□月◇◇日　氏名＿＿＿＿＿＿＿＿＿＿

※同意の意思について、変更の申出がない限り自動継続とします。

※避難行動要支援者情報を作成するため、避難支援等関係者が訪問調査を行いますので、その際は御協力ください。

図 5-10　災害対策基本法の一部改正による避難行動支援者名簿の作成

（内閣府「避難行動要支援者の避難行動支援に関する取組指針」2013）

されて、第49条の10に「避難行動要支援者名簿の作成」、同条の11に「名簿情報の利用及び提供」、12に「名簿情報を提供する場合における配慮」、13に「秘密保持義務」が明記されました。内容をおおまかに言うと、「市町村長は、高齢者、障がい者等の災害時の避難に特に配慮を要する者について名簿を作成し、本人からの同意を得て消防、民生委員等の関係者にあらかじめ情報提供するほか、名簿の作成に際し必要な個人情報を利用できるようにすること」など、避難行動要支援者名簿の作成が義務づけられるようになりました（図5-10）。1人暮らしのお年寄りの安否は親戚がなかなか確認しづらく、遠方にいる身内は何かあってもすぐに駆け付けられないので、「地域の命は地域で守る」という考え方は、今後ますます主流になると思います。

　また安否確認では、「遠方の親戚」も役に立ちます。同時に被災しないところに住んでいる親戚に自分や家族の携帯電話の番号を書いた一覧表を預けておくのです。自分自身は災害対応をしながら、被災していない親戚が自分や家族に電話を掛け続けてくれて、「今、自分は〇〇にいるから大丈夫だと、他の家族と会社に伝えてほしい」、「さっき誰々から電話があって〇〇と伝言をもらったけどどうする？」などと、被災地にいる人たち同士の安否確認をしてもらうのはとても便利です。このことをずっと講演で言っていたのですが、東日本大震災で、私自身が体験することになりました。私は兵庫県姫路市にいて、茨城県に母方の親戚がいたので、親戚たちの携帯電話や固定電話に断続的に電話を掛け続けました。被災地にいる人同士では「電話がつながりにくくて、お互いに全然コミュニケーションが取れない」と言っていましたが、被災地外の人間は被災地へ断続的に掛け続けていればいつかはつながるので、つながった時に安否と伝言を聞いて被災地にいる人同士のコミュニケーションをとりもつ、という対応をして、後からとても感謝されました。このように遠方の親戚を活用するというのも1つの手段です。どんなことでもいいので、安否確認の手段を確保することが必要です。

## 地域の安否確認ネットワーク

　地域の安否確認ネットワークについて補足します。2007年3月25日に能登半島地震が起きた時に、震度6強を記録した輪島市門前町というところが高齢者マップを作っていて、4時間後には全員の所在を確認できたということがありました。高齢者（65歳以上）の割合が47％を超える輪島市の旧門前町では、29人が負傷（うち22人が重傷）、住宅の全・半壊があわせて約1,000棟となるなど大きな被害が生じましたが、住民の救助活動にあたっては、民生委員があらかじめ作成していた「地域みまもりマップ」により、高齢者等の要援護者の安否確認を迅速に行うことができました。

　地域みまもりマップは、寝たきりや1人暮らしの高齢者などの所在地を蛍光ペンで色分けして明らかにした地図です。桃色が寝たきり高齢者、黄色が1人暮らし高齢者、緑色がその他の高齢者、空色が障がいなどで特別の支援が必要な人です。地震・台風・火災等の災害時における安否確認等や福祉サービスとしての見まわり活動の基盤として、1995年阪神・淡路大震災後に、石川県が作成を推進していたものです。同マップは、個人情報保護の観点から多くの市町村で作成が中断されていましたが、旧門前町では、民生委員等の判断により、毎年更新をしていました。

　地域マップが発災直後の安否確認に有効に機能したのは、平時から民生委員や福祉推進委員が日頃の見まわり活動を通じて、高齢者等の所在地が頭に入っていたこと、高齢者等と顔なじみになっていたことが指摘されています。また地域マップは、発災直後の避難誘導にだけでなく、発災から数日が経過した後、保健師が要援護者を訪問する際や、他の地域から支援活動に訪れたボランティアの方々の道案内としても役立ちました（『防災白書　平成20年版』を引用（一部改変））。

　2013年に災害対策基本法が一部改正されて、今までは個人情報保護条例などによって難しかった問題について特例が措置されました。避難行動要支援者名簿として、災害時の避難に特に支援を要する者についての名簿の作成・利用

制度が創設され、市町村長には名簿の作成が義務づけられたのです。地域における高齢者の割合がますます増加する日本において「地域で安否を確認して命を守る」活動は、頑張っている特別な地域だけで行われるのではなく、私たちが住むすべての地域で今後実現されていかなければ、第2段階「被災地社会の成立」を乗り越えていくことは難しいのです。

> **第5章の確認事項**
> 1. 被災地社会の成立の時期とは具体的にどのような時期かについて、生活再建過程における位置づけも併せて説明しなさい
> 2. 阪神・淡路大震災における救助・救出の実態を自助・共助・公助の役割分担の観点から説明しなさい
> 3. 人間の救命・救助に関する知見である Golden 72 Hours Rule およびカーラーの救命曲線とは何かについて具体的に説明しなさい
> 4. 自主防災組織とは何かについて、平時および災害時に果たす役割および問題点を交えながら説明しなさい
> 5. 被災地社会の成立の時期における安否確認の重要性および効果的な4つの安否確認手段について説明しなさい

# Chapter 6

# 「避難所」は被災者にとって どんな存在かを知ろう

── 災害過程③ 災害ユートピア

## 本章の学習目標

1. 生活再建過程での災害ユートピアの時期の位置づけと内容を説明することができる
2. 避難所運営の基本方針を避難所の2つの機能の観点から説明することができる
3. 被災者が避難をする5つの理由について説明することができる
4. 災害による2つの死因について説明することができる
5. 災害時要援護者について支援のあり方を含めて説明することができる

災害ユートピア、ブルーシートの世界、避難所、避難者、就寝者、血縁、災害当日の避難理由、避難所の2つの機能、避難所運営の基本方針、直接死、災害関連死、災害時要援護者、生活7領域

 災害ユートピア（ブルーシートの世界）

　生活再建過程の第2段階である被災地社会の成立のステージでは、安否確認やGolden 72 Hours Ruleまでの救助・救出といった人間の命に関する対応が解決課題です。このステージをクリアすると、第3段階の災害ユートピアです。ユートピア（Utopia）とは、16世紀のイギリス・ルネサンス期の法律家・思想家であるトマス・モア（Thomas More）が創った言葉です。モアの著作『ユートピア』における架空の国家の名前で、必ずしも牧歌的で自由気ままに過ごせる国家ではないのですが、時代とともに意味が転じて、現在では「誰もが共存共栄できるような穏やかな理想郷」のような意味で使われることが多いです。

*115*

この段階では、災害によって社会基盤が物理的に破壊されたりライフラインが止まっていたりと、これまでの日常とは違う新しい環境の中で毎日を生きなければなりません。そこで、例えば避難所のようなところで、被災者みんなが独自のルールを作って役割分担をして、ご飯を作ったり、物資を分配したり、一生懸命頑張って一日一日を生きようとする時期というイメージを持ってもらうとわかりやすいかと思います。この段階では、年齢、性別、災害発生前の社会的な地位などは関係なく、皆で役割分担をしながら生活をしていく平等主義の社会の状態が展開されます。

　「社会基盤の物理的破壊やライフラインの途絶など従来の社会機能がマヒすることにより、一種の平等主義社会が生まれて、通常とは異なる社会的価値観に基づく世界が成立する」段階が、第3段階の災害ユートピアの段階です。だいたい災害発生後100時間（4日目）から1,000時間（2ヵ月）がこの段階にあたります。なお、日本では、多分マスコミが名付けたと思うのですが、「ブルーシートの世界」などと呼ばれます。日本では家屋補修用にブルーシートを掛けるので、空撮すると世界が青一面に見えるのです。

　被災者へインタビューをすると、「この時期はよかった」と言う人も結構多いです。「人の温かさに触れることができた」とか「今まで近所付き合いを全くしたことがない自分が恥ずかしくなった」とか、たくさんのボランティアもこの時期に入りはじめますので、「全く見も知らぬ人が自分たちのことを親身に考えてくれていることがわかって、人はつながっているのだということを実感した」とか、助け合いに満ちた世界なので「災害ユートピア」と言われたりするのです。

##  地域の災害対応拠点としての避難所

　この時期に特徴的なものが避難所です。図6-1は、阪神・淡路大震災時の体育館の様子です。東日本大震災の避難所では間仕切りなどの個人のプライバシーを守る工夫があったりと、避難所の様子も改善されてきていますが、人口が

密集したところではなかなかこうはいきません。

みなさんは実際に被災して避難所で寝泊まりしたり、避難所宿泊訓練をしたことはありますか。避難所宿泊訓練というのは、避難所として指定されている学校の体育館や公民館に寝泊まりするのです。体育館は宿泊するために作られた施設ではありません。床は堅く冷たく、段

図6-1 阪神・淡路大震災における避難所の様子

震災直後、1700人を超える避難者で埋まった御蔵小の体育館。暖房もなく、かぜをひいたり体調を崩す人が多かった。1月24日（写真提供：朝日新聞社）

ボールや毛布を敷いたくらいではなかなか快適になりません。空調も悪く、風が吹き込んだり光が差し込んだりします。何より集団で寝泊まりするので、常に音や振動がしたり、いびきがうるさかったりします。夜、トイレに行こうとすると、全員を乗り越えないとトイレに行けません。したがって、トイレに行くことが苦になり、水分をなるべくとらないようにして脱水症状になる高齢者もいます。何より、1人がくしゃみをしたら、1週間も経つと避難所がくしゃみで溢れかえったりします。

阪神・淡路大震災では、避難所でけんかが起きました。避難所にお弁当が来たり、炊き出しで作ったご飯を配る時間になると、避難所以外のどこからともなく人がやって来て、お弁当だけもらってどこかへ帰っていく。それで「けしからん。ただでご飯だけもらいに来てどこかに行くやつがいる。おまえらには弁当はやらん！」というようなことを避難所の人が言って、けんかになりました。

図6-2は、阪神・淡路大震災における神戸市のデータです。Aが避難所に宿泊している人数、Bが避難所で配られた弁当の数です。1ヵ月ほどたった2月下旬ごろのCという縦線が引いてあるところを見ると、避難所に寝泊まりしているのは約8万人ぐらいなのに、約17万人の3食分の弁当が出ています。倍ぐらいあるのです。それでは、神戸市がAとBのどちらを最終的に避難者

として考えたかというと、B（お弁当の数）を「避難者」とし、A（宿泊者）は「就寝者」という別の言葉で定義しました。なぜかというと、大きく２つ考えられます。１つは法律的な理由で、災害救助法などでは「炊き出しその他による食品の給与」について、１人１日３食1,010円以内（阪神・淡路大震災発生時は860円以内）ならば国が負担するとしています。しかしこの場合の対象は「避難所に収容された者」と「全半壊（焼）、流失、床上浸水で炊事ができない者」です。もし神戸市が「避難所で寝泊まりした人」のみを避難者としてカウントすると、実際に弁当を支給した人よりも少ない金額しか国に請求できません。そこで「弁当をもらった人＝避難者」とすることで「約4,000万食分の費用＝約400億円」を国に請求できたのです。

そして２つ目の理由が「被災者とは誰か」という問題です。避難所は寝泊まりがしにくかったり、高齢者が体調を悪くしてしまったりするので、家屋被害がない家や、一部損壊や半壊でも倒壊の危険が低いと思われる家に戻っていた人も結構たくさんいるのです。ところが、家はガスもつかないし、水も出ないので、調理することはできません。プロパンガスボンベを家に持ち込んで料理をしているたくましい人もいますが、基本的には家で食べ物を作ることができないので、どこかで調達しなければならないのです。彼らは「食事や生活物資の配給を受ける場所」として避難所を利用したのです。「宿泊していないから食

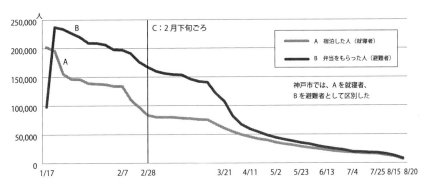

図6-2　２種類の「避難者」（1995年阪神・淡路大震災の神戸市での避難者数）
（神戸市民政局『平成7年兵庫県南部地震　神戸市災害対策本部民生部の記録』1996より作成）

事は支給しない」という理屈では公平な被災者支援にはつながらないからです。

　ご飯やお弁当、届いた物資は避難所の人だけに渡されるものではありません。避難所は、避難所に寝泊まりしている人たちのためだけにある施設ではなく、被災したその地域全体の災害対応拠点なのです。

##  被災者の場所の移動

　では被災者はどのような場所で寝起きをしていたのでしょうか。図6-3は、阪神・淡路大震災での被災者の場所の移動です。震度6強と震度7の地域という、大きく揺れて被害があった地域に住んでいた人のデータで、横軸が災害発生後の時間経過、縦軸がそれぞれの場所にいた人の割合です。これだけ大きな揺れに見舞われたところでも、震災当日は3割弱しか避難所にいなくて、6割の人が自宅にいました。避難所にいる人は震災当日も3割弱で、震災当日をピークに減少していきます。ただこの時期はまだライフラインが復旧していないので、自宅にいる人の割合が増えたわけではありません。ではどこに行ったのかというと、別居している親や子どもの家、親戚の家などの、血縁宅に身を寄せたのです。災害ユートピアの時期には、自宅以外の避難先では血縁宅が2割程度と一番多かったのです。

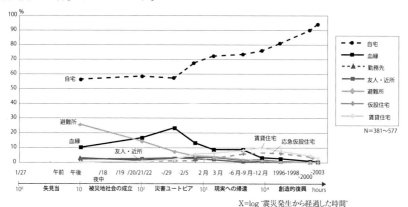

図6-3　阪神・淡路大震災での被災者の場所の移動（兵庫県生活復興調査、2003年）

そうは言っても、ずっと血縁宅にいるわけにはいきません。インタビューをすると、血縁宅というのは2ヵ月ぐらいすると居づらくなってきます。災害ユートピアの時期の終わりにあたる災害2ヵ月後ぐらいになると、壊滅的な被害があった地域は別として、だいたいの地域で、復旧の遅い上下水道やガスといった導管系ライフラインも復旧してきます。そうすると、家が無事だった人、修理・補修が終わった人は元の家に戻って生活することができるので、自宅にいる人の割合が急に増えていきます。阪神・淡路大震災で調査すると、このようなかたちで人が場所を移動している全体像が見えてきました。

被災者の場所の移動については、災害の様相によって異なっていることがわかっています。図6-4は新潟県中越地震での結果です。災害発生から2週間ぐらい、災害ユートピアの時期のはじめのころまで、「テント、車の中、車庫、駐車場」といった建物の外にいる人が最も多かったのです。そして1週間を過ぎるころから急激に自宅に戻っています。なぜこのようになったかインタビューすると、余震が理由なのです。新潟県中越地震は余震が非常に多い地震で、2004年10月23日17時56分に本震が発生してから約2時間のうちに、最大震度5弱〜6強の余震が10回発生し、4日後の10月27日にもマグニチュード6.1、最大震度6弱という余震が発生しています。したがって、余震による建物被害が怖くて家や避難所などの屋内にいられな

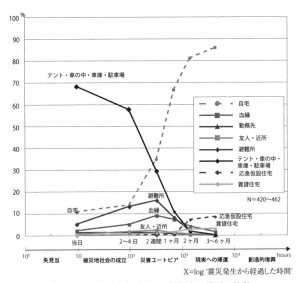

図6-4 新潟県中越地震での被災者の場所の移動
(木村玲欧他「新潟県中越地震における被災者の避難行動と再建過程」地域安全学会論文集No.7、161-170、2005)

かったというのです。防災の話をすると「自分の家は新しくて耐震構造だから、もう災害のことは考えなくてもよい」という人がいるのですが、家が無事でも怖くて家の中にいられないという事態もあるのです。また血縁宅にいる割合が低いのはなぜかというと、いわゆる中山間地域とも言われる田舎の地域なの

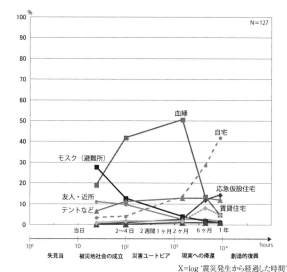

図6-5 スマトラ津波でのバンダアチェ市内の被災者の場所の移動
(木股文昭他編著『超巨大地震がやってきた スマトラ沖地震津波に学べ』時事通信社、2006)

で、血縁が同じ地域に住んでいる人が多く、同時に被災したり家が被害を受けたりしたからです。親戚や一族が近くに住んでいると、血縁という避難先が使えないということもわかってきました。

　もう1つ、多少余談にはなりますが、日本のような先進国ではなく、発展途上国の例を紹介します。図6-5は、2004年12月26日に発生したスマトラ大津波で、一番大きな被害が発生したインドネシア・スマトラ島バンダアチェ市内の被災者の場所の移動です。先の2つのように住民台帳からの無作為抽出という調査ではなく、現地で127人にインタビューをした結果です。イスラム教の地域なので、避難所にあたるところとしてモスクがあるのですが、モスクにいる人の割合は、当日を境にして急激に落ちていきます。現地で撮影したモスクの写真を見ると(図6-6)、モスクは吹きさらしで、床も石でできていて、寝泊まりするのは難しいです。また日本と違って、ここにいたからといって公的な機関からの物資は何も来なかったようです。そこで自分の持っている血縁が唯一にして絶対の支援先であって、血縁宅を上手に頼ってやりくりする

図6-6 津波で被害を受けた地域のモスク
(2005年2月10日、津波から1ヵ月半、バンダアチェ市内)

しかなかった、それができなければテントなどで暮らさざるをえないというのが実態でした。このように災害によって被災者の居場所が異なります。どのような被災者がどこにいるかという被災者の全体像を把握することが、この時期の災害対応で特に重要です。

 避難した理由・避難しなかった理由

話を少し戻しましょう。そもそもなぜ人は避難をするのでしょうか。阪神・淡路大震災は朝5時46分に発生したため、94.7％の人が自宅で被災しています。被災者の中には、避難の必要がなかった人(60％)や、避難したくてもできなかった人(9.1％)がいますが、約3割の人たちは避難をしました。そこにはどんな理由があったのでしょうか。

表6-1 震災当日の被災者の避難理由の因子分析表 (兵庫県生活復興調査、2006)

| 震災当日に避難した理由 | 因子負荷量 | | | | | 共通性 |
|---|---|---|---|---|---|---|
| | 因子1 | 因子2 | 因子3 | 因子4 | 因子5 | |
| ガスの途絶 | **.97** | -.05 | .02 | -.19 | .15 | .94 |
| 断水 | **.94** | .03 | -.01 | .13 | -.17 | .85 |
| トイレの使用不可 | **.86** | -.03 | -.01 | .04 | -.01 | .72 |
| 行政支援を求めて | .00 | **.75** | .02 | -.23 | -.01 | .52 |
| 情報・物資を求めて | .05 | **.70** | -.03 | -.08 | .05 | .51 |
| 人を求めて | -.09 | **.49** | -.02 | .10 | .06 | .28 |
| 高齢者の存在 | -.01 | -.02 | **1.00** | -.02 | .06 | 1.00 |
| ケアが必要な家族の存在 | .10 | .03 | **.17** | .00 | .06 | .06 |
| 避難命令の発令 | .01 | .10 | .03 | **-.34** | .12 | .08 |
| 周囲に誘われて | -.01 | .23 | .04 | **.30** | -.25 | .10 |
| 建物の安全性への不安 | .19 | .17 | .05 | **.30** | -.15 | .16 |
| 余震への恐怖 | .04 | .10 | .01 | .26 | **.48** | .54 |
| 乳幼児の存在 | .04 | .01 | -.06 | .19 | **-.29** | .05 |
| 固有値 | 1.1 | 2.7 | 1.3 | 0.5 | 0.2 | 5.8 |
| 寄与率（％） | 8.6 | 21.1 | 9.8 | 3.6 | 1.7 | 44.8 |

最尤法・プロマックス回転

因子1 ライフライン使用不可
因子2 情報・物資支援を求めて
因子3 ケア必要家族の存在
因子4 人に誘われて
因子5 余震恐怖

災害当日の避難理由は、全部で5つのタイプに分類することができました（表6-1）。それぞれの理由にあてはまった人で一番多かったのは「ライフラインの使用不可」による理由でした。上下水道・ガスが使えないため生活を送ることができないので避難を余儀なくされた人たちです。2番目が、高齢者など自宅での居住に支障をきたしてしまう「ケアが必要な家族の存在」が挙がっています。以下、3番目が、行政支援、情報・物資、人のいるところを求めてなど「情報・物資支援を求めて」、4番目が、避難命令等が出ていないが建物の安全性への不安もあり周囲に誘われてという「人に誘われて」、5番目が、家にとどまらなければならない理由もなく余震への恐怖があり避難するという「余震恐怖」でした（図6-7）。

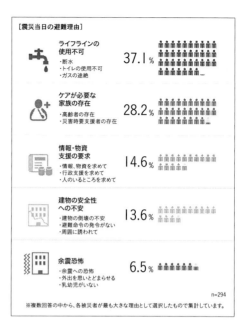

図6-7　震災当日の被災者の避難理由
（復興の教科書より）

　このように、避難生活を送る被災者にはさまざまな理由が存在しています。大切なことは、こうした避難理由を明らかにすることでそれぞれの「ニーズ」を把握し、求められている支援を的確に行うことにあります。

##  5　避難所の2つの機能

　被災者の避難の理由と場所の移動を見てきました。ここで「避難所」という平時には利用しない特別な場所についてまとめましょう。避難所には2つの機能があります（表6-2）。1つは、生活場所としての機能です。これは、事前

に計画をたててちゃんと部屋割りをしておかないと大変です。災害が発生すると、地域の人が避難所にやって来て、空いている部屋やスペースを早い者勝ちで占拠してしまうのです。一度、占拠された場所から別の場所へ移動させるのはとても難しいので、学校側が地域の人たちと事前に場所の割り振りをして、どこまでを避難所として開放するか、どこをどのような機能として利用するかを事前計画し、避難所開設訓練をしておくことが重要です。

学校にもともと備わっているような救護室などだけでなく、一般的な避難所においても災害時要援護者と言われる高齢者や障がい者のための部屋や、更衣室、授乳場所なども必要です。特に女の人は、着替える時、授乳したい時など、非常に困りましたし、長い期間を過ごすので、洗濯・物干し場も必要です。娯楽も必要なので、図書コーナーのようなものもなければいけません。また、物を取られたら困るからといって、家から持ち出した貴重品を避難所に持ってくる人がいるので、荷物置き場を作って、見張りを立てて荷物の監視をするなど、避難所は生活場所としても非常に重要です。

表6-2 避難所の2つの機能（学校施設を例に）

1. 生活場所として
　①居住場所：体育館・普通教室・特別教室
　②災害時要援護者のための居住場所：普通教室・特別教室
　③更衣・授乳場所：保健室、廊下の一角にブース
　④洗濯・物干し場：プールサイド、グラウンド、屋上
　⑤図書コーナー：図書室、廊下の隅、階段の踊り場
　⑥荷物置き場：廊下
　⑦喫煙所：建物出入り口付近、廊下の一角

2. 地域の災害対応拠点として
　①物資集配センター：体育館（救援物資集配拠点）
　②食事・生活物資提供場所：グラウンド（弁当・炊き出し）
　③仮設トイレ・風呂：グラウンド（自衛隊、各種団体）
　④医療センター：保健室（医療活動拠点）
　⑤情報センター：ロビー（電話、行政情報）

（柏原士郎他『阪神・淡路大震災における避難所の研究』大阪大学出版会、1998をもとに改変）

避難所がどれぐらい騒然としているかを、体験談を基に知ってもらおうと思います。神戸市立山の手小学校の校長先生は、阪神・淡路大震災について、次のように述べています。

震災当日に出勤できた職員は17名で、その中には、自らも被災し自宅が半壊の職員も含まれます。続々と集まる避難者に部屋の割り当てをする男性教師。ひっきりなしに親戚や知人の安否を問う電話に応対する女性教師。それらの応対の合間に、面会者に必要な

事項を聞き、呼び出し放送を交代で1人二役、三役をこなします。避難者の世話で無我夢中の一日が暮れようとしています。テレビに長田の大火が映し出され、職員の自宅にも火災が迫ります。延焼が止まるのを願いながら、避難者の世話にまた走ります。しかし、夜が更けても、毛布もパンも届きません。

　午前5時46分に地震が起きた14時間後、午後10時過ぎにやっとおにぎりとパンが届きました。毛布は翌日未明です。1,200人の避難者が配給場所に殺到し、職員たちは必死に配布します。渡らなかった避難者から不満の声が挙がります。次の日のお昼のおにぎりパックも600食分しか来ません。したがって、子どもやお年寄りを優先して、なるべく公平になるように配りました。

　トイレも惨憺たる状況で、水が出ない上に次々に使用され、盛り上がっています。観察池からポリボックスに水をくんで、その水で流し、詰まれば、ひしゃくで汚物をくみ出します。それをいたちごっこのように繰り返します。それも教師の役割です。当日は7名の教師が宿泊し、仮眠を取りながら対処しました。

　深夜、怒鳴り声が響きました。長電話から喧嘩が起きたのです。男子教員が仲裁に入って警察に通報し、交番で事情を説明します。仮眠をとっていた教師に、「おばあちゃんの調子が変だ」と連絡が入りました。避難所には高齢の方も多く、救急車を呼ぶこともしばしばです。避難所の世話をしながらも子どもたちのことが頭を離れず、沖縄から北海道まで全国各地に散らばった子どもたちの安否を確認します。「早く子どもたちを迎えたい、授業がしたい」という中で、通学路の安全などを確認し、プリントなども作ります。昼間は避難者の世話をし、夜の宿直の合間にプリントづくりをこなして、2月10日の朝、教師たちが手分けをして校区のポイントに立ち、1ヵ月ぶりに子どもたちの「おはよう」の元気な声が響きました。山の手小学校復興の第一歩の記念すべき日でした（神戸市教育委員会編著「神戸の教育は死なず　阪神・淡路大震災に学ぶ学校危機管理」1996より一部改変）。

## ⑥ 避難所運営の基本方針

　こうした経験を基に、阪神・淡路大震災以降、全国でさまざまなマニュアルが作られています。ここでは兵庫県の避難所管理運営指針（平成25年版）を例に取り上げます。第1章は基本方針で、避難所の目的、避難所の機能、対象となる避難者、大規模災害時の避難所の状況想定、関係機関等の役割について述べられています。特に、大規模災害時の避難所の状況想定については、災害発生後の時間経過によって変わりゆく問題、発生時間帯や季節によって変わる問題、地域特性（海岸・河川・中山間）によって変わる問題などについて取り上げています。表6-3が時間経過によって変わる問題です。被災者・避難所自体の状況把握、食料・物資の確保の段階から、衛生環境や心身の健康の維持の段階、避難所の統廃合や在宅避難者への公平性に対処する段階、住宅の修理・補修や応急仮設住宅などへの移行や自立意欲の低下に対処する段階など、災害ユートピアの時期においてもさまざまな課題があることがわかります。

　第2章は一般避難所編、第3章は災害時要援護者を受け入れる福祉避難所編です。ここでは第2章を取り上げます。事前対策として7つが挙げられています。避難所の指定、避難所としての施設利用計画づくり、避難所管理運営体制の整備、避難所機能を発揮するための施設・設備の整備、避難所における備蓄・通信手段の確保、避難所開設・運営訓練、避難所の周知です。特に、避難所管理運営体制の整備では、住民の自主運営組織の育成が必要であり、避難所開設・運営訓練では、住民参加型の実動訓練、図上訓練を行うこと、避難所の周知では、避難所の所在や役割等を住民に事前周知することが重要だとしています。

　発生後の応急対策の指針としては、避難所の開設、開設期間、避難所不足への対応、管理責任者の配置と役割、避難者・避難所の情報管理、災害時要援護者への対応、女性への配慮、水・食料・生活物資の提供、生活場所の提供、健康の確保、衛生環境の確保、広報・相談対応、ボランティアの受入、帰宅困難者への対応、愛玩動物対策、避難所の統廃合・撤収の16節です。特に、帰宅困難者・災害時要援護者・女性への配慮・対応、心身の健康やトイレなどの

表6-3　避難所で想定される状況（時系列）

| 災害発生　　　3日目　　　　1週間　　　2週間　　　　　　　　　　3ヵ月 |
|---|
| ○広範囲の浸水被害→地域全体の避難所使用不可<br>○避難経路が危険（倒壊家屋、泥水、がけ崩れ、ゴミ等）<br>○避難者殺到（被害者の精神不安定）、市町職員等が間に合わない場合も<br>○避難所全体の状況把握が困難<br>○余震による二次災害のおそれ<br>○食料、物資の安定供給（避難所への配分）が困難<br>○各種情報の不足により避難者の不安拡大<br>○災害時要援護者の状況把握が困難<br>○市町、避難所に安否確認問い合わせ集中<br>　　　　　○食料は安定供給<br>　　　　　○避難所数は流動的<br>　　　　　○避難者の心身の健康悪化<br>　　　　　○汚泥、災害廃棄物により衛生環境悪化<br>　　　　　○食料、入浴、生活用水確保等のニーズ拡大<br>　　　　　○ボランティアや物資など避難所間で格差発生<br>　　　　　　　　　○被災地外から支援活動本格化<br>　　　　　　　　　○臨時施設、民間施設での避難所統廃合の動き<br>　　　　　　　　　○避難者の通勤通学の再開等日常生活の一部回復<br>　　　　　　　　　○学校避難所で教職員が本来業務へシフト<br>　　　　　　　　　○避難所避難者と在宅避難者間の公平性の問題発生<br>　　　　　　　　　　　　　○ライフラインの復旧<br>　　　　　　　　　　　　　○こころの問題の顕在化<br>　　　　　　　　　　　　　○高齢者等の心身機能の低下<br>　　　　　　　　　　　　　○住宅補修、応急仮設住宅等住まいの確保が最重要課題<br>　　　　　　　　　　　　　○避難所退出増加、ボランティア減少により自治運営組織の維持困難<br>　　　　　　　　　　　　　○避難生活の長期化による衛生環境の悪化、自立意欲の低下等の問題発生<br>　　　　　　　　　　　　　○避難所の統廃合が進展<br>　　　　　　　　　　　　　○寒暖、害虫対策等季節変化に伴う新たなニーズ発生 |

（兵庫県『避難所運営指針（平成25年版）』2013より作成）

衛生環境の確保、長期避難生活になる場合の間仕切り・畳・カーペットなど生活場所の対応についてそれぞれ1節を使って説明されているのが特徴的です。またこの指針では、1つの避難所あたり職員を2名以上配置することが望ましいとしていますが、実際にはなかなか難しい目標です。行政に職員はそうたくさんいませんし、個別の避難所運営以外にもさまざまな業務が発生します。またたとえ2名の職員が来たとしても、それだけで避難所を運営することはできません。避難所運営には、避難所避難者自身や地域の力が必要不可欠です。

## 7　直接死と災害関連死

災害ユートピアの時期で大切なもう1つのポイントを紹介します。それは、この時期においても災害が原因で人が亡くなってしまうのです。第2章で、災

害による死因として家屋の倒壊と家具の転倒を紹介しました。これらは「直接死」という災害が直接的な原因となって亡くなる人たちです。しかし災害での亡くなり方にはもう1つ、災害関連死（以下、関連死）があります。直接死と関連死は、亡くなる時期も理由も違います。この2種類の死因を押さえておかないと、災害を乗り越えることができません。

　関連死は、「災害発生後疾病により死亡した者の内、その疾病の発生原因や疾病を著しく悪化させたことについて、災害と相当の因果関係があるとして関係市町で災害による死者とした者」という消防庁の定義があります。また東日本大震災では、「東日本大震災による負傷の悪化等により亡くなられた方で、災害弔慰金の支給等に関する法律に基づき、当該災害弔慰金の支給対象となった方」と東日本大震災における復興庁は定義しています。災害発生後の今までとは違う日常を過ごす中で、体調を崩したり持病を悪化させたりして亡くなってしまった方です。このような亡くなり方も災害と関係があるのではないか、災害で体調を崩して死んでしまったのだからというのが、関連死と言われている理由です。

　阪神・淡路大震災では関連死は14％だったのですが、新潟県中越地震では、関連死が75％にもなっています。東日本大震災は、震災から3年余が経過した2014年5月時点で直接死・関連死ともに今後人数に変化がある可能性が高いですが、津波で大勢の人が亡くなったにもかかわらず現時点で14％が関連

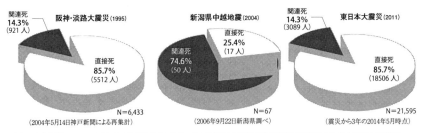

（東日本大震災については以下の資料を参考にした。また直接死の数は死者と行方不明者をあわせたもので、直接死・関連死とも今後人数が変化する可能性が高い。直接死：2014/5/9 警察庁「平成23年（2011年）東北地方太平洋沖地震の被害状況と警察措置」による（死者15886人＋行方不明者2620人をあわせたもの）、関連死：2014/5/27 復興庁「東日本大震災における震災関連死の死者数」による）

図6-8　直接死と災害関連死の割合

死です(図6-8)。年齢も関係するのかなと思う人もいるかもしれませんが、新潟県中越地震の結果を見ると(図6-9)、年齢によって直接死・関連死の割合が全く違います。直接死は、建物の倒壊や家具の転倒で亡くなるので年齢はあまり関係ありません。倒壊した建物の中にいた人、転倒した家具の下敷きになった人が亡くなっています。ところが関連死は、70代以上の高齢者、言い換えれば75歳以上の後期高齢者などが多くなっています。

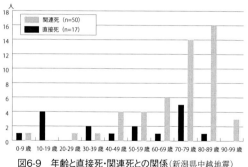

図6-9 年齢と直接死・関連死との関係(新潟県中越地震)
(2006年9月22日新潟県調べなどをもとに作成)

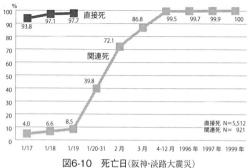

図6-10 死亡日(阪神・淡路大震災)
(2004年5月14日神戸新聞による再集計をもとに図を作成)

いつ亡くなるかも違います。詳細なデータが残っている阪神・淡路大震災を見ると(図6-10)、直接死は、第5章で話しましたが、72時間のうちにほぼ100%が亡くなります。ところが関連死は、1月17日の震災から1ヵ月、2ヵ月が経過してから、震災が原因で亡くなっていることがわかりました。関連死の原因を見ると(図6-11)、肺炎、呼吸不全、気管支炎といった呼吸器官系、心不全や心筋梗塞といった心臓の問題、脳梗塞や脳内出血といった脳の問題などです。高齢者の死因だなと思う人が多いと思いますが、こういったかたちで体調や持病を悪化させて亡くなっているのです。災害の後、気を張ってこれまでの日常とは違う毎日を過ごしてきたのですが、ちょうど体がもたなくなってきた1ヵ月後、2ヵ月後に、持病が悪化したり、風邪をうつされてしまって肺炎を併発したりして、亡くなってしまったのです。

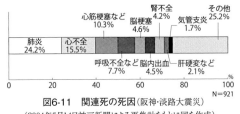

図6-11 関連死の死因(阪神・淡路大震災)
(2004年5月14日神戸新聞による再集計をもとに図を作成)

東日本大震災でも同様の問題が発生しています。新聞を見ると、お年寄り避難ストレス、12時間バス移動、寝床は座布団、ホームの77人死亡、施設関係者「悔しい」とあります。人間は荷物ではないのでどこかに詰めておけばいいわけではありません。特に介護が必要な方は、車椅子やバスに乗せるだけでも、人によって微妙な角度の違いがあるなど、個別対応が必要です。「移動方法や避難先にもう少し配慮があったら、全員がもっと長生きできただろう。悔やんでも、悔やみきれない」「受け入れ先からは当初『食事をとらない』『体調が改善しない』などの相談が絶えなかった。要介護度の高い高齢者は食べ物を口まで運ぶことが必要。口に入れるタイミング、座る時の椅子の角度は人それぞれ。少しでも違うと高齢者にはストレスになる」ということで、災害時にここまで細かくできるほどの人的資源も余裕もなく、「関連死をどう防げばいいのか」は、難しい問題です(読売新聞2011年7月2日朝刊)。

関連死は、その割合が高かった新潟県中越地震で大きく注目されました。そしてさまざまな対策の必要性が再認識されました。中越地震の2年半後の2007年3月能登半島地震の対策例です。「関連死」をどう防ぐ、避難所で早期取り組み、医療体制を充実という新聞の見出しです。「地震で介護の必要な人も避難所暮らしを迫られている。慣れない集団生活で、睡眠不足や食欲不振になるお年寄りが増えている」「避難所では避難者の多い3ヵ所に救護所を設置し、医師が常駐。そのほかの避難所にも保健師が張り付き、医師が巡回診療をする」「日がたつにつれ、持病や感染症の悪化が見られるようになった。集団生活によるストレスや地震による喪失感もある。必要に応じて体制を強化し何とか乗り切りたい」というように、一生懸命いろいろな対策を取ろうとしているのですが、関連死の問題は難しいわけです(中日新聞2007年4月5日朝刊)。

2007年7月の新潟県中越沖地震では、災害救助法に基づく正式な福祉避難

所が初めて設置・運営されました。高齢者などの災害時要援護者用の避難所です。柏崎小学校は空き教室を利用したコミュニティデイホームの部屋および音楽室を、高校はセミナーハウスを、特別養護老人ホームやデイサービスセンターは空きスペースを福祉避難所として利用しました。結局、9ヵ所の福祉避難所が設置され、延べ46日間、2,335人が利用しました。「おむつなどの生活物資、食事内容に配慮が行き届いていた」「避難対象を絞った避難所は安心できる」と好評でした(厚生労働省「福祉避難所設置・運営に関するガイドライン」(平成20年度災害救助担当者全国会議資料) 2008)。今では福祉避難所は重要な役割を果たすものとして、東日本大震災でも福祉避難所が設置されています。

 災害時要援護者支援

ここで「災害時要援護者」について触れておきたいと思います。以前は「災害弱者」と言っていたのですが、強いとか弱いとかいう問題ではなく、災害対応・支援の立場から「災害時に特別な配慮が必要な人」ということで、今は「災害時要援護者」という言い方をしています。「何らかの機能的障害のために健常者と比較して、災害時の周囲の変化に迅速・的確な対応行動をとることができず、大きな被害を受ける可能性が高い人々」と考えればよいでしょう。

「災害時要援護者」に、高齢者、障がい者、乳幼児、妊婦が入るのはわかります。しかし広い意味では、もっとたくさんの人たちが入ります。例えば外国人です。言葉も地理もよくわかりません。また地震の経験や知識がなく、適切な対応をすることができない外国人もたくさんいます。また自分の母国でも、旅行者は、その土地の土地鑑やどのような災害に遭いやすいのかのイメージがありません。外国人・旅行者は情報弱者であり、災害時要援護者です。例えば横浜市は早くからこの問題に取り組み、2009年に避難場所で掲示される言葉や文章を想定して多言語に翻訳した「災害時多言語表示シート」を市内防災拠点などに配備しました。言語も、英語、中国語(簡体字・繁体字)、ハングル、スペイン語、ポルトガル語、タガログ語、やさしい日本語などにわたります。

自治体国際化協会では、パソコンで使うアプリケーション「災害時多言語情報作成ツール」を開発し、(1) 災害時において避難所等で掲示による文字情報の提供が可能な「多言語表示シート作成ツール」、(2) 携帯 Web サイトに、災害時の被害情報、生活情報、余震情報等を簡易に掲載することが可能な「携帯電話用多言語情報作成ツール」、(3) 音声メディアを通じて、災害用の告知や被災者への注意等を行うための「多言語音声情報作成ツール」が入っています。

　東京都では 2013 年に「外国人旅行者の安全確保のための災害時初動対応マニュアル―地震災害を中心に」を作り、ホテル・旅館等の宿泊施設など観光関係業の人たちに示しました。ここでは、(1) 地震に慣れない外国人旅行者に対する事前の心構え、(2) 外国人旅行者のために日頃から準備していただきたい事前防備の項目、(3) いざ地震が起きた時の初動対応の要点、(4) 地震が落ち着いた後に外国人旅行者に提供すべき情報の一覧について、英語・中国語・韓国語の文例集などを掲載しています。

　また外国語に訳すだけではなく、普通の日本語よりも簡単で外国人もわかりやすい「やさしい日本語」で防災教育を行おう、災害発生時に適切な行動をとってもらおうという活動が、弘前大学・佐藤和之先生を中心としたグループや、京都を本拠地とする「やさしい日本語」有志の会などで行われています。

　話を高齢者・障がい者に戻します。災害時の要援護者支援には 3 つの難しさがあると言われています。1 つ目は、支援者が被災者になる可能性があるということです。先ほど述べたようにその人にあった細やかなケアは、普段からコミュニケーションを取っている支援者がいて初めてできるわけですが、その支援者自身が被災者になる可能性があります。今回の東日本大震災でも、民生委員やケアマネージャーが津波で亡くなってしまい、誰をどう支援すればいいのかという情報がなくなってしまったとか、助けに行きたかったけれども自分が被災者としての対応に精一杯ですぐに助けに行けなかったということがあります。

　2 つ目は、平時の人的資源・物的資源の多くが使えなくなります。人の確保、物資の確保、所与の条件として平時は使えたものが使えなくなるのです。そして 3 つ目は、平時にはない、多種多様な業務・仕事が膨大に発生します。被

害への対応、安全生活の確保といった災害時に新しく発生する業務・仕事だけではありません。安全な場所に移動するだけでも、まずどこが安全で、どのような手段で、どうやって移動するのか、物を1つ取り寄せるだけでもその物がどこにあってどこからどういう手段で獲得するのか、一筋縄ではいきません。

そして災害時要援護者に対する支援としては、失見当および被災地社会の成立の時期（応急期）の（1）避難行動支援、災害ユートピアの時期（復旧期）、（2）避難生活支援、現実への帰還および創造的復興の時期（復旧・復興期）、（3）仮住まい生活支援と（4）生活再建支援など、長期間にわたると言われます。災害時要援護者の「（必要に応じて社会サービスを用いながらの）地域における自立的な生活再建」という目標を実現するための支援の枠組みとなるべき考え方については、日本介護福祉士会が提唱する「生活7領域」の考え方を援用することが効果的だと言われています。生活の基礎となる「衣・食・住」とともに「体の健康・心の健康」といった心身の状況の明確化、「家族関係・社会関係」においては生活の背景や利用者の社会性の確認から生活のしづらさの原因や背景を分析し問題解決に向かうのです。災害発生後、生活のどの部分に今後の可能性が残され、また、支援がなければ立ち直ることができないところはどこであるのかを生活7領域を用いて総合的客観的に判断することが必要です（図6-12）（本段落は、田村圭子他「生活7領域からみた災害時要援護者における避難生活実態の解明―日本介護福祉士会による介護福祉ボランティアの活動実績を通して」地域安全学会論文集、No.11、147-156、2009から引用・一部改変しました）。

目的：災害時要援護者の自立支援と介護予防

図6-12　介護福祉ボランティアの活動領域

（田村圭子他　「生活7領域からみた災害時要援護者における避難生活実態の解明～日本介護福祉士会による介護福祉ボランティアの活動実績を通して」地域安全学論文集 No.11, 147-156, 2009）

図6-13 更地が増え、現実への帰還の時期へ
(阪神・淡路大震災)(東灘区森南町・森北町サティから俯瞰、1995.4.28、撮影者:大木本美通 提供:神戸大学附属図書館 震災文庫)

災害ユートピアの時期には、さまざまな課題があるのですがここで取りあえず終わりにしたいと思います。ライフラインが戻って元の住宅で日常生活が送れるようになるまで、もしくは新しい住宅に移ることができるまで、避難所や血縁宅、もしくはライフラインが不自由な状態のまま自宅などで毎日毎日を過ごしていくことなどが、災害ユートピアの時期の大きな解決課題です。そこには関連死の問題、災害要援護者の問題もあり、命を守るために地域ぐるみで対応することも必要になります。またボランティアなども多く入ってきます。家の片付けなど、ガレキの撤去などをしていくうちに、更地も増えていきます(図6-13)。そうして災害から約2ヵ月が経つと、ライフラインの中でも復旧の遅い上下水道やガスなどの導管系のライフラインも戻ってきます。そして、次の第4段階「現実への帰還」の時期に入っていきます。

### 第6章の確認事項

1. 災害ユートピアの時期とは具体的にどのような時期かについて、生活再建過程における位置づけも併せて説明しなさい
2. 被災地における避難所運営の基本方針について、避難者と就寝者の違い、避難所の2つの機能に触れながら説明しなさい
3. 被災者が避難をする5つの理由について、具体的な調査結果を用いながら説明しなさい
4. 災害による2つの死因について、それぞれの相違点を踏まえて説明しなさい
5. 災害時要援護者とはどのような特徴を持った被災者でどのような支援が必要かについて説明しなさい

# Chapter 7

## 「新しい日常」を取り戻そう
—— 災害過程④ 現実への帰還

### 本章の学習目標

1. 生活再建過程での災害ユートピアの時期の位置づけと内容を説明することができる
2. 被災者の災害後の場所の移動について公的支援（避難所・仮設住宅）の利用の観点から説明することができる
3. 被災者支援における、り災証明書の位置づけについて説明することができる
4. 被災者の精神面・物質面・情報面での支援者の地域性について説明することができる
5. 防災対策における自助・共助・公助の役割分担について説明することができる

現実への帰還、仮設住宅、災害救助法、災害復興公営住宅、り災証明書、被災証明書、被害認定調査、応急危険度判定、被災者生活再建支援法、二重ローン（二重債務）、精神面・物質面・情報面での支援者、自助・共助・公助の役割分担

## 1 現実への帰還

ライフラインの中でも復旧の遅い上下水道やガスなどの導管系のライフラインが戻ってくると、生活再建過程の第4段階である現実への帰還の時期になります。「ライフラインなどの社会フローシステムの復旧により、被災地社会が終息に向かい、人々が生活の再建に向け動き出す」段階です。およそ災害発生後1,000時間（2ヵ月）から1万時間（1年）がこの段階にあたります。

図7-1を見てください。阪神・淡路大震災における調査結果です。被災者に

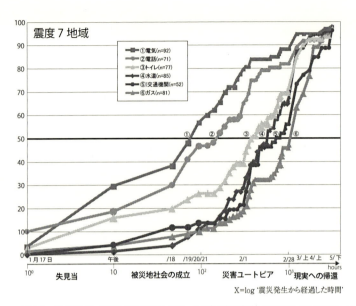

図7-1　ライフラインがどのように復旧していったか（震度7地域）（兵庫県生活復興調査、2003年）

　「それぞれのライフラインが実際に使えるようになったのはいつごろのことですか」と聞いた結果です。震度7の地域の様子ですが、電気や電話が使えたと回答した被災者が50％を超えたのは、100時間（震災後約4日）前後の被災地社会の成立の時期から災害ユートピアの時期に移行するころでした。そしてトイレ・水道・交通機関・ガスという順に戻って行き、ガスが使えるようになったと回答した被災者が50％を超えたのは、1,000時間（震災後約2ヵ月）が過ぎて、現実への帰還の時期に入ったころでした。
　ライフラインが使えるようになると、家屋被害の無かった人、もしくは一部損壊などで家屋の修理・補修が終了した人から、自分のすまいに戻っていきます。仕事や学校なども再開します。神戸市は、地震から7ヵ月後の8月20日に避難所を閉鎖しました。ちなみに新潟県中越地震では、地震から2ヵ月後の12月24日に避難所を閉鎖しました。こうして自宅に戻れた人たちから、「被災者」から「住民」へ、「非日常」から「日常」へと戻っていきます。

## 被災者の居住地の選択と公的支援

　一方で、自宅に住むことができない人は、避難所が閉鎖された後、どのように居住地を選択したのでしょうか。図7-2は、複雑な図ですが「阪神・淡路大震災で、被災者がどのような居住地からどのような居住地を選択していったのか」を表した図です。前章の図6-3の調査の2年前に行われた調査結果です。ポーカーチップのようなかたまりがあると思いますが、一番左の列（震災当日：10時間）、左から二番目の列（震災から2〜4日：100時間）、左から三番目の列（震災後2ヵ月：1000時間）、一番右の列（震災後数年：5万時間）の4列に分けることができます。例えば一番左の列は「震災当日（震災後10時間）に被災者がどこにいたのか」を表していて、上から「自宅にいた人が63.2％、血縁宅（別居している親・子どもの家、親せき宅など）が10.2％、勤務先が用意してくれた家2.5％、友人・近所の家2.2％、避難所15.6％」となります。

　この図を見ていると、まず前章の図6-3（こちらは震度6強と震度7の地域）と同様の結果が見えてきます。震災当日でも全体の63.2％の人が自宅にとど

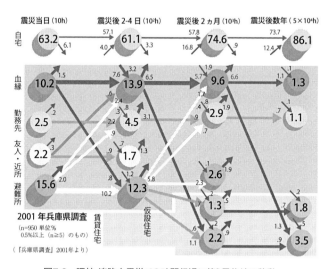

図7-2　阪神・淡路大震災での時間経過に伴う居住地の移動
（震度7および都市ガス供給停止地域、兵庫県生活復興調査、2001年）

まっていて「被害の大きな地域では、みんながいっせいに避難所を選択して逃げる」というイメージは正しくないこと、震災4日後ごろは避難所に泊まる人が減る一方、「普段からの個人的な付き合いやつながりが避難を支えている」ことです。そして震災2ヵ月後、多くの地域で水道やガスなどがほぼ元通りになり、74.6％の人が自宅に戻りました。避難所にとどまっていた人は2.6％、仮設住宅にいた人は1.3％。この2つをあわせた3.9％が、国や県や市町村に助けてもらっていた人（公的支援を受けていた人）です。一方で、親戚を頼った人は9.6％、勤務先は2.9％でした。この結果、国・県・市町村に助けてもらっている人よりも、個人的なつながりを利用している人が依然として多いことがわかります。さらにこの時期には、自分の力で住むところを借りる人（賃貸住宅の人）も2.2％いました。このように見ていくと、避難所や仮設住宅などの公的支援を居住地として選択している人だけを「避難者」として対応することは、特定の人だけに対応・支援を行っていることになり、自宅以外を居住地として選択している被災者全体に対しての支援ではないことがわかります。

　もう少しこの図をもとに話を続けます。震災2ヵ月後、2.6％の人が避難所にいることがわかります。その横に矢印があって1.9という数字がありますが、これは「全体（n＝950人）の1.9％が、その後、避難所から自宅を選択した」ことを表します。2.6％のうちの1.9％なので、つまり「震災後2ヵ月の時点で避難所にいる人の7割以上が、その後、自宅に戻っている」ことを表しています。

　阪神・淡路大震災の時は、「最後まで避難所にいる人は、どこにも行くことができない社会的弱者が多く、心のケアなどに重点をおいた対策が必要だ」ということが言われました。しかし実際は「避難所にいる7割以上の人が、自宅に戻るために建て直し・修理・補修をしていて、避難所を寝泊まりする場所として使っていた」のです。しかも被災者にインタビューすると「建て直し・修理・補修をするために『どうやってお金を工面したらよいのか』というお金に関する支援情報が欲しかったのに、この時期の避難所ではそういう情報は得られず、相談に乗ってもらえなかった」という声が聞かれました。つまり被災者のニーズをつかみきれておらず、災害対応従事者のサービスがマッチしてい

なかったのです。

　このように、この時期に避難所を居住地として利用する人の大多数は、自宅再建を目指すために避難所にとどまっている人であり、仮設住宅を待つ仮設住宅入居予備軍ではなかったのです。この時期の避難所では、住宅再建、修理・補修に関する資金援助などの情報を提供し、よりスムーズな自宅再建につながるよう支援していくことが、避難所運営の中で行われる必要があったのです。「最後まで避難所にいる人が、そのままズルズルと仮設住宅になだれ込む」というステレオタイプなイメージが、被災者への効果的な支援につながらず、「被災者のためによかれとやったことが、被災者にとっては役に立たなかった」という悲しい結果になってしまったのです。ちなみに、震災後2～4日間に避難所にいた人（12.3％）の約5％（0.7％）が震災後2ヵ月の段階で既に仮設住宅を居住地として選択していることがわかります。一方、自分の力で賃貸住宅を借りている人は震災後2ヵ月時点で2.2％で、仮設住宅の1.3％を上回っていました。

　被災者対策を考える時に、仮設住宅での高齢者などへの手厚い対策がクローズアップされます。もちろん必要な対策です。しかし、自分の力で住宅を借りて生活再建しようとしている働き盛り世代の人たちに対しても、家賃の補助、無利子・低利子での資金援助といった対応策の充実を行わなければ、被災地社会全体の復旧・復興にはつながりません。「被災者に対して役に立つ効果的な対応をしたい」のならば、「災害対応時における被災者の全体像を的確に捉えて、被災者ニーズを把握する」ことが必要不可欠です。そのためにも過去の災害を教訓にして、漠然としたイメージではない被災地社会・被災者像の枠組みを理解する必要があると思います。

 ## 仮設住宅と災害復興公営住宅

　仮設住宅について触れておきたいと思います。仮設住宅は、正式には応急仮設住宅といって、基本的には災害救助法によって建設されるものです。災害救助法とは、応急的な救助を行い被災者の保護と社会の秩序の保全を図るための

法律で、具体的に以下10種類の救助を行うとしています。(1)避難所及び応急仮設住宅の供与、(2)炊き出しその他による食品の給与及び飲料水の供給、(3)被服、寝具その他生活必需品の給与又は貸与、(4)医療及び助産、(5)被災者の救出、(6)被災した住宅の応急修理、(7)生業に必要な資金、器具又は資料の給与又は貸与、(8)学用品の給与、(9)埋葬、(10)前各号に規定するもののほか政令で定めるもの、という10種類です。

　厚生労働省の災害救助基準（2010年）によると、応急仮設住宅の供与は、住宅が全壊、全焼又は流出し、居住する住家がない者であって、自らの資力では住宅を得ることができない者を対象としています。1戸あたり平均$29.7m^2$（9坪）を基準として、限度額2,387,000円以内です。また同一敷地内におおむね50戸以上設置した場合は、集会等に利用するための施設を設置できます。着工は災害発生の日から20日以内で、供与期間は最高2年以内です。また民間賃貸住宅の借り上げによる設置も対象としています。

　仮設住宅の設備について大きく内容が変わったのは、阪神・淡路大震災です。兵庫県は「応急仮設住宅への希望者全員入居」の方針を打ち出したものの、建設用地の確保は難航しました。空き地は限られ、恒久住宅の建設用地として確保するため活用できなかったからです。そこで被害の小さい郊外地や民有地に加え、他の自治体からの公営住宅などを活用しながら、震災発生から約7ヵ月後の8月11日には追加分を含め48,300戸すべての建設を完了しました。震災後、兵庫県と仮設住宅の生産事業者団体であるプレハブ建築協会が協定を締結して、仮設住宅の迅速かつ大量の供給体制が全国的に整備されるようになりました。仮設住宅の居住環境については、災害救助法による当時の基準では万全を期せないとの判断から厚生大臣（当時）と協議して、設置経費の引き上げなどがなされました。しかし、断熱性・遮音性に問題があり、また当時は標準仕様ではなかった、ひさし、外灯、エアコン、スロープなど入居者の強い要望に対して、復興基金を活用して整備しました。阪神・淡路大震災後に、ひさし、手すりが標準化され、積雪対応構造や家族構成に応じた整備などの改善も図られるようになったのです。

仮設住宅の入居者選定は、原則、募集・抽選で行われましたが、高齢者や障がい者などには優先枠を設けて早期入居を促進しました。結果として、被災前の人間関係が断絶したり、高齢者・障がい者が集中した団地ができたりするなど、その後のコミュニティづくりが課題になりました。また50戸以上の大規模仮設住宅団地には「ふれあいセンター」が設置されて、以降の災害でも取り入れられるようになりました。センターは入居者の交流の場であると同時に、ボランティア、民生・児童委員、地域団体、生活支援アドバイザー、保健師などの活動拠点にもなりました。仮設住宅の撤去については、入居者がゼロになった団地から順次撤去して復旧工事を実施し、震災から5年後の2000年3月24日にはすべて撤去しました。

　もう1つ触れておかなければならないのが、災害復興公営住宅（災害公営住宅・復興住宅）です。震災で住宅に困窮する低所得者や高齢者など、自力での住宅再建が難しい被災者に対しての公的な賃貸住宅です。震災7ヵ月後の8月に「住宅復興3ヵ年計画」を策定して、38,600戸を供給しました。短期間で大量供給を実現するため、住宅・都市整備公団（現：都市再生機構）の全面的な支援を受けて、公団への事業委託や、公団が建設した建物を買い取る手法を導入しました。

　入居者のコミュニティと高齢者の見守り体制を作るために、入居者のコミュニティの場としてのコミュニティプラザを整備して、高齢者世帯向けのバリアフリーの小規模住宅を多く供給しました。コミュニティプラザには、常駐または巡回するLSA（生活援助員）やSCS（高齢世帯生活援助員）を配置して見まもり体制を強化しました。また高齢者の主体的なくらしを支援するために、室内でペットとの共生を認めたり、芦屋市内の復興公営住宅には住民が自主運営する「だんだん畑」を敷地内に設けたりしました（阪神・淡路大震災復興フォローアップ委員会監修『伝える──阪神・淡路大震災の教訓』2009より抜粋・一部改変）。

　東日本大震災ではどうでしょうか。仮設住宅は、震災4ヵ月後の7月には5万戸を超え必要戸数である5万3,000戸に近づきました（図7-3）。余震や工場被災により資材不足などの懸念もありましたが、公営住宅の空室の活用、民間

図 7-3 東日本大震災の仮設住宅
（岩手県宮古市内・小学校校庭）

賃貸住宅を借り上げて活用するなどの試みが行われて、借り上げ仮設住宅は震災 2 ヵ月後には全国で 7 万戸弱が活用されていて、建設された仮設住宅を上回っていました。被災地域は壊滅的な被害があったために、被災地域から遠く離れた仮設住宅への転居も多くあり、自宅再建や恒久住宅整備に多くの時間を要することから、仮設住宅の供与期間についても 2 年から 3 年、3 年から 4 年と延長が重なっています。本書執筆時点の震災 4 年目（2014 年 5 月）において、全国の避難者はまだ 26 万人います。恒久住宅である災害復興公営住宅が計画 3 万戸の 3％しか完成していないことも影響しています。この時期、阪神・淡路大震災では、仮設住宅の入居者数は減少し、既に撤去も始まっています。このように考えると、東日本大震災での住まいの問題は阪神・淡路大震災よりも長期化することが考えられます。

##  り災証明書と被害認定調査

現実への帰還の時期はさまざまな被災者支援が本格化します。お金の支援だけをとっても、弔慰金、見舞金、義援金、生活再建支援金、保険金、税金などの減免、無利子での貸付など多岐にわたります。多くの支援を受ける時に大切なのが、り災証明書です。り災証明書は、家屋の被害程度について市町村が発行する証明書です。り災証明書によって証明される被害程度には、全壊、大規模半壊、半壊、一部損壊、床上浸水、床下浸水、全焼、半焼等があり、内閣府（国）が決めた基準に基づいて被害の認定が行われます。り災証明書が発行されると、これが被災者に対する義援金の支給や生活再建支援法の適用、支援金

の支給の判断材料になります。

　図7-4が、り災証明書の見本です。実際には自治体によってレイアウトや記載項目などが微妙に違いますが、申請者住所、申請者氏名、り災理由、り災場所、り災物件、り災状況（被害程度）などが記載されています。またり災証明書とは別に、被災証明書が発行される場合があります。り災証明書は、法律に位置付けられた、いろいろな支援を受けるために必要な証明書ですが、被災証明書は、被災したことを証明するものです。なぜこのようなものが要るかというと、高速道路が無料で通行できる、車に掛けた保険の申請に使うなど、いくつかのサービスを受けるためです。被災証明書は、車両や家財に対して出されることもありますし、被災地に住所があった人すべてに対して発行されることもあります。

　り災証明書をもらうためには、被害認定調査という調査をしてもらわなくて

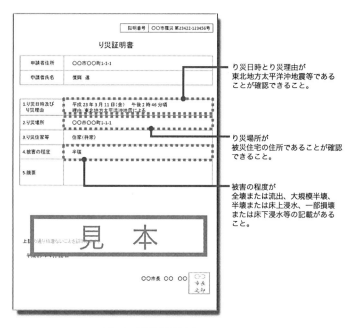

図7-4　り災証明書見本
（住まいの復興給付金事務局ホームページより）

4　り災証明書と被害認定調査

| 応急危険度判定 | 被害認定調査 |
|---|---|
| ・余震などによる倒壊や，部材や物などの落下など安全性に関わる被害を判定する<br>・2次災害を防止し，被災者に避難が必要かどうかの情報を提供することを目的とする | ・住まいの継続使用が可能かどうか，構造的・経済的視点から被害を判定する<br>・被災者の生活再建を目的とする |

応急危険度判定用のステッカー
※建物に貼って周辺の安全性を示します

被害認定調査用のステッカー
※住宅に貼って調査済みであることを示します
※り災証明書を受け取る時に必要となります

図7-5　応急危険度判定と被害認定調査との違い（堀江啓氏の資料より）

図7-6　被災地ではさまざまな建物被害調査が同時並行的に実施される（堀江啓氏の資料より）

はいけません。被災地では、主に2つの建物調査がされることを知っておいてください（図7-5）。最初は応急危険度判定です。応急危険度判定は、余震などによる倒壊、外壁・窓ガラスの落下、付属設備の転倒などの危険性を判定することにより、二次的災害を防止したり、避難が必要かどうかの情報を提供したりすることを目的としています。建物の目立つところに「危険（赤色の紙）」「要注意（黄色の紙）」「調査済（緑色の紙）」が貼られます。この調査は災害後の早い段階から行われます。

　もう1つが、り災証明書につながる被害認定調査です。これは、住まいの継続使用が可能かどうか、構造的・経済的視点から被害を判定します。これは国の詳細な指針をもとにして行います。被災者の生活再建を目的とするもので、

調査が終わると「調査済証」という整理番号が書かれた被害認定調査用のステッカーなどが貼られます。これをもとにして、り災証明書が発行されます。注意したいのは、応急危険度判定はあくまでも二次災害などの危険性を判定しているものであって「応急危険度判定が危険だからといって、被害認定調査で全壊という判定になるわけではない」ということです。被災地で「自分の家には赤い紙（危険）が貼ってあったのに、なぜ全壊にならないんだ！」という問い合わせがあります。確かにややこしいのですが、目的の異なる2つの調査が被災地でなされることを理解してください（図7-6）。

##  り災証明書に基づく被災者支援

り災証明書に基づいて行われる支援として最初に挙げられるのは、被災者生活再建支援金です。東日本大震災を例にとると、被災者生活再建支援法に基づいて、全壊すると100万円、大規模半壊は50万円、さらに住宅の再建方法に応じて最高200万円が支給されます（単身世帯は4分の3の額）。これは返す必要はなく支給です。生活再建に関する支援金ですのでアパートに賃貸で住んでいた人にも支給されます。

また災害弔慰金として、生計の維持者が死亡した時には500万円、その他の方が死亡した時には250万円、災害障害見舞金として、生計の維持者が障害を負った場合には250万円、その他の方が障害を負った場合には125万円が国から支給されます。その他、被災状況に応じて利子なしで資金を貸付したり、国民年金保険料が免除されたり、所得税の軽減・免除、源泉所得税の執行猶予や還付、自動車重量税の還付など、被災経験のない人たちが想像する以上に、日本にはさまざまな制度があります。これらの多くは、り災証明書をベースにして給付が決められていきます。

り災証明書は生活再建の基礎となる証明書です。しかし、り災証明書発行は、平時の自治体には存在しない業務のために、迅速に発行するための仕組みを平時から考えておくことが重要です。被災した建物の現地調査結果と固定資

産税の課税データなどを照合して、迅速にり災証明書を発行し、住民1人1人の被災状況を集約して迅速な支援につなげる「被災者台帳」を用いた生活再建支援システムの普及が、今、求められています。

　図7-7は、政府の広報です。被災地向けのものですが、インターネットで見ることもできます。暑くなってくると食べ物が腐りやすいので食中毒に気をつけましょうとか、気温が上昇すると乾燥して細かい粒子になった土砂や、解体されたコンクリートや断熱材を用いた壁などの粉塵が大気中を舞う恐れがあるので、そういうものを吸い込まないようにマスクをしておきましょうといった注意喚起や、住まいに関する悩みや不動産の権利相談にも無料でお答えしますということなど、情報の支援も行っています。仕事がなくなった人に対しては、ガレキの撤去や介護にかかわる仕事、避難所での調理員、仮設店舗や工場の従業員、市内企業の従業員、県や市の職員など、さまざまな形で雇用の支援

図7-7　東日本大震災での政府広報（2011年5月25日発行・第12号・災害発生から2ヵ月半後）

などもしています。

　もう1つ、二重債務問題に対する支援策について紹介します。阪神・淡路大震災では約4,000人が「二重ローン」をしたと言われています。借金をして建てた家が全壊して新しく家を建てると、借金は二重になります。壊れた家の借金も返済しながら、新しい家の借金も払わなければなりません。そもそも新たに借金することができず、家の再建、事業の再建を諦める人も少なくありませんでした。東日本大震災では、この対策の1つに被災ローン減免制度（個人債務者の私的整理に関するガイドライン）があります。「個人版私的整理ガイドライン運営委員会」という第三者機関のもとで、震災の影響で債務を弁済できなくなった個人を対象に、住宅ローンなどの債務整理を円滑に進めて、免除・一定の割合の減額を受ける制度です。ただ周知徹底がされていなかったり、収入や財産に関する条件から利用できなかったり、金融機関の本来業務とは相反するもので金融機関から積極的に進めにくい状況があったりと、国の想定ほどには活用されていないのが現状です。このあたりの支援制度は、今後、より一層の充実を図る必要があります。

　被災者は、ライフラインが戻って被災地で生活ができるようになったとしても、さまざまな課題が残されているのです。ガレキの撤去をしたらおしまいではなく、さまざまな制度を利用しながら1つずつ新しい生活を作り上げているのです。なお生活再建をする時に、7つの課題があるのですが、それは次章で述べたいと思います。

 被災者は誰を頼りにしているのか

　被災者の生活再建にあたって、被災者は誰を頼りにするのでしょうか。被災者の「精神面」「物質面」「情報面」での支援という3つの側面から、「次の災害で最も頼りにしたい人・組織はどれですか？」と尋ねたところ、それぞれの特徴が浮かび上がってきました。

　阪神・淡路大震災の成人男女の被災者に尋ねたところ、精神面では、配偶者

が全回答者の4割（41.5％）に支持され、以下、子ども（12.3％）、ライフライン事業者（7.7％）、両親（7.6％）の4支援者が、選択肢として挙げた24支援者の平均値（期待値）を超えていました。物質面・情報面でも24支援者の平均値（期待値）を超えた支援者をそれぞれ挙げると、物質面では、ライフライン事業者（18.0％）、配偶者（13.9％）、市役所（10.7％）、子ども（9.5％）、両親（6.2％）、きょうだい（4.3％）、親戚（4.2％）と7支援者に支持が分かれたのが特徴的でした。情報面では、マスコミ（41.1％）と市役所（19.6％）、ライフライン事業者（4.0％）の3支援者が支持されていました。

　この結果を図7-8のようにまとめると、まず「精神面」においては、両親、子ども、配偶者を頼りにする傾向があります。また「物質面」においてもそれらを頼りにしています。一方、きょうだい、親戚は、「精神面」よりは「物質面」で頼りにしているという結果が出ました。「情報面」においては、マスコミ、市役所など公的な組織や企業を頼りにしています。そして、すべての面において共通して頼りにされていたのがライフライン事業者でした。災害後の日常生活を送ることが困難な中で、いかに被災者にとって「ライフライン復旧への関心」が高いのかが見てとれます。被災者にインタビューをすると「情報がなく不安な中で、電力・ガス・水道の復旧の人たちが、被害の状態や復旧時期について教えてくれたことで、被害の全体像を知り、不便な生活が永続的に続くかもしれないという不安感が低減した」という発言がありました。また平均値を超えた8つの支援

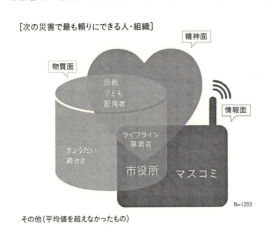

図7-8　被災者は"誰"を頼りにしているのか？
（阪神・淡路大震災）
（復興の教科書より）

者・組織のうち、マスコミ以外には、すべて「物質面」での支援が期待されています。このことから、物質面の支援を軸に、精神面・情報面での支援を行うことが、被災者個人の全体的な支援へとつながることが考えられます。

　もう少し詳しく見てみましょう。20・30代、40・50代、60代以上の各年代に分けて、それぞれのライフ・ステージによって支援者にどのような違いがあるのかを分析しました（図7-9）。すると年代に関係なく同じ側面で頼りにされている支援者は、物質・情報面での市役所、物質面での親戚、情報面でのマスコミの3つだけでした。それ以外の支援者については年代によって違いが見られました。つまりライフ・ステージによって頼りにできるものに違いがあることがわかったのです。

　特徴的なのは、60代以上で、支援を期待できる支援者の種類が少ないことです。これは言い換えれば、60代以上が持っている人的・組織的資源が少ないために、いざとなった時に、頼りにできる支援者がほとんどいないという事実を表していると思います。60代以上で見ると、配偶者、子ども、ライフライン事業者がすべての側面での支援者となっていて、もし災害時に配偶者・子ども・親戚が同時に被災した場合、公的機関以外に頼りにできる支援者がいないこと

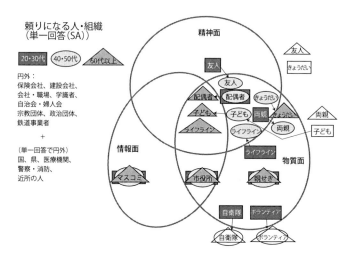

図7-9　被災者は"誰"を頼りにしているのか？（阪神・淡路大震災・世代別、兵庫県生活調査、2001年）

がわかります。これは物質面での資源など、豊かな人的・組織的資源を持っている40・50代とは対照的です。災害対応従事者から見ると、60代以上の被災者に対する公的機関の支援は、被災者の生活再建の成否に大きな意味を持っていることが考えられます。「高齢者は災害時要援護者になりやすい」ことをこの分析から推察することができます。

同じ質問を新潟県中越地震の被災者にも尋ねました（図7-10）。すると、阪神・淡路大震災よりも多い11支援者が円内に入っていること

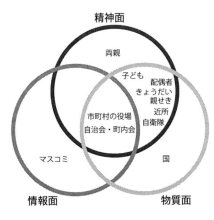

図7-10　被災者は"誰"を頼りにしているのか？
（新潟県中越地震）

（木村玲欧他「災害からの被災者行動・生活再建過程の一般化の試み―阪神・淡路大震災、中越地震、中越沖地震復興調査結果試究―」地域安全学会論文集No13、175-185、2010）

がわかりました。特に、市町村の役場と自治会・町内会といった身近な地域の組織が、被災者の精神面・物質面・情報面での大きな支えとなっていることがわかりました。これらを考えると、人口の多い大都市の行政では、災害が発生すると被災者全体をきめ細かに対応するには難しく、行政は行政にしかできない支援（例えば仮設住宅、り災証明書発行、融資・税減免等など）に特化した支援を行うとともに、血縁・ライフライン事業者などの支援から取り残される可能性がある災害時要援護者などの被災者へセーフティーネットとしての公助の対策を充実させることが、これまでの災害実態に即した効果的対応であることが考えられます。一方、中山間地・地方都市においては、孤立などを考えながら地縁を中心とした支援体制や、地元行政機関を主導とした災害対応体制を一層強化していくことが、効果的な被災者支援につながることが考えられます。

## 7　防災の担い手は誰か？

　防災対策においては、国や自治体による「公助」だけでなく、個人や世帯を基盤とした「自助」、地域コミュニティを基盤とした住民による「共助」の必要性が高まっています（図7-11）。そこで14項目の防災対策について、自助・共助・公助の各主体がどのように役割分担するべきかを、阪神・淡路大震災と新潟県中越地震の被災者に尋ねました。尋ね方としては、各対策に

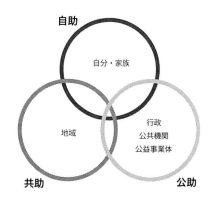

図7-11　防災対策の担い手

ついて、自助・共助・公助が何割ずつ役割分担すればよいかについて、例えば「地震計や雨量計の設置：自助1＋共助3＋公助6＝合計10」のように、足して10割になるように回答をしてもらいその平均値を算出しました。すると防災対策における自助・共助・公助の役割分担には4種類あることがわかり、統計的な検定（各項目における同等性の検定）を行ったところ、阪神・淡路大震災と新潟県中越地震には統計的に意味のある差が見られませんでした。日本においては都市部でも中山間地域でも、防災対策における自助・共助・公助の役割分担については同様の傾向が見られたのです。

　自助・共助・公助の役割分担の4種類のあり方を見てみましょう（図7-12、図7-13）。まずは「公助中心ですべき」というグループ（①）で、「津波時の防潮扉の閉鎖」「水害時の水門の閉鎖」「津波注意報・警報の伝達」「広域避難場所の確保・整備」「避難所の運営」「水害の注意報・警報の伝達」が該当します。次は「自助中心ですべき」というグループ（②）で、「家具などの転倒防止」「個人住宅の耐震化」が該当します。これらのグループは、公助もしくは自助が四捨五入で50％を超える一方で、残りの2主体のうちの1つ以上が10％に満たないグループです。これらは役割分担の割合が50％を超えた公助もしくは自助

が主体的に対策を推し進めていく必要があるものです。

次は「共助と公助が協力すべき」というグループ（③）です。「地域の危険地域の見回り」「防災訓練の実施」「（高齢者など）災害時要援護者の把握」が該当します。これらは共助と公助を足すと8割を超えるグループで、公助か共助ど

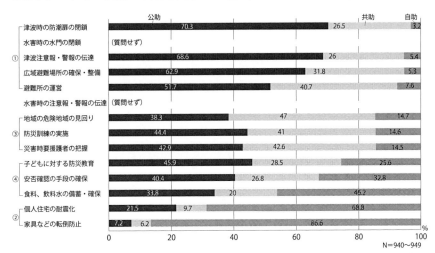

図7-12　自助・共助・公助の役割分担（阪神・淡路大震災）（2005年3月（震災から10年）兵庫県生活調査、2005）

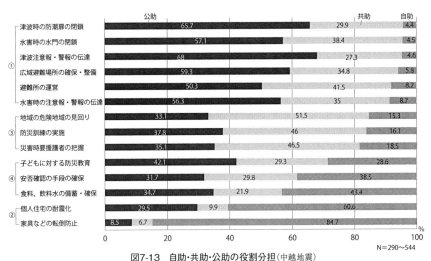

図7-13　自助・共助・公助の役割分担（中越地震）
（2009年3月（震災から4年半）新潟県における地震災害からの総合的な復興支援のための調査、2009）

ちらか一方に任せず、公助が制度的・経済的なバックアップをしながら、共助が主体的に活動を行っていくという、双方が協力しながら推進していかなければ効果的な対策にはつながらないことが考えられます。

　最後は「自助・共助・公助の3主体が互いに協力すべき」というグループ(④)で、「食料・飲料水の備蓄・確保」「安否確認の手段の確保」「子どもに対する防災教育」が該当します。これらは自助・共助・公助のどれもが20％以上であり、自助・共助・公助がそれぞれの役割分担をしながら協力して推し進めていくことが効果的です。例えば安否確認においては、国や地方自治体が、地域での安否確認が効果的にできるような制度・システムづくりを行い、地域では地方自治体と協力して災害時要援護者などの安否確認リストを作成・保管・更新し、地域と各家庭の協力のもとに安否確認手段の確認を行わなければ、安否確認対策は推進されないことを意味していると思います。このように、災害を経験した被災者の意見をまとめると「それぞれの防災対策において自助・共助・公助の役割分担は異なっていて、防災対策ごとに3者が主体的にもしくは協力していかなければ対策が進まない」ということがわかりました。「防災対策」と漠然と言うだけでは、なかなか対策が進んでいかず、具体的な1つ1つの対策について役割分担を認識しなければいけないところに防災対策の難しさがあるようです。

　もう少し、分析を進めてみましょう。自助・共助・公助の役割分担について男女や世代に差はあるのでしょうか。例えば、男性が自助を重要視する一方で女性は共助を重要視していたり、高齢世代が自助を尊ぶ一方で若い世代は公助などに頼る傾向があったりするのでしょうか。そこで、阪神・淡路大震災と中越地震それぞれについて対策をすべて足し合わせて平均値をとって、防災対策全体で見た自助・共助・公助の役割分担の割合を調べてみました（図7-14、図7-15）。これを見ると阪神・淡路大震災でも中越地震でも、性別・年齢関係なく自助・共助・公助の役割分担の割合は「3：3：4」であり統計的にも意味のある差はありませんでした。これは驚きの結果だと思います。性別・世代にかかわりなく、自助・共助・公助がそれぞれ同じくらいずつの責任分担をしなけ

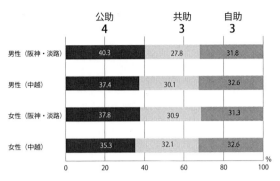

それぞれ小数点第2位を四捨五入しているため、自助・共助・公助を足しあわせたときに100%にならないものがある。阪神・淡路大震災、中越地震それぞれにおいて、男女間に統計的に意味のある差は見られなかった。

図7-14　自助・共助・公助の責任分担(性別)

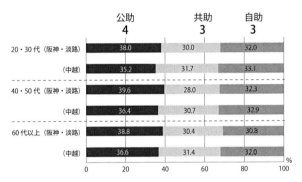

それぞれ小数点第2位を四捨五入しているため、自助・共助・公助を足しあわせたときに100%にならないものがある。阪神・淡路大震災、中越地震それぞれにおいて、世代間に統計的に意味のある差は見られなかった。

図7-15　自助・共助・公助の責任分担(世代別)

ればいけないと被災者は考えているということです。

話は発展しますが、この考え方は長期的な復興対策を行う際にも重要になってくると思います。都市・地域の基盤計画や経済対策は行政（公助）、まちづくり・地域づくりなどは地域の自治会や協議会（共助）などとバラバラに役割を担って復興を行うと、お互いのコミュニケーションが成立しないまま「ちぐはぐなまち」が完成してしまいます。高齢者や若年労働者が多く住んでいた地域に「近代的でおしゃれな家賃の高い賃貸住宅」を建てても人は戻って来ません。自分の住んでいる地域の資源や魅力を最大限に生かしながら復興するには、やはり被災者自身（自助）が「このようなまちにしたい」という意思を表明し、地域（共助）がその意見を集約し、行政（公助）とねばり強く交渉をして復興することが重要です。しかし災害が発生して、いきなり誰かがその役を担うことは困難です。やはり日頃からの自治会などの地域の力が復興にも大きく影響することを住民は知っておく必要があります。

このようにして、被災者は災害から1年を迎えていきます。住まいの再建を中心として、被害程度の軽い人、再建する「体力」のある人から、「被災者」から「住民」へ、「非日常」から「日常」へと戻っていきます。そして1年（1周忌・1周年）を迎えると、被災地も少し雰囲気が変わってきます。次章では災害後1年〜10年の第5段階「創造的復興」を説明したいと思います。

---

**第7章の確認事項**

1. 災害ユートピアの時期とは、具体的にどのような時期かについて、生活再建過程における位置づけも併せて説明しなさい
2. 被災者の災害後の時間経過に伴う場所の移動について、避難所や仮設住宅などの公的支援の利用のされ方という観点から説明しなさい
3. り災証明書とはどのようなもので、被災者支援において、り災証明書がどのような位置づけであるかについて、具体的な支援を交えながら説明しなさい
4. 被災者の精神面・物質面・情報面での支援者について、阪神・淡路大震災と中越地震の調査結果を例にとって、その地域性による違いを踏まえながら説明しなさい
5. 防災対策における自助・共助・公助の役割分担について、具体的な防災対策と役割分担の種類を挙げて説明しなさい

# Chapter 8

## 「長く続く生活再建」を乗り越えよう
―― 災害過程⑤ 創造的復興

### 本章の学習目標

1. 生活再建過程での創造的復興の時期の位置づけと内容を説明することができる
2. 生活再建課題7要素における、7つの要素とその概要を説明することができる
3. 災害の孤独死について、阪神・淡路大震災を例にとって概要を説明することができる
4. 阪神・淡路大震災における10年間の復興の構造について説明することができる
5. 復旧・復興カレンダー手法による、復旧・復興の段階について説明することができる

### keywords

創造的復興、自律と連帯、被災者の二極化、被災者間格差、被災地間格差、生活再建課題7要素、すまい、人と人とのつながり、孤独死、まち、そなえ、こころとからだ、くらしむき、行政とのかかわり、復興の構造、都市再建、経済再建、生活再建、復旧・復興カレンダー

## 1 創造的復興

5段階ある災害過程の最後の段階「創造的復興」です。災害発生から1年が経過すると、人的被害・家屋被害・地域被害が大きくない被災者は「もう自分たちは被災者ではない」「もうここは被災地ではない」と感じながら新しい日常生活を過ごすことになります。「上下水道や都市ガスなどの社会基盤が再構築され、『もう被災者・被災地ではない』と人々が感じ、新たな社会への持続的発展を目指す」段階です。これは被災地全体としては、災害発生後1万時

間（約 1 年）から 10 万時間（約 10 年）がこの段階にあたります。

この時期になると、道路、鉄道、港、空港などの、新しい社会基盤の整備も進みます。例えば、阪神・淡路大震災では、震災から 1 年半後の 1996 年 10 月 1 日に JR 東海道線（神戸線）の芦屋駅と摂津本山駅の間に甲南山手駅が新しく開業しました。東日本大震災でも、震災以来全線が不通になっていた三陸鉄道南リアス線が、震災から 2 年後の、2013 年 4 月 3 日に盛駅から吉浜駅までが運行を再開し、2014 年 4 月 5 日には吉浜駅から釜石駅までの全線の運行が再開されました（図 8-1）。

図 8-1　三陸鉄道、全線再開へ
（三陸鉄道南リアス線が全線で運行を再開し、盛駅を出発する記念列車）（写真提供：共同通信社）

この時期では、新たな社会への持続的発展を目指して、10 年間の長期復興計画などで都市再建、経済再建、生活再建という 3 つの再建に向けて進んでいきます。阪神・淡路大震災では「自律と連帯」という言葉がはやりました。自分のことをきっちり律しながら、周りとつながっていこうということです。またこの段階では、被災者間格差・被災地間格差が大きな問題になります。つまり甚大な被害を受けた被災者・被災地にとっては、災害発生後 1 年、そして数年が経過しても再建は途上であり、「日常に戻る市民」と「取り残される被災者」、「新たな 1 歩を踏み出した地域」と「取り残される被災地」に大きく分かれるのです。図 8-2 が阪神・淡路大震災での特徴的な写真なのですが、新しく家が建っているところもあれば、今ちょうど建てている最中のところもあります。まだ更地のままで全然手が付いていないところもあれば、ガレキすら撤去されていないところもあります。ライフラインも復旧し、災害から 1 年という区切りを迎えて、そこから先になると、今度は被災者・被災地の被害程度や、被災者の生活再建の進捗状況、被災地の復旧・復興に向けての「体力」

図8-2 被災地の秋。再建する家あれば、いまだ手つかずのところも（10月、神戸市長田区御船通）（写真提供：朝日新聞社）

によって、スムーズに元に戻っていく人・地域がある一方で、どんどん取り残される人・地域もあるのです。このような被災者の二極化、被災者間格差、被災地間格差がクローズアップされていきます。行政などの公助では「取りこぼしのない被災者支援」を目指すのもこの時期での課題になります。

## ② 生活再建課題7要素（災害5年目の被災者の生活再建実感）

「被災者が災害を乗り越えていき、生活を再建するための課題」を明らかにするために、阪神・淡路大震災から5年目を迎えた2000年にワークショップを実施して、神戸市民に「復旧・復興をする中でポイントと思うものは何ですか」と聞きました。その結果、全部で1,623件の意見が出てきて、まとめると大きく7つに集約されました。すまい、人と人とのつながり、まち、そなえ、こころとからだ、くらしむき、行政とのかかわり、の7つです（図8-3）。以下、1つずつ紹介をしたいと思います（意見の内容は以下の報告書に詳しく掲載されています：林春男編「神戸市震災復興総括・検証生活再建分野報告書」京

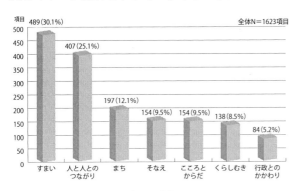

図8-3 神戸市民が考える復興の構成要素——7つの生活再建課題
（田村圭子他「阪神・淡路大震災の生活再建課題とその基本構造の外的妥当性に関する研究」地域安全学会論文集No.2, 25-32, 2000）

都大学防災研究所巨大災害研究センター・テクニカルレポート、2000)。

### (1) すまい

1つ目は、「すまい」です。住むところとしての「住宅」を得ることはもちろん大切です。しかし生活再建という意味からは、住宅の間取りや家具・設備、周辺の地域の環境などの生活基盤としての「すまい」を得ることが大切です。

例えば、家屋を失った高齢者に、「遠い高台に造成して新しく住宅を作ったから、そこならば移ることができる」と言っても、近所の付き合いはなくなり、普段行っている病院も遠くなる。車を運転しない限りは、買い物にも行けない。そのような場所に1人だけ移されても困るわけです。衣食住の「住」のためには、もちろん住宅が必要なのですが、上物の「住宅」だけではなく、人が毎日の生活を営む生活基盤としての「すまい」として整備しなければ、新しい場所で新しい日常生活を送ることはできないのです。

阪神・淡路大震災でも東日本大震災でも、仮設住宅の入居者をくじ引きのような抽選で決定したところがありました。個人を単位にして抽選すると、当選者も個人になってしまい、隣近所のような地域のつながりがバラバラになってしまいます。当然、仮設住宅の自治会運営や共助の力も弱くなってしまいます。また阪神・淡路大震災では、高齢者だけの世帯、障がい者のいる世帯、母子世帯といった災害時要援護者から優先して入居できるような配慮がありました。しかしその結果、初期の仮設住宅団地ではこのような世帯が集中してしまい、そもそもの自治会運営・地域活動の担い手がいないという問題まで発生しました。

このような問題があるために、例えば前章第3節で述べたような「ふれあいセンター」が設置されて、住民同士の交流の場、地域コミュニティ形成の場として活用されたのです。また東日本大震災のような広域災害ではすべての地域で実践するのは難しいのですが、ある集落・地域をまとめて、仮設住宅団地に移ってもらうかたちもとられています。例えば2004年の新潟豪雨の時には、集落・地域ごとそのまま移って仮設住宅団地を造りましたし、東日本大震災で

も、コミュニティケア型仮設住宅のように、向かい合わせの住棟配置をしたり、路地デッキによってバリアフリー空間を作ったり、アーケードのような屋根をつけたり、サポートセンターや仮設店舗・事業所などを建てたりして、一種のまちを作ってしまおうという取り組みがあります。このようにして、仮設住宅のかたちもどんどんと変わっていっているのですが、共通しているのは上物としての住宅だけではなくて、「すまい」をちゃんと考えなければいけないということです。そして神戸市民は災害からの5年間を振り返った時に、この「すまい」の意見数が1位であり、一番大きな問題だったと考えていたのです。

### （2）人と人とのつながり

「すまい」と同じぐらい意見が多かったのが、2つ目の「人と人とのつながり」です。「地震によって、今までの人間関係を失ったり、今までになかった新しい人間関係が生まれたりする」ということです。災害によって3種類の変化が生じます。①災害後も変わらないもの、②災害によって失ったもの、③災害によって新しく生まれたもの、という3種類です（図8-4）。この考え方は「人と人とのつながり」にもあてはめることができます。1つは、災害によって失われてしまったつながり、1つは、災害前から変わらないつながり、1つは、災害によって新しくできたつながりです。

人間関係の変化は、もちろん人々に大きなストレスを与えます。これは誰でもそうです。もちろん失われてしまったつながりは、何ものにも代えることができません。私たちは、失ってしまうこと（喪失感）に強くとらわれます。その気持ちが薄れることはなかなかありません。特に災害では、自分から望んで転職したり、引っ越したり、旅行に行ったりしたわけではなく、望まないま

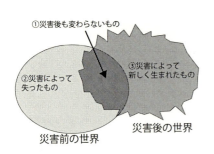

図8-4　災害によってできる3種類の変化

まに突然新しい世界が出現するので、人間関係がうまく作れない時期があったり、時間をかけても人間関係がうまく作れない人もたくさん出てきます。このような人たちは、大きなストレスを抱えて問題が発生しがちなので、注意深く見守っていくことが必要です。

　ここで孤独死について触れておきます。孤独死とは、誰かに看取られることなく1人きりで死亡することを言います。1970年代以降、核家族化に伴う高齢者の単身世帯に発生する現象として取り上げられましたが、災害では阪神・淡路大震災以降、大きな注目を集めています。例えば、仮設住宅のような慣れない住環境およびコミュニティが希薄な状態の中で、持病を悪化させたり、アルコール依存によって死亡したりする被災者が、仮設住宅が解消する5年間に200人以上に上りました。年齢別では50代・60代男性が孤独死のハイリスクグループとされていて、高齢者に焦点を当てた孤独死対策では不十分と言われています。また、仮設住宅が解消した後も、2000年から2009年までの10年間で、災害復興公営住宅における孤独死は600人以上に上ることから、長期における対策の必要性も求められています。

　東日本大震災においても、震災から2年半後の2013年9月11日の東京新聞では、岩手・宮城・福島3県の県警への取材により、仮設住宅での「孤独死（仮設住宅で1人暮らしをしていて、亡くなった状態で見つかった人数）」が8月末時点で、少なくとも81人に上るとしています。65歳以上の高齢者が47人で、死因の半数以上が心疾患などの病気でした。借り上げ住宅などで1人暮らしの被災者も多く、孤独死の数はさらに多い可能性があるとしています。東日本大震災は広域災害のため、孤独死の全体像がよく見えてきません。しかしながら同じ文化圏にある土地から遠く離れたり、仮住まい生活が長期化したりすることで、家族との離散、地域のつながりの希薄化が生じ、被災者が孤立するリスクは非常に高いことが考えられます。「すまい」「人と人とのつながり」は人の生死にかかわる大きな問題として、取り組んでいく必要があるでしょう。

## （3）まち

　「まち」も、「すまい」「人と人とのつながり」と関連しています。大災害では地域全体がやられるので、地域全体のグランドデザインとしての復興を考えていかないといけません。阪神・淡路大震災では、社会基盤（道路・交通・港湾施設）や公共建物の復旧は完成しましたが、災害から5年が経過しても個人住宅の再建にはバラつきがありました。全体として、まちの復興はまだまだで、今後は、公園や緑など「まち」全体をどうしていくのかについても考える必要がある、とワークショップに参加した災害から5年目の被災者のみなさんは考えていました。まちの話は他の所でも触れていますので、ここでは簡単に述べるにとどめます。

## （4）そなえ

　社会基盤や公共建物の災害への強さを向上させるだけではなく、個人としての備え、地域としての備えなど、災害の教訓を基に次の災害への「そなえ」を具体的に行っていく必要があります。壊れた同じものを復旧と称して復元しただけでは、駄目なわけです。新しく作り上げるのであれば、災害により強い家、地域、体制を作っていかなければいけません。これが復興の考え方です。復旧の旧は「もと通りになること」、復興の興は「ふたたび盛んになること」という意味があります（『広辞苑』第6版、岩波書店、2008）。震災前の状態より「プラス」の状態を作ることが求められています。

　「まち」と「そなえ」について、1923年の関東大震災では、火災で多くの建物が焼けてしまったので、延焼を食い止めるために道路を広くしました。100m道路と言われている、内堀通り、靖国通り、昭和通りの整備などがそれにあたります。当時の交通量からは「広過ぎる」などとも言われましたが、現在では東京の重要な都市基盤になっています。そして東日本大震災では、さらに難しい問題があります。もともと過疎や少子高齢化が進んでいた地域で、甚大な被害が発生したのです。単に巨大な堤防を作る、高台移転をするだけでなく、いかに未来の地域の発展を考えた地域づくりをするかが問われています。

## （5）こころとからだ

　生活を進めていく上で、心身の健康は大前提です。災害から5年後でも「こころ」の面の影響が未だ残っているという意見が多く出ました。被災体験の意味づけを含め、医療・保健・福祉面でのケアが必要です。

　大規模災害の被災者は、発災時に受ける身体的な「からだのストレス」はもちろんのこと、同時に精神的な「こころのストレス」も感じることになります。阪神・淡路大震災から5年目に行った調査では、特に「家屋の被害程度」による影響が強く、「全壊・全焼」などのように被害程度が大きくなればなるほど、ストレスも心身ともに増加する傾向にありました（図8-5）。なぜなら、家屋の喪失というのは、発災直後だけではなくそれ以降も避難所や仮設住宅での生活を余儀なくさせるため、ストレスが継続する要因となるのです。実際、阪神・淡路大震災の場合は、6年を経過しても家屋の被害程度が被災者のストレスに大きな影響を与え続けていました。

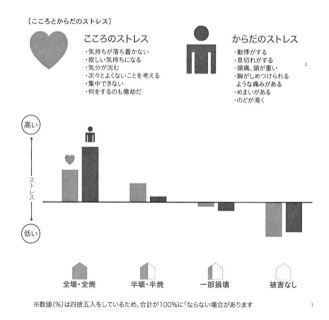

図8-5　被災者のこころとからだのストレス（復興の教科書より）

また「からだのストレス」は、「年齢」の影響を大きく受けることもわかっています。具体的には、20・30代はストレスを感じにくく、年齢が上がるにつれて高まる傾向にあります。つまり、身体的・精神的なケアというのは、「家屋の被害程度」や「年齢」にあわせて対応する必要があるのです（「復興の教科書」ホームページを改変）。

## （6）くらしむき

6つ目は「くらしむき」です。くらしむきとは、いわゆる経済事情・お金にまつわることです。前章で二重ローンのことを取り上げましたが、住宅の被害は借金というかたちで重くのしかかってきますし、仕事の被害は売上・収入が減るというかたちで出てきます。リストラによって仕事が変化することもあり、財政的な余裕がないことが人々に不安感を与えているという意見がありました。

図8-6は、阪神・淡路大震災で、災害が家計にどのような影響を及ぼすかを示したものです。複雑な図ですが、まず図の上から下に、家計の各費目が書かれています。住居・家具費、医療費、保険料、光熱費、交通費、食費、日用雑貨費、交際費、文化・教育費、衣服費、外食費、レジャー費です。また図の左列が災害から6年後の2001年調査、真ん中の列が災害から8年後の2003年調査、右列が災害から10年後の2005年調査です。また1つ1つの横棒グラフのかたまりは、4つの横棒グラフが重なってできています。家屋被害程度別になっていて、一番上から家屋が全壊・全焼、半壊・半焼、一部損壊、被害無しの被災者の方のデータです。また横棒グラフは、左側がその費目が増えたと回答した人（黒色）、真ん中が変わらないと回答した人（白色）、右側が減ったと回答した人（灰色）を表します。この図から、家計に関する主な支出費目ごとに、「増えた」「変わらない」「減った」のどれにあたるかの傾向を分析してみると、「ふえる一方」型、「やりくり」型、「けずる一方」型という3つのタイプに分類されることがわかりました。

「ふえる一方」型タイプの主な支出費目は、「住居・家具費」と「医療費」で

す。家屋の被害程度が大きい人ほど支出が増加し、家計状況に変化があったとしても、個人のやりくりでは減らすことができないのが特徴です。「やりくり」型に相当する支出費目は、さらに細かく3つに分類されます。1つ目は「やりくりをして支出を減らした」もので、「交通費」「食費」「日用雑貨」「文化・教育費」がそれにあたります。一方、「やりくりをしても支出が増えた」ものは「保険料」と「光熱費」、「支出の増減がほぼ拮抗した」ものは「交際費」でした。節約費目の代表である「レジャー費」「外食費」は、「けずる一方」型の主な支出費目になりますが、2005年の調査時では「衣服費」もこのタイプに分類されました。つまり、災害から10年が経過してもなお「贅沢は敵」という意識が働いていて、「生活の潤い」を担う部分を切り詰めていく傾向が見受けられます（「復興の教科書」ホームページを改変）。

図8-7は、同じく阪神・淡路大震災の調査で、被災後に最も打撃を受ける職業は何かを表した図です。大規模

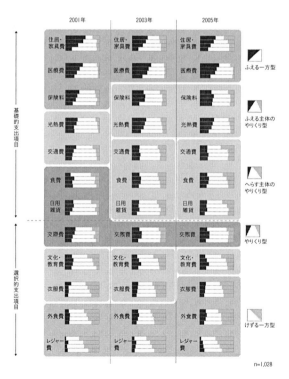

図8-6　被災者が切り詰める「支出費目」は何か？
（復興の教科書より）

災害の発生によって経営面で影響を受けない企業・組織はほとんどありません。阪神・淡路大震災においても、震災後に転退職・転廃業した人は全体の10.7％でした。しかし、影響の度合いは業種別に異なります。

職業別に細かく見てみると、震災の影響で転退職・転廃業した人の割合が最も大きかった業種は、店員などの「サービス関連」で、実に5人に1人の割合に相当します（21.1％）。続いて、運輸・通信・製造・建設業の現場従事者である「産業労働者」が15.8％、「商工自営業者」が14.9％でした。特に「商工自営業者」に関しては、地域に根を下ろして商売をしているため、自身が被災した上に地域のマーケットをも喪失することになり、大変厳しい状況となります。これらの職業に関しては、「事業継続の助成」や「転職の斡旋」など、特に重点的な支援が必要になると言えます。

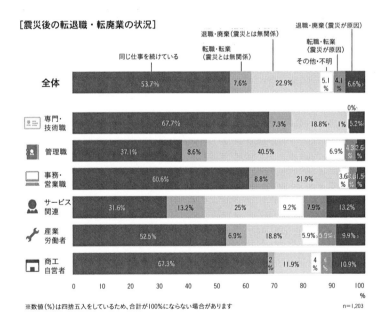

図8-7　被災後に最も打撃を受ける「職業」は何か？

(復興の教科書より)

被災地の経済活動は、さまざまな業種に大きな影響を及ぼす一方で、いわゆる「震災特需」という現象も発生します。これは、復旧工事が一斉に発生することによって、ゼネコンや建設業者の需要が急激に高まる現象で、国による特別予算も組まれるため、被災地外の景気にかかわらず一時的に景気は「上向き傾向」となります。しかし当然のことながら、時間が経つにつれて被災地内も国内全体の景気の影響を確実に受けていきます。

　阪神・淡路大震災後、年商・売上が実際どのように変化したのかを「震災直後（1995～96年）」と「震災3年目以降（1997～2003年）」で調査したところ、年商や売上は、「震災直後」よりも「震災後3年目以降」の方が売上減少の傾向にありました。後者は、全国的な景気低迷に見舞われた時期で、特に「商工自営業」が震災と不況の影響を最も受けています。「震災3年目以降」に至っては、商工自営業の約9割について年商が減少するという厳しい事態でした。

　またそれぞれの時期での年商・売

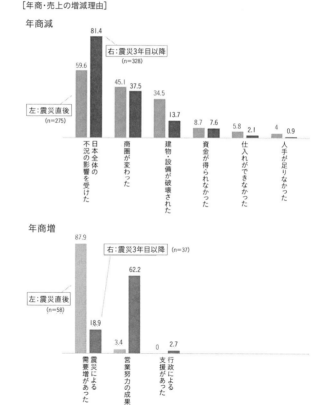

図8-8　企業の「売上高の増減」はどのような理由で変化するのか？
（復興の教科書より）

2　生活再建課題7要素（災害5年目の被災者の生活再建実感）

上の減少理由を調べたところ（図8-8）、「震災直後」は「日本全体の不況の影響を受けた」が約6割でしたが、「震災3年目以降」は約8割へと増加しました。一方で、年商・売上の増加理由については、「震災直後」は「震災による需要増」が約9割を占めていましたが、「震災3年目以降」は「営業努力」が約6割となり、「震災特需」は2年で終わっていた実態が見てとれます（「復興の教科書」ホームページを改変）。

## （7）行政とのかかわり

最後が「行政とのかかわり」です。行政は「公助」として災害対応の中核的存在なので、災害対応や復旧・復興施策という行政サービスへの被災者の期待も強く、特に行政サービスの妥当性・網羅性・公平性などについて考えなければいけません。

そして災害時には「行政にできる部分・できない部分・やりにくい部分がある」ことで、行政と被災者との理解が食い違うことがしばしば発生します。極端な例ですが、「地震で壊れた家の屋根を修理してくれ」「屋根のブルーシートをかけてくれ」「断水しているので飲料水をマンションの上まで届けてくれ」と個別に行政に言っても基本的には対応できないわけです。行政には公平・平等の原則がありますので、相応の理由がない限りは、ある特定の個人の家の何かを手伝うわけにはいきません。「個別対応ができることと個別対応ができないことがある」ことを知っておくことも大切です。また「災害対応は、対応そのものの公平さが強く求められていて、それが市民の感謝や不公平感にも大きく影響している」ことをも知っておくべきです。

## 3　阪神・淡路大震災の復興の構造（10年目）

経済活動を担う大都市を襲った阪神・淡路大震災では、ライフラインや道路・橋・港などの「社会基盤」の復旧や、都市計画に則って市街地を再生する「都市再建」だけでは地域の活気が戻らないことは明白で、復興のプロセスと

して「経済再建」の重要性が認識されました。また、地域の物理的な被災だけでなく、そこに住んでいる被災者数が膨大だったことから、被災者自身の暮らしを立て直す「生活再建」も新たな目標に掲げられました。このように復興の基盤となる第1層を「社会基盤の復旧」とした上で、「都市再建」「経済再建」「生活再建」の3つを達成すべき目標とし、その復興過程を構造化したものを「復興3層モデル」と呼びます（図8-9）。

　阪神・淡路大震災では、「社会基盤の復旧」には災害発生から約2年（1997年3月31日・神戸港港湾施設全面復旧、5月19日・神戸港復興宣言）、「都市再建」のうち「住宅再建」は約5年で完了しましたが（2000年1月14日・仮設住宅解消）、「都市計画」の実現には10年の歳月を要しました（2004年度兵庫県・神戸市等復興計画終了）。「経済再建」にあたる「経済の活性化」や「中小企業対策」には、当時の日本の経済的な停滞も影響して10年では完了せず、そのため「生活再建」も災害から10年の時点では完了しませんでした。3つの復興目標の達成は、全て同時並行で進んでいきますが、そこには「目的と手段の関係」が存在しています。例えば、被災者の「生活再建」を実現するためには、住まいと収入が必要であり、そのためには地域全体での「都市再建」と「経済再建」が求められます。また「経済再建」「都市再建」を実現するためには、「社会基盤の復旧」が成し遂げられていなければなりません。図8-9の下2層が実現されない限り、3層目の「生活再建」が達成されることは難しいのです。目的と手段の関係を構造化したこの復興モデルは、復興政策を実行していく上で非常に重要な考え方と言えます。

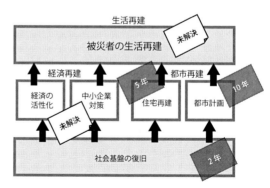

図8-9　阪神・淡路大震災の復興(災害から10年時点)
(復興の教科書より)

### 東日本大震災における生活再建への状況

　東日本大震災が3年目を迎える2012年12月〜2013年2月に、NHKと共同で質問紙調査を実施しました（被災者からランダムに聞く無作為抽出調査ではないので、仮設住宅や人的被害・家屋被害の大きな被災者の意見だと理解してください）。

　このアンケートの中で、被災者が震災時に暮らしていた地域に戻りたいか、戻ることができるかを尋ねることで、震災後の「すまい」「人と人とのつながり」への影響を明らかにしようとしました。ただ「自分の地域」という意識は主観的なもので、人によって地理的・物理的な範囲も異なることが考えられます。そこで質問紙ではあえて「震災時に暮らしていた地域に戻りたいと思いますか」と尋ねて、5つの選択肢のうち最もあてはまるものを1つ選んでもらいました。その結果（n = 941）（図8-10）、「すでに戻っていて、今後も住み続ける」が15.5％、「戻りたいし、戻るつもり」が19.4％であるのに対して、「戻りたいが、戻れない」が39.6％、「戻りたくない」が23.6％、「すでに戻っているが、今後離れる」が1.8％となり、「地域に戻らない」と回答している人が約3分の2になることがわかりました。

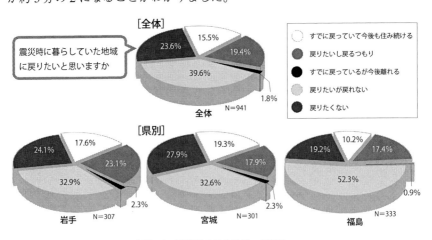

図8-10　震災前の居住地域への帰還

木村玲欧他「東日本大震災から2年を迎えた被災者の現状—「被災者1000人調査」から見えてきた声」災害情報 No.12、114-123、2014

その理由を見てみると（図8-11）、全体では「住まいの見通しがたたない」が最も多くて52.2％、次いで「堤防・漁港の復興が進んでいない」が32.3％でした。「地域に戻りたくない」と答えた人では「津波に対する不安」が最も多く63.1％で、「戻りたいが、戻れない」と答えた人は「除染が進まない」が35.4％、「住まい確保の見通しがたたない」が33.0％でした。また、元の地域に戻らないと考えている人の割合は若い年代ほど多くなっていて、30代以下の76.0％がこのように考えていて、若年の働き盛り層の被災地外流出の危険性が高いことがわかりました。

阪神・淡路大震災の被災者に対する調査と比較すると、災害からまる4年の1999年に、世帯主を対象に「兵庫県を出て居住地を移した」要因を分析したところ、20代単身者層が、震災によって職を失い、民間賃貸アパートを引き払って兵庫県外に出ていることが明らかとなり、2つの調査結果には共通した傾向が見られます。一方で、阪神・淡路大震災では、高齢の夫婦2人暮らし層で、借地借家などに住んでいて自宅外避難をしていた人も兵庫県外に出ていたのですが、東日本大震災の被災地では持家率が高いためにこのような傾向は出ませんでした。この点については、阪神・淡路大震災との地域性の違いとして考えることができると思います。

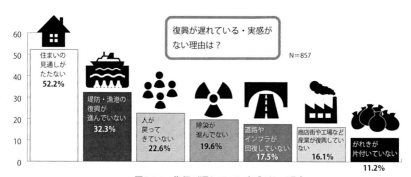

図8-11　復興が遅れている・実感がない理由

木村玲欧他「東日本大震災から2年を迎えた被災者の現状−「被災者1000人調査」から見えてきた声」災害情報 No.12、114-123、2014

## ⑤ 生活再建過程を見える化する「復旧・復興カレンダー」

### (1) 阪神・淡路大震災の「復旧・復興カレンダー」

「生活再建課題7要素」によって、被災者・被災地の復旧・復興に必要な要素が判明しました。しかし復旧・復興とは、あるタイミングで一斉に成し遂げられるような「点」の概念ではなく、時間経過を伴って少しずつ変化をしていく「線」のようなものです。そこで、被災者個人の生活再建過程の全体像を明らかにするために開発されたのが「復旧・復興カレンダー」です。

具体的には、これまでの被災者へのインタビュー結果から、多くの被災者が生活再建の節目と感じた重大なイベントに対して、それがいつごろに起こったものなのかを回答してもらいます。質問の最初に「被災地の人たちがどのように復旧・復興するかは、ほとんど知られていません。あなたの気持ちや行動が、災害後、時間とともにどのように変化してきたのか、振り返ってみてください。あてはまると思われる時期に○（まる）をつけてください」というような導入部の後に各項目を挙げます。生活再建の節目となったイベントは下記の11の項目です。

① 被害の全体像がつかめた
② もう安全だと思った
③ 不自由な暮らしが当分続くと覚悟した
④ 仕事・学校がもとに戻った
⑤ すまいの問題が最終的に解決した
⑥ 家計への震災の影響がなくなった
⑦ 毎日の生活が落ち着いた
⑧ 地域の活動がもとに戻った
⑨ 自分が被災者だと意識しなくなった
⑩ 地域経済が震災の影響を脱した
⑪ 地域の道路がもとに戻った

※⑧・⑪は2004年新潟県中越地震以降に追加された項目
※④は2011年東日本大震災では、仕事がもとに戻った、学校がもとに戻ったの2項目に分割

これらの各イベントに対して、「そう思った」と回答した人が累積で50％を

超えた時期を、それぞれの節目となった時期（閾値（いきち・しきいち））と定義し、復旧・復興の度合いを分析するものです。図8-12が、阪神・淡路大震災の復旧・復興カレンダーです。災害から8年および10年目に行った調査結果です。横軸は、地震津波発生後の時間経過を対数軸で表したもので、横軸左端の $10^0$ は発生後1時間で以降、10時間、$10^2$ 時間（100時間：災害発生後2～4日間）、$10^3$ 時間（1,000時間：災害発生後2ヵ月）、$10^4$ 時間（1万時間：災害発生後1年）、右端が $10^5$ 時間（10万時間：災害発生後10年）を表しています。縦軸は、各項目について「横軸の時点までにおいて、そう思った」と回答した人の割合を示しています。各質問項目は、積み上げの折れ線グラフで表してい

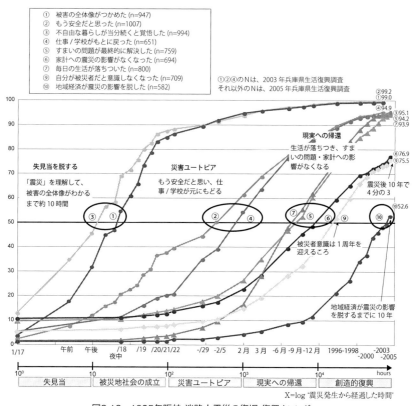

図8-12　1995年阪神・淡路大震災の復旧・復興カレンダー

5　生活再建過程を見える化する「復旧・復興カレンダー」　*173*

て、この割合が50%（過半数）を超えた時期を、「それらの気持ち・行動・状況が発生した」時期と定義して分析を行っています（無回答を除く）。

これを見ると、被災者の半数以上が「③不自由な暮らしが当分続くと覚悟した」のは"震災当日の午後"、「①被害の全体像がつかめた」のは"震災当日の夜中"でした。つまり最初の10時間までは、不自由な暮らしが続くことはわからないし、被害の全体像もつかめなかったということです。これは言ってみれば失見当の状態です。このような調査からも、最初の10時間は失見当の状態が続くことがわかります。

「②もう安全だと思った」のは震災から"3週間後"で、「④仕事・学校がもとに戻った」と感じたのは震災から"1ヵ月後"でした。災害ユートピアの時期ぐらいの時に、避難所で毎日毎日を過ごしていく中で、ようやく安全と思って、仕事・学校がもとに戻るということです。また、「⑦毎日の生活が落ち着いた」「⑤すまいの問題が最終的に解決した」と感じたのは震災から"約半年後"で、震災から1年が経過するころになると「⑥家計への震災の影響がなくなった」「⑨自分が被災者だと意識しなくなった」と回答していました。これは「現実への帰還」の時期です。り災証明書などで公のさまざまな支援も受けながら、ライフラインも戻ってきて、ようやく生活が落ち着いてきた。すまいの問題も全体的には解決して、家計への影響がようやく終わる。そして、ちょうど1年を迎えるころに、被災者だと意識しなくなったということです。1年というのは「記念日効果（アニバーサリー効果）」が働いているものと思われます。大きな災害で「記念日」とは気持ちのよいものではありませんが、このような効果があるということをまず知っておいてください。大きな出来事から1年が経つ時に、この1年は何だったのかとか、この1年を振り返ってとか、次の1年に向けてどうするかなど、1年を振り返って意味づけをする動きが自分や家族、地域でもマスコミでもあります。そうした記念日効果によって、大体1年ぐらいすると被害者意識がなくなる人が過半数を超えてくることが考えられます。

一方、過半数の人が「⑩地域経済が震災の影響を脱した」と感じるまでには、震災から"10年"の歳月を必要としていました。社会基盤や都市再建と比

べて、経済再建には長期の時間がかかることがうかがえます。また、10年経っても75.5％の人が「自分を被災者だ」と感じ続けていました。10年たっても被災者という意識で毎日を暮らしている人がいる。生活再建までを考えると、災害の影響は長く大きいことがわかります。

### (2) 新潟県中越地震の「復旧・復興カレンダー」

　この復旧・復興カレンダーは、阪神・淡路大震災のような都市災害以外にも適用が可能です。例えば、図8-13が、2004年新潟県中越地震について、災害からまる2年が経過した2006年10月に行った調査結果です。最初に50％を

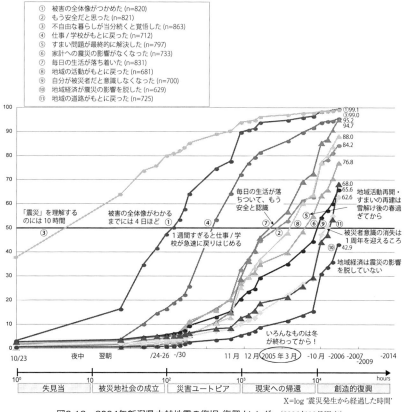

図8-13　2004年新潟県中越地震の復旧・復興カレンダー(2006年10月調査)

超えたのが「③不自由な暮らしが当分続くと覚悟した」で、やはり10時間程度を要しています。この地震でも、震災を理解するまでに10時間ぐらいはかかっているということです。なお阪神・淡路大震災では「①被害の全体像がわかった」がより早い時期に認識されていたのですが、新潟県中越地震では道が途絶えて中山間地で孤立集落が出ました。被害の全体像がわかるまでに4日ぐらいかかっています。

　その後、1週間を過ぎると、仕事や学校が急速に戻ります。中越地震は、阪神・淡路大震災のように壊滅的に集落が丸ごとやられたというのは少なく、限定的な被害だったので、1週間も過ぎると仕事や学校が戻りはじめますが、それ以外の復旧・復興が遅いです。これには1つ理由があって、冬、雪が降ると、復旧・復興が停滞してしまうのです。雪が降ると何もできなくなってしまうという現実がどうもあるようで、その後、2005年3月前後になって、急にいろいろなことが戻ってきます。最初に、毎日の生活が落ち着いて（⑦）、もう安全だと思うようになって（②）、地域の活動がもとに戻って（⑧）、すまいの問題が最終的に解決して（⑤）という順番で戻ってきました。そして震災から1年を迎えるころになると、家計への震災の影響がなくなって（⑥）、自分が被災者だと意識しなくなり（⑨）ました。そして1年半ほどかかって、地域の道路がもとに戻った（⑪）のです。そしてやはり一番遅いのは、「⑩地域経済が震災の影響を脱した」です。これは3年目を迎える時で42.9％しか戻っていないので、震災からの経済再建・生活再建までの道のりはまだまだ長いことがわかります。

　阪神・淡路大震災と新潟県中越地震との復旧・復興カレンダーを見てきました。この2つの災害は、被災地の特徴も被害の規模も違います。しかしこの2つのカレンダーを重ねあわせると、多くの共通点が見えてきます。各項目の50％を超えた時期は前後するのですが、都会も中山間地も、生活再建の順番は似ているのではないかというのが今の仮説です。すなわち、(1)「不自由な暮らしが当分続くと覚悟し、被害の全体像をつかむ」段階、(2)「もう安全だと認識して、仕事・学校がもとに戻りはじめる」段階、(3)「毎日の生活が落ち着き、すまい問題が最終的に解決し、家計への災害の影響がなくなる」段

階、(4)「自分が被災者だと意識しなくなる」段階、(5)「地域経済が災害の影響を脱する」段階です。このように他の災害と比較することによって、災害の一般性が見えてくるのではないかと考えています。

### (3) 家屋被害程度と「自分が被災者だと意識しなくなった」時期との関係

　ここで、1つポイントがあります。⑨番の「自分が被災者だと意識しなくなった」です。被災者はこれを意識することで「非日常の被災者」モードを脱して「新たな日常の新たな一住民」モードに移行するわけで、この時期が注目すべきポイントです。阪神・淡路大震災の調査結果を見ると、家屋被害程度によって違いが大きくなっていることがわかりました（図8-14）。層破壊、全壊、半壊、一部損壊、無被害という被災者の家屋被害程度ごとに分析をしたところ、家が無被害の人は、災害ユートピアが終わってライフラインが回復しはじめると、すぐに50％を超えて新たな日常に戻ります。家が無事でライフラインが使える

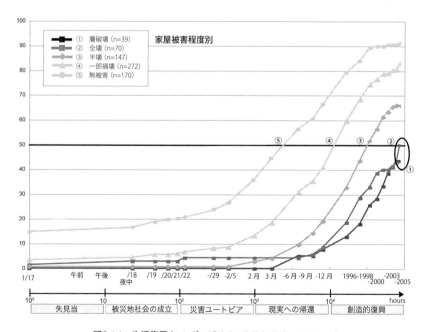

図8-14　生活復興カレンダー（⑨自分が被災者だと意識しなくなった）

ようになると、もう大丈夫だということで、被災者だと意識しなくなるのです。一方、一部損壊家屋の被災者は震災後1年、半壊家屋の被災者は震災後2～3年になってようやく「自分は被災者ではない」と感じるようになりました。

注目すべきは全壊や層破壊家屋の被災者です。この人たちは、震災から10年目を迎えた2005年1月時点になっても、全壊の50.0％、層破壊の56.4％の人たちが「自分はまだ被災者である」と認識して、被災者モードから脱出できていない現実が明らかになりました。このような現象が「被災者の二極化」、「被災者間格差」です。生活再建課題7要素から見ても「すまいの再建」は日常生活に戻るための大切な要素です。家屋被害を軽くするように耐震改修・補強などを行って日頃から備えておくことや、万が一、家屋が壊れてしまったとしても、保険・共済・支援などでいち早く再建できるよう、事前に「すまいの再建」のための備えをしておくことが、早く被災者モードから抜け出し、新しい日常生活を獲得するための重要なポイントであることが考えられます。

### （4）東日本大震災の「復旧・復興カレンダー」

この原稿を書いている時点（2014年6月）では、東日本大震災からまだ3年しか経過していません。そのため復興の全体像を知ることはまだ難しいのですが、東日本大震災が4年目を迎える2014年1月～2月に、NHKと再び共同で質問紙調査を実施しました（被災者からランダムに聞く無作為抽出調査ではないので、仮設住宅や人的被害・家屋被害の大きな被災者の意見だと理解してください）。

図8-15を見ると、災害発生から1ヵ月が経過してようやく「①被害の全体像がつかめた」ことがわかります。そして災害から3ヵ月以上が経過して「③不自由な暮らしが当分続くことを覚悟した」と回答していたことがわかりました。

そして震災から2年10ヵ月が経過した調査時点では、この2項目以外は、すべて50％以下でした。「④仕事がもとに戻った」のは約半数の47.7％、「⑫地域の学校がもとに戻った」「②もう安全だと思った」「⑦毎日の生活が落ち着いた」のは約4割（⑫41.4％、②40.7％、⑦37.8％）、「⑪地域の道路がもとに戻った」「⑤すまいの問題が最終的に解決した」は約3割（⑪32.9％、⑤31.0％）、「⑥家

計への災害の影響がなくなった」のは4分の1（24.5％）でした。さらに「⑨自分が被災者だと意識しなくなった」は21.8％、「⑧地域の活動がもとに戻った」は20.1％で、つまり裏を返せば、震災から3年が経過しようとしている時点においても、回答者の約8割が「地域活動は震災前の状態には戻っておらず」「自分は被災者」だと認識していることが明らかになりました。

　阪神・淡路大震災や新潟県中越地震の結果と、東日本大震災の結果を比較すると、東日本大震災の復旧・復興がかなり遅れていることが考えられます。阪神・淡路大震災では震災当日前後に過半数が回答していた「①被害の全体像把握」や「③不自由な暮らしへの覚悟」は、東日本大震災では大幅に遅れています。津波によって広域な地域が壊滅的に被害を受けたり、原発事故の被害・影響の全体像が不明なまま時間が経過したことが「災害に立ち向かうための前提条件となるような認識」の遅れにつながっていることが考えられます。

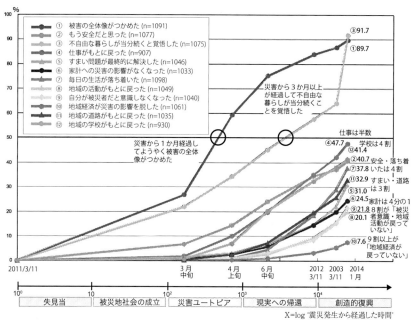

図8-15　東日本大震災の復旧・復興カレンダー（2014年1月（震災から2年10か月））

木村玲欧他「被災者調査による東日本大震災から3年目の復興進捗状況―復興の停滞感と住宅再建における迷い」
地域安全学会論文集、No.24、233-243、2014

さらに広域にわたる壊滅的な被害は、他の項目の復旧・復興の早さにも影響を与えていることがわかります。阪神・淡路大震災では、「災害ユートピアの時期（震災後4日〜2ヵ月）」に過半数を超えた「②もう安全だと思った」「④仕事・学校がもとに戻った」については、東日本大震災では震災から約3年が経過した時点で約4〜5割程度でした。また「震災後1年前後」で過半数を超えた「⑥家計への震災の影響がなくなった」「⑨自分が被災者だと意識しなくなった」は、東日本大震災では震災から約3年が経過した時点で約2割でした。そして阪神・淡路大震災では、震災から3年時点で26.1％がもとに戻っていた「⑩地域経済が災害の影響を脱した」については、東日本大震災では7.6％でした。もちろん東日本大震災の回答者は、全壊や仮設住宅居住者が中心のため一概には言えないのですが、仕事・学校の復旧や地域経済などのデータを見ても、東日本大震災からの復興にはより多くの時間がかかり、私たちも今後、長期的な視点で見守っていく必要があることが考えられます。

　これで生活再建過程（災害過程）の5ステージが全部終わりました。災害からの地域や人生の再建には10年という単位で考えなければいけないこと、10年が経過した時点でも生活再建に至らない人も存在し、被災者の二極化、被災者間格差という問題も生まれることなどに触れてきました。第9章は被災者のストレスや心のケアの話、第10章は防災教育の話をします。

---

**第8章の確認事項**
1. 創造的復興の時期とは具体的にどのような時期かについて、生活再建過程における位置づけも併せて説明しなさい
2. 生活再建課題7要素について、阪神・淡路大震災を例にそれぞれの要素とその概要について説明しなさい
3. 災害の孤独死について、阪神・淡路大震災を例にどのような特徴がありどのような対策が必要かについて説明しなさい
4. 阪神・淡路大震災における10年間の復興の構造について、都市再建、経済再建、生活再建などの用語を用いながら説明しなさい
5. 復旧・復興カレンダー手法によって明らかになった復旧・復興の段階について、阪神・淡路大震災などの災害を例にして説明しなさい

# 第 Ⅲ 部
# 来たるべき災害に向けて

　ここでは未来に起こりうる災害に備えて、私たちが知っておくべき知識を取り上げます。
　第9章では、ストレスと心のケアについて学びます。ストレス、ストレッサー、トラウマ・PTSDといった用語の定義、発達段階によって違う子どもたちのストレスサインと対応方法、災害対応従事者が抱えるストレスの問題、ストレスを抱えた人への精神的支援のあり方などについて学びます。
　第10章では、過去の災害教訓を未来の防災へ生かすための防災教育のあり方について考えます。まず学校における防災教育の現状と課題について知った上で、防災教育・防災訓練を推進するための方法について、子どもたちの4段階の学習過程なども踏まえながら、さまざまな先進事例を学んでいきます。

# Chapter 9

# 「心を保つ・支える」ための原理と方法を学ぼう
——ストレスと心のケア

**本章の学習目標**
1. ストレス、ストレッサーとはどのようなものかについて説明することができる
2. 幼児期・児童期・思春期のストレスサインと対応方法について説明することができる
3. 災害対応従事者のストレスの特徴と解決策について説明することができる
4. トラウマ、PTSDとはどのようなものかについて説明することができる
5. ストレスを抱えた人に対する精神的支援のあり方について説明することができる

**key words**

ストレス、ストレッサー、トラウマ、ストレス反応、喪失感、人と人とのつながり、子どもたち（幼児期・児童期・思春期）のストレス、ストレスサイン、災害対応従事者のストレス、惨事ストレス、ストレス管理、PTSD（心的外傷後ストレス障害）、再体験、回避・麻痺、過覚醒、精神的支援、傾聴、共感、同情、3段階の心のケアレベル

## 1 ストレスとストレッサー

　第9章では、ストレスと心のケアについて話をしたいと思います。ここまで学んできたように、災害が発生すると日常とは違う新しい現実の中で生き抜いていかなければなりません。当然、ストレスも大きいわけです。ただ「ストレス」という言葉は一般的に聞いたり使ったりしていても、一体、ストレスとは何なのかという原理についてはあまり知られていないように思います。ストレスを軽減したり上手につきあっていったりするために、まずはストレスとは

何なのかについて理解したいと思います。

　ストレスのない状態と、ストレスのかかった状態の違いについて、まず説明します。図9-1を見てください。丸いボールのようなものは、おもちゃ屋などで100円くらいで売っている、子どもが遊ぶためのあたっても痛くないソフトカラーボールのようなものです。図の左上にある「まん丸いボール」が、ストレスのない状態です。そして、そのまん丸いボールにぐっと力をかけると少しへこみますが、図の右上にある「力がかかって凹んだボール」がストレスのかかった状態です。ストレス（stress）とは、もともとは物理学の用語で「圧力」という意味です。この考え方がちょうど人間の心の状態にも適用することができるということで、心理学や精神医学などでも使われているのです。

　ストレスを考える時にもう1つ大切な言葉が、ストレッサーという言葉です。なぜかストレスという言葉だけが一般的に広まっているのですが、ストレスを理解するためにはストレッサーという言葉の理解が必要不可欠です。ストレスをかける力、ストレスを引き起こす要因のことをストレッサー（stressor）と言います。

　ストレスというのは、「ストレッサーが加わって心身に負荷がかかった状態」のことを言います。図にもあるように、何のストレッサーもなければ、人間の心は本来は丸いつるっとした状態だと考えることができるのですが、そこにさまざまなストレッサーがかかります。日常ならば、仕事や勉強の

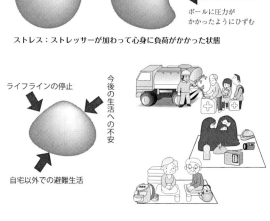

図9-1　ストレス、ストレッサーとは何か

忙しさ、学生ならばレポートを書かなければいけない、発表をしなければならない、テストを受けなくてはいけないなど、いろいろな圧力が加わります。それから、気温が高くて暑い、クーラーが効きすぎて寒い、湿度が高い、眠い、お腹が空いたなどの物理的なものもストレッサーになります（物理的ストレッサー）。人間関係も、学生ならば、親との関係、友だちとの関係、バイト先での人間関係などいろいろあって、先ほどの仕事のストレッサーとあわせて、このような心理・社会的なものもストレッサーになります（心理・社会的ストレッサー）。こうしたさまざまなストレッサーによって、普段から、人間の心はさまざまな方向から圧力がかかって歪んだいびつな状態になっています。

そして災害の時には、平時にはないような種類のストレッサーが大量に発生します。家族や親戚、親しい人が亡くなることはとんでもなく大きなストレッサーですし、電気がつかない、水が出ない、トイレが流せない、自分の家が壊れてしまった、自分の家で寝泊まりできない、仕事がなくなった、今後自分たちがどうなるかわからないなど、さまざまなものがストレッサーとして人々にかかってきます。ですからストレッサーの種類と量の特殊性によって、災害時のストレスは、非常に大きな問題として取り上げられているのです。ストレスについてまとめましょう。『新版 精神医学事典』（弘文堂、1993）の定義を引用すると「ストレスとは、心身の負担になる刺激や出来事・状況により個体内部に生じる緊張状態のこと」で、「ストレッサーとはストレスを生じるような外部からの刺激のこと」です。

##  ストレッサーからストレス軽減支援を考える

ストレスを軽減するためには、または軽減されるように支援するためには、ストレスだけではなく、何がストレスを与えているのかというストレッサーを考えることが重要です。例えば、ストレス軽減を支援しようとする時に、「私は避難所生活がつらくて苦しい」という、「つらい」「苦しい」という気持ちを理解したり共感したりすることも大切ですが、どんなストレッサーがその人の

心にストレスを与えているのか、ストレッサーはすぐ解決できるものなのか、それとも長い時間をかけなければ解決できないものなのか、というストレッサーにも目を向けるべきです。例えば「避難所生活がストレッサー」だというのならば、避難所以外に避難すべき場所はないのか、避難所以外の場所に行けば避難所生活のストレッサーがなくなるのか、その代わりにどのようなストレッサーが新しく生まれるのか、もしくは具体的に避難所生活の何がストレッサーなのか、避難所となっている体育館の物理的環境か、寝にくいのか、仮設トイレが嫌なのか、避難している人たちの人間関係なのか、それらを解決できれば避難所生活はストレッサーにならなくなるのではないか……ということを考えることもストレス軽減への支援になります。ストレス軽減のための支援をする時に、「大変なんです」という言葉に、「本当に大変でかわいそう」とこちらが感情的に巻き込まれて自分も一緒につらい気持ちになるのではなくて、「大変」な背景にはどんなストレッサーがあるのか、それをどう解決すればストレスは軽減するのか、ということを客観的に見極めてあげることも必要です。

　私の講義では、図9-2や図9-3のようなワークシートを使って、災害時のストレスを考えてもらっています。まず図9-2を使って、10分程度でとにかくたくさん「災害時のストレス」と思われるものを図の右側の空欄の中に書き出します。その後、受講生に各人1つずつ発表してもらい、自分が思いつかなかったストレッサーがあった場合には、ワークシートに追記してもらいます。その後、図9-3を使ってストレッサーを分類します。もちろん全部をきれいにあてはめることはできません。だいたいで構いません。分類できないものがあっても構いません。「ストレッサーを特徴づけて分類する」という作業を体験すること自体が学習目標だからです。

　その後、分類したストレッサーの中から、どのストレッサーからより容易に解決できるか、解決すればよいかという「ストレス軽減のための戦略」を考えてもらいます。たいていは「短期的な物理的ストレッサー」が解決しやすいものだと受講生は解答します。もちろん「一番大きなストレッサーである長期的な心理・社会的ストレッサーから手をつけなければストレスの大部分は解決

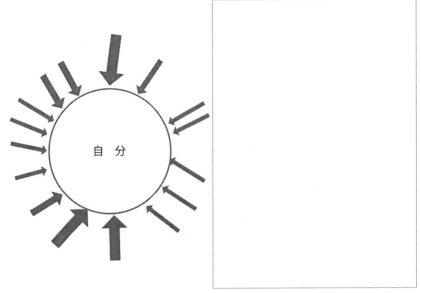

図9-2　災害時のストレスを明らかにする

書き出したストレッサーを、下記の分類表に分類してみよう！
そしてどのストレッサーから解決できるか、解決すればよいか、考えてみよう！

|  | 短期的ストレッサー<br>瞬間、今日・明日には解決 | 中期的ストレッサー<br>数週間、数ヶ月には解決 | 長期的ストレッサー<br>数年、解決時期不明 |
|---|---|---|---|
| **物理的ストレッサー**<br><br>暑さ、臭い、痛み、騒音、混雑、排気、酸素欠乏など |  |  |  |
| **心理・社会的ストレッサー**<br><br>人間関係、学業・仕事の問題、家庭の問題、生活の問題など |  |  |  |

図9-3　ストレッサーを分類しよう

しない」という解答もあります。どちらかが正解ということではありません。「ストレスという心のゆがんだ状態を漠然と意識するのではなく、ストレッサーという原因に分解・分類して、何から手をつけるべきなのかという戦略を考える」という一連の作業を体験してもらうためのワークシートなので、「戦略ができたら実際にやってみて、上手くいかなかったらまた新たな戦略を考えていく」というかたちで解説をしています。

##  トラウマとストレス反応

　災害時には、素人ではなかなか太刀打ちできない、専門家でないと対処できない「心の問題」も発生します。例えば、その1つがトラウマのケアだと言われています。「非常に強い心的な衝撃・打撃があった場合、その体験が過ぎ去った後も体験が記憶の中に残り、精神的な影響を与え続けるような後遺症」、これがトラウマと言われているものです。トラウマという言葉も、一般的に聞くことがありますが、実際のところよくわからず、そして間違った意味で使われていることも多いような気がします。

　図9-1のボールを思い出してください。ボールに圧力をかけるとへこみますが、圧力をなくすと普通は元に戻ります。来週のテストが嫌だと思うと、ストレッサーがぐっとかかって心がへこみますが、テストが終われば基本的には元に戻ります。ところが、何も勉強しないままテストを受けたら落第してしまったとします。もうそのテストは終わって成績もついているのでストレッサーはないはずなのに、今でもその科目や先生のことを思い出すと心がキュッと縮まる、たまに夢にも出てきてうなされる。ボールがへこんだまま元に戻らないように、心がへこんだまま完全に元に戻らないというのがトラウマです。トラウマは日本語では「外傷」と言います。特に心理的なトラウマのことを「心的外傷」と言います。

　災害では、トラウマが残りやすい大きな変化があります。特に人が亡くなったことは、ストレッサーとして強くのしかかり続けます。あるいは、今まで住

んでいた地元、今まで働いてきた仕事、今までの人間関係などを失ってしまうと、その後、新しい土地に引っ越したり、新しい仕事に就いたり、新しい人間関係ができたりと、失ったものを新しい形で取り戻したとしても、心が凹んだまま元に戻らないということがあります。

　トラウマまでいかなくても、ストレスによって「心」と「体」の両方に現れた反応をストレス反応と言います（図9-4）。ストレスは心と体の両方に影響を及ぼします。バカにはできません。ストレスに対する急性の心の反応は、いらいらしたり、不安になったり、悲しくなったり、興奮したりするというものです。しかしその状態が長く続いて慢性化すると、注意力が低下したり、判断が雑になったり、抑うつ感が出てきたり、幻覚や思考障害につながることもあります。みなさんも大きなストレッサーが長くかかり続けると、ぼーっとしたり、間違いが多くなったりという状態になることがあると思います。こういう時に車やバイクの運転で交通事故を起こすことなどもあります。

　また心と体には密接な関係があるので、体にもストレス反応が出てきます。大量の汗をかいたり、心拍数や血圧が上昇したりというだけでなく、胃・十二指腸潰瘍、アトピー性皮膚炎、過換気症候群などの病気も、ストレスが一因であることがわかっています。ストレスの問題は、精神論だ、気の持ち方だ、気が弱いヤツがかかるんだ、そもそも暗いことばかりに目を向けているから駄目なんだ、というような、非常に自分勝手な議論がされることもありますが、ストレスは心と体すべてに大きな影響を与える問題です。支援す

ストレスによって「こころ」と「からだ」の両方に現れた反応
**代表的なストレス反応**

| | 心の反応 | 体の反応 |
|---|---|---|
| 急性 | 怒り、不安、悲しみなどの感情や気分の興奮 など | 自律神経の興奮による心拍数・血圧の上昇、発汗、瞳孔拡大、筋緊張 など |
| 慢性 | ・注意力が低下し、考えがまとまらない<br>・物忘れする<br>・判断が雑になる<br>・間違いが多くなる<br>・幻覚や思考障害が出てくる<br>・不安、敵意が高まる<br>・抑うつ感、絶望感がある<br>・自尊心が低下する　など | ・胃・十二指腸潰瘍<br>・狭心症、心筋梗塞<br>・本態性高血圧症<br>・メニエール病<br>・アトピー性皮膚炎<br>・円形脱毛症<br>・気管支喘息<br>・過換気症候群　など |

慢性：症状が激しくなく、経過の長びくような病気の性質

図9-4　ストレス反応

る側としては、客観的にストレッサーやストレスの度合いを観察しながら、支援をしなければいけません。そして慢性のストレス反応やトラウマなど、素人で難しい問題については、精神科医や保健師、臨床心理士、精神保健福祉士などの専門の人たちにきちんと任せるのが一番です。風邪なら寝ていれば治るのかもしれませんが、大きな病気は専門医に診てもらうのが一般的です。心の問題もそれと全く同じです。

##  ストレスは必ずしも「悪者」ではない

　1つだけ誤解をしてはいけないのは、ストレスは必ずしも悪者ではないということです。適度なストレスは、成長の糧になります。ストレスを乗り越えることによって人は成長するのです。試験でも試合でも就職活動でも、乗り越える困難がなければ成長しないという考え方です。また別の見方もあります。ストレスのない社会はないので、ストレスをなくすという考え方だけでなく「うまく付き合う」ことが大切だという考え方です。私たちは1人1人が異なった性格・意見・欲求を持っています。人間関係や利害関係で思うようにいかない場面は頻繁にあります。それらをなくすということは無理なわけで、いかに「うまく付き合っていくか」、適度なストレスを受けながらも活力を持って生活を送ることができるかということが必要になります。

　例えば、ストレスの全くない世界を想像してみてください。誰もが自分の言うことを聞き、少しの不満もない世界です。きっと、はじめのうちは最高の世界だと思えるでしょう。しかし、そのうち何も感じなくなるはずです。人間というのは、嫌なことがあるから楽しいと感じられ、苦しいことがあるからこそ、それを乗り越えた時に充実感を得られるのです。そういった意味では、ストレスは私たちにとって必要な存在だと言えます。人間というのは不思議なものです。ストレスがなければないで、平坦な人生を送ることになります。乗り越えることも、頑張ることも、成長することも、楽しく充実した人生を送ることも必要ではありません。ストレスは悪者だからなくせというのではなく、ス

トレスと上手に付き合うことも重要なのです。

　そのためには、日常生活の中で、ストレスを前向きに考えたり、ストレス耐性を身につけたりすることも考えなければいけません（図9-5）。時間がなくて困っている時も、その状況の捉え方次第では、ストレスになることはありません。また、ストレス耐性の強い人というのは、頑丈な鎧を身にまとっているようなものです。そのため多少の攻撃（ストレッサー）であれば、動じずに跳ね返すことができるのです。もちろん災害のストレスは、なかなか前向きに考えたり跳ね返したりできるものではありませんが、ストレスを受け身に捉えるだけではなく、積極的に立ち向かっていこうとすることも時には必要です。被災者のインタビューでも「自分だけが大変なのではない、みんなで乗り切っていかなければいけない。地域の力が今こそ試されている。そして自分の力を必要としてくれている人・応援してくれる人もたくさんいる。こんな人たちに囲まれている自分はある意味幸せだ……こう思うようになってから、周りから力を与えてもらっているような気がした」、このような内容のことを語ってくれる人も少なからずいます。もちろんすべての人にこのように思えというわけでは

図9-5　ストレスに立ち向かう考え方の例

ありません。「ストレス＝悪」「ストレス＝人々を押し潰してしまうもの」という短絡的な発想だけでは、日常生活を含めて、さまざまな困難を乗り切ることは難しいということを再確認してもらいたいのです（本節は、野口京子『健康心理学がとってもよくわかる本』東京書店、2008を基に加筆しました）。

## ⑤ 災害後の「喪失感」

　災害が発生すると、さまざまな感情の変化が起きます。災害時の臨床心理学を研究するマクマナス（1995）は、災害後の10の感情の変化を挙げています。1つ目が「恐れ」で、あなた自身やあなたの大切な人が傷つくかもしれないという恐れや、人前で自分をおさえられなくなるのではないかという恐れ。2つ目が「無力感」で、自然の猛威の前では人間は何と力のないものかという無力感。3つ目が「悲しみ」で、災害によって壊されたものや亡くなったり傷ついたりした方への悲しみ。4つ目が「願い」で、失われたものがみな元に戻ってほしいという願い。5つ目が「うしろめたさ」で、自分だけが死なずケガもなく財産も無事だったことへのうしろめたさ。6つ目が「恥ずかしさ」で、自分が無力で他の人に助けてもらわなければならないという恥ずかしさ。7つ目が「怒り」で、起こったことの不公平さや無意味さへの怒り。8つ目が「万感の思い」で、傷ついたり亡くなったりした方への万感の思い。9つ目が「失望感」で、将来への失望感。最後が「希望」で、将来はよくなる復旧・復興できるという希望です。

　このようなさまざまな感情の背景には「喪失感」というものが大きく影響しています。自分にとって大切な人の死はあきらめられません。確たる意味もなく、たくさんの人命が失われるのを見ることは、忘れることのできない出来事だからです。喪失感は、大切な人を亡くした場合だけではなく、それまでの人生の思い出に満ちた品物をなくした場合にも起きます。災害のために仕事を失うこと、家や車といったステータスシンボルを失うこと、仕事仲間を失うこと、家族が離れ離れになること、どれもが深い喪失感をもたらします。なぜならば、

それらを失うことは、自分の一部を失うのと同じ心理的意味を持つからです。さまざまな感情の根底には「喪失感」というものがあって、失ったということがストレッサーになっていることを知ることが、被災者の人々を理解する1つのヒントになるかと思います（マリアンヌ・L・マクマナス著、林春男・林由美訳『災害ストレス―心をやわらげるヒント』法研、1995 から抜粋・一部改変）。

東日本大震災での新聞の記事を紹介します（毎日新聞 2011 年 4 月 12 日「東日本大震災：いま、あなたの宝物は何ですか？」）。東日本大震災の被災地で「いま、あなたの宝物は何ですか？」と記者が聞きました。

11 歳の男の子は、「先生が見つけてくれたランドセル。小学校は津波にのまれて土砂で埋まったが、発生から 2 週間後に先生が見つけ、届けてくれた。祖父と曾祖母を亡くした。『おじいちゃんがくれたキーホルダーが取れているのは残念だけど、大切にする』」。

48 歳女性は、「焼け跡から見つかった封筒。火災にあって何もないかと思ったが、姉が実家にあてて書いた封筒の一部が見つかった。『こんなものでも大切に思えます』」。

84 歳男性は、「胸の中の思い出。自宅も流され、何も見つかっていない。妻も行方不明のままで、連日地域住民と捜索を続けている。『宝物は胸の中のたくさんの思い出だ』」。

61 歳男性は、「息子の遺品の腕時計。消防隊員として出動中だった息子を亡くした。遺体と対面し、どろだらけの腕時計を遺品として持ち帰った。『今もちゃんと、動いているんです』」。

86 歳女性は、「唯一持って逃げたバッグ。犠牲になった親戚が趣味のパッチワークで作ってくれた。財布や薬などが入っている。『あわてていたけどこれだけ手に取れた。大切にする』」。

宝物にもいろいろなかたちのものがあって、財産的価値から言えば高価ではないものもたくさんあります。キーホルダーなど、せいぜい数百円から数千円で、それが無くなってもその人が破産するわけでも何でもありませんが、人間というのはそういうものではありません。いろいろなものでつながってい

て、そのつながりを失ってしまうということが、喪失感を生み出すのです。第8章でも述べましたが、災害によって3種類の「人と人とのつながり」ができます。1つは、災害によって失われてしまったつながり、1つは、災害前から変わらないつながり、1つは、災害によって新しくできたつながりです。もちろん失われてしまったつながりは、何ものにも代えることができません。私たちは、失ってしまうこと（喪失感）に強くとらわれます。その気持ちが薄れることはなかなかありません。

　しかし一方で、これまでの被災者のみなさんのお話をうかがうと、失ってしまったものには代えられないけれど、災害前から変わらないつながり、そして災害後にできた新しいつながりを感じ大切に思うことによって、自分の気持ちを見つめ直し、明日へと目を向けていくことができるようになったという声も多くきかれます。被災者支援を通した出会いが、新しいつながりとなって、被災者のみなさんの明日を照らす光となることもあるのです。

## 6　子どもたちのストレスサインを見逃さない

　子どもたちはストレスに弱いので、子どもが発するストレスサインを見逃さないようにしなければいけません。特に、眠らない、食べない、遊ばないという3点が、子どものストレスの状態を発見するポイントです。「ぐずって、寝つきが悪くなった」「大好物のハンバーグを残す」「いつも遊んでいたゲームをしない」といった状態の時には、子どもが何か大きなストレスを抱えているのだろうということを感じてあげなければいけません。

　幼児期においては、自分の気持ちをうまく表現できず、行動やしぐさでSOSのサインを出します。例えば、寝つきが悪くなる、夜中に目を覚ます、夜泣きをする、親のそばから離れない、ぐずったり、泣いたりする、物音などに敏感に反応する、急に体を硬くする、1人になるのを怖がる、食欲がなくなる、災害を再現するような遊びをする、何度も繰り返し同じことを言う、赤ちゃん言葉を話す、指しゃぶりをする、おもらしをする、表情が乏しくなるなどです。

これらは「ボクを見て！」「ワタシを守って！」というストレスサインです。そのような子どもたちは「いつもと違う」状態に不安になっているために、普段の生活リズムになるべく近づけた規則正しい生活を送るように心がけたり、スキンシップや声がけを普段以上にとったり、子どもの言葉に耳を傾けたり幼児期の子どもにも話しかけたりすることが効果的だと言われています。

　児童期においては、「できていたことが急にできなくなる」という「赤ちゃん返り・退行現象」が起きます。具体的には、災害の体験を繰り返し話す、「地震ごっこ」「津波ごっこ」など被災体験を再現して遊ぶ、余震などに過度に反応する、落ち着きがなくなる、指しゃぶりをする、赤ちゃん言葉に戻る、抱っこをせがむ、１人でトイレに行けなくなる、感情の起伏が激しくなる、泣き虫になる、寝つきが悪くなる、夜中に目が覚める、好きだったゲームなどに興味を示さなくなる、無口になる、きょうだい喧嘩が多くなる、災害が起きたのは自分のせいだと思い込む、今まで１人でできていたことができなくなる、体調不良を訴えるが異常なしと診断されるなどです。これは自信喪失・不安感からの自己防衛本能によるストレスサインです。そのため、子どもが自信と安心感を取り戻して回復するのを見守る、子どもの話に耳を傾けてゆっくり話をする時間を意図的にとる、「自分が悪い子だから地震が来た」という罪悪感や親を気づかい「いい子」を演じ続けることによる情緒不安定に対して「あなたは悪くない」とはっきり告げる、友だちと一緒に外で遊ばせるなど、ストレスを発散する時間や場所を確保することが効果的だと言われています。

　思春期においては、背伸びをするため、親に心情を訴えたり、弱音を吐いたりすることが少ないです。こちらも大げさに騒ぎたてたり、詮索したり、干渉しすぎないように気をつけなければなりません。しかし「あなたを気にかけている」というシグナルは出し続ける必要があります。難しい年頃です。具体的には、寝つきが悪い、夜中に何度も目が覚める、食欲がなくなる、自己中心的になり引きこもる、自分を責めたり「自分なんて」と卑下する、ものの見方が悲観的になる、反抗的・非協力的な態度をとることがある、感情の起伏が激しくなる、表情が乏しくなる、人と接するのを嫌がる、他人の目を必要以上に気

にする、集中力が低下し、成績が落ちるなどがストレスサインです。効果的な対策として、社会的な活動の場で「自分の役割」を持たせて、小さくてもよいので、達成感や成功体験を持たせることが挙げられます。これによって「自分にもできることがある」という自信を取り戻し、生き生きしてくることがあるのです。またこの時期の子どもには、親に心配をかけまいと、一見普段と変わらない子もいます。しかし溜め込んだ感情が何かの拍子に大爆発することもあるので注意しましょう。特に家庭で対応できない場合は、早めに専門家に相談することも大切です（本節ここまでは、内海裕美監修『災害のストレスから子どもの心を守る本』河出書房新社、2011より抜粋・一部改変）。

　子どもたちのストレスに対して大切なポイントがあります。それが「何が起こったのか、正しく理解させる」ことです。子どもは自分が悪い子だったからこのような結果になったと思うのです。自己中心性という専門用語で言われることで、特に幼児期の子どもは世界を自分中心の狭い範囲でしか考えることができず、世界が変わってしまった原因を自分に求める傾向があるのです。地震が起こってしまった理由は、君が悪い子だったからではなくて、科学的に起こるべくして起こってしまったということを、きちんと理解させてあげなければいけません。家族が亡くなった、家が壊れたことを自罰的に捉えさせないことが、子どものストレスに対する大切なポイントです。

　災害後に子どもはよく絵を描きます。津波でやられてしまったグチャグチャな町や、首と体がバラバラになった絵を描いて、「これ、隣のおばちゃん」というように、子どもはガレキや死体の絵なども普通に描きます。または「地震ごっこ」が避難所などで流行ります。例えば、机などに乗って「わあ、地震だ」とガタガタ揺らして倒れたり、バスタオルか何かを引っ張って「津波だ」と叫んだり、そのバスタオルに接触して死んでしまう死体役をする子がいるなどの遊びが流行ります。

　この時に「そんな不謹慎なことをするんじゃありません！」「人の死体なんか絵に描いちゃいけません！」「人が死ぬところを遊びで茶化してはいけません！」と頭ごなしに怒る大人がいます。これは大きな間違いです。子どもは、

こういう遊びをすることによって、何が起きたのかということを再体験して意味付けをしているのです。子どもの「遊び」には世界の全体像・社会の構造を知るための役割もあるのです。地震ごっこをやめてしまうと、逆に再体験をする機会を失い、災害ストレスがかかった状態のままになってしまいます。もちろん避難所ではたくさんの被災者がいるので、みなさんの目の前で遊ぶのはあまりよくないと思えば場所を変えさせなければいけませんが、子どもの「地震ごっこ」自体を一方的にやめさせることは避けてください。

##  災害対応従事者のストレス

　私たちが見過ごしがちなのが、災害対応従事者のストレスです。災害対応従事者も被災者なのです。災害対応をする人たちのストレスに私たちはもっと注目しなければいけません。災害対応従事者のストレスの1つ目は「接死体験」によるストレスです。消防士でも警察官でも自衛官でも医療関係者でも行政職員でも、死体が散乱する中で活動を行うこと、人間の死に関係する業務を行い続けることは大きなストレッサーになります。

　そして活動をする中で、人を助けたいと思って訓練を積んでいるのに、やっていることは遺体処理ばかりだった、自分は一体何のために働いているのだろうという挫折感や自責の念が残ってしまうのです。このようなものを「惨事ストレス」と言います。「大規模な災害や事故現場で悲惨な光景を目撃したり、職責を果たせなかったという思いにさいなまれたりした結果起きる不眠や気分の不良、放心状態などのストレス反応」というのが定義です（自治労『惨事ストレスとメンタルケア─災害支援参加のあなたへ必読書』自治労リーフレット、2011）。

　さらに惨事ストレスを抱えながらも、対応に集中・熱中するわけです。膨大な仕事量が発生します。災害対応従事者の人にインタビューすると、1週間ぐらいは緊張して興奮してほとんど寝られなかったのに体が動いてしまっていたという体験談が多く聞かれます。一種の失見当のような状態です。そして1週

間分の疲労が後になって丸ごとドンと来ます。そのまま倒れて入院したりしばらく活動できなくなったりする人もいます。

 そして、日本の悪いところだと思いますが、ストレスを抱えながらも災害対応をしている人たちを日本の社会は批判したり、叩いたりする傾向があります。「おまえらは何をやっているんだ。税金もらって仕事をしているのに、何もできてないじゃないか！」と非難される。一部には「何をやっているんだ、もっと死ぬ気で働け！」という安直な論旨で読者に迎合しようとする記者もいます。このような「人に認められない」ことへの不満や自己評価の低下が原因となって、離職をしたり一部では自殺をしたりする職員もいると言われています。この事は私たちにとっても何の利益にもなりません。こういう人たちにこそ、長い間ずっと頑張って働いてもらわなければいけないのに、いたずらに必要以上、限界以上のストレスをかけてしまう。これは非常にまずいことなのです。

 そこで今では、災害対応従事者のストレス管理をするためのさまざまな仕組みや知恵が、災害対応現場に導入されはじめています。「これから被災地に支援に向かおうとする災害対応従事者」を例にとると、まず事前にトレーニングを受けます。オリエンテーションや出発式などを行い、被災地の状況についての知識や安全についての知識を得てから現地に行くのです。また支援日数も数日ではなく1週間やそれ以上で計画を立てます。数日間の支援では、かえって引き継ぎ作業などで、現場にとっては邪魔になるのです。そして支援においては、なるべく各自が休憩を取れるローテーションを作ります。支援の目的の1つは「被災地で働く人たちを休ませること」にあるからです。

 1日の活動を行う時も「ONとOFFの切り替えを明確にする」ようになっています。朝礼やスタートミーティングを行い、作業中も交代で休憩を取り、夕礼やフィニッシュミーティングで作業の進捗状況や思ったこと感じたことなどを共有します。また支援が終わって、被災地から引き上げた後も、地元で災害支援参加報告会などを開いて、自分の体験を客観的に他人と共有することでクールダウンします。また保健師などによるストレス状態のチェックも直後だけ

でなく1ヵ月後などにも行います。これが理想型です。現在、いろいろな体制が整ってきて、災害対応をする人たちのストレス管理もだいぶできるようになってきました。今後一層の充実が求められます。

 PTSD（心的外傷後ストレス障害）

PTSDという言葉を聞いたことがあるでしょうか。「災害・戦争・事故・凶悪犯罪・性的虐待・家庭内暴力などによって、生死にかかわるような実際の危険にあったり、死傷の現場を目撃したりするなどの体験によって、大きな衝撃、耐えがたい苦しみ、強い恐怖などを感じ、それが記憶に残りトラウマ（心的外傷）となって心身に変調をきたすこと」です。PTSDは、Post-traumatic Stress Disorderの略で、日本語では心的外傷後ストレス障害と言います（『日本歴史災害事典』吉川弘文館、2012より）。

PTSDは、1980年にアメリカの精神医学会の診断基準によって初めて用いられて、日本では1995年1月の阪神・淡路大震災および同年3月の地下鉄サリン事件によって「こころのケア」という言葉とともに広く注目されるようになりました。つまりPTSDとはちゃんと診断基準がある疾患なのです。PTSDという言葉を「何かの授業で単位を落としたからPTSDになった」「彼女に振られたからPTSDになった」と安直に使うのは間違いです。基本的には生死にかかわるような事象でないとなかなかPTSDにはなりません。

PTSDの主要症状は3つあって、1つ目は再体験です。トラウマ体験が本人の意思とは関係なく、突然繰り返し頭の中に浮かび上がってくるという「フラッシュバック」や、あるいは、その状況が際限なく夢の中に登場する「悪夢」などに代表されます。2つ目は回避や麻痺です。トラウマ体験を思い出すような状況や場面を意識的あるいは無意識に避け続けるというものです。交通事故などでよくあるのですが、交通事故を起こした道を、無意識に外してしまうのです。どう考えてもその道が近道で、そこを通るべきなのに、無意識にその道を避けて遠回りして行ったりします。同乗者から「遠回りしている」と言われ

て、「え？　遠回りしてないよ」などということもあります。また、トラウマ体験に関連した話や状況になると、顔の表情が固まって、こわばって、急に感情が上手くコントロールできなくなることもあります。3つ目は過覚醒です。常に神経が張り詰めて緊張して、どんなに小さな物音や人の動きにも過剰に反応する。そのせいで仕事や勉強にもほとんど集中できないという状況です。このような特殊な3つの症状が「1ヵ月以上」続いている時に、PTSDと診断されたりします。この場合は、医師による専門的な治療が必要になります。

## 9　ストレスを抱えた人に対する精神的支援（ストレス軽減支援）のあり方

　ストレスを抱えた人に対して、私たちはどのような支援やケアをしていけばよいのでしょうか。もちろん、困った時にはすぐ専門家ということがポイントです。避難所などに専門家が巡回しているので相談すればよいと思います。ただ、自分でも何かしてあげたいという気持ちがある時には、専門的な心のケアの技術を知る必要まではないと思いますが、ストレスを抱えた人を支援するための姿勢・考え方は知っておく必要があると思います。そこでこれまでの被災者の方へのインタビューの経験なども踏まえて、5つほどヒントとして参考にしてもらいたいことを述べます。

　1つ目は、精神的な支援をする時には、「自分に求められている」役割を把握した上でコミュニケーションをとることが重要です。例を挙げると、「相談されたからといって、必ずしも即座に答えを求められているわけではない」場合があるということです。みなさんの中でもこのような経験をしたことはありませんか。相談をされた時に、こちらは一生懸命「それはよくないと思う」「こうした方がいい」などと相手の話が終わらないうちにアドバイスをしたところ、不満な顔をされたり、「そんなことはわかっている」と不機嫌に言われたりしたという経験です。実は、相談する人は「相談に乗ってほしい」「どうしたらよいと思う？」という聞き方こそしますが、すぐに何か答えを求めているわけではなくて、まずは自分の今の気持ちを聞いてほしい、理解してほし

い、共感してほしいという目的でコミュニケーションを取っている場合も多いのです。相手の話が終わって一息つく前に「それは間違っている」「これをすべきだと思う」と矢継ぎ早に（あえていうなら「いい気になって」）アドバイスをすることは、相手の求めているあなたの役割とはズレているのです。まずは「自分が何を求められているのか」を客観的に把握しながらコミュニケーションを取ることは、（面倒かもしれませんが）精神的支援の重要なポイントです。

2つ目は、傾聴（けいちょう）という姿勢です。傾聴とは専門用語で、相手の言うことに真剣に耳を傾けて聞き、感情の表出をできるだけ妨げないという姿勢です。まるで自分が優位に立ったかのように振る舞うのではなく、人間対人間の対等な立場を保持することが必要です。またこちらが意図的にしっかり相手を受け止めようという姿勢でいるようにして、戸惑ったり挙動不審になったりすることで相手に「気遣い」「遠慮」を出させないことも重要です。

3つ目は、相手のストレスの背後にあるストレッサーを理解しようと心がけることです。相手のことを受け止めたくなくて話を切り上げたい時に、「大丈夫、大丈夫」「心配ないから」という言葉だけを繰り返すことがあります。もちろんこの言葉ばかりを繰り返す人には、誰も相談しなくなります。ストレッサーがあって、ストレスを抱えているから相談しているのです。「この人のストレッサーは何だろうか」と思って聞くだけでも、その人を客観的に深く理解したいという態度につながり、自然と傾聴の姿勢を取るようになります。

4つ目は、相手に巻き込まれないということです。自分の役割・責任を客観的な視点から常に認識しましょう。相手の気持ちに共感はするが、可哀想に思って一緒に泣いたりして同情することは得策ではないということです。もちろんそのように相手を受け入れるやり方もありますが、これだとその場限りの感情を共有しただけで終わってしまうことも多々あります。しかも可哀想だという同情の気持ちは「持っている者が持たざる者に抱く感情」で上下関係が生まれる感情なので、同情される方は敏感に感じ取って、必ずしもよい気持ちになっているとは限りません。冷たいと思う人も中にはいるかもしれませんが、少し離れた状態で見てあげないと、きちんと支援してあげることはできません。

相手と同じ側に立って寄り添っていても、支えてあげることはできずに、自分も一緒に倒れてしまいます。支えたいと思うならば、相手から少し離れた立場で、きちんと支えて受け止めてあげる態勢をとることです。

　5つ目は、知識の不足や誤解のために生じる問題については適切に情報提供をすることです。「このような情報がある」「それは誤解だ」と伝えると、「そんなわけはない」と相手の感情を害する、逆ギレされることもあります。しかし知識不足・誤解による判断・行動は、その人にとって必ず不利益につながります。「今この場で嫌われてもいいから、正しい情報を持ってもらうことが重要である」という毅然とした態度で情報を伝える、修正するという態度も必要です。この時に大切なのが「情報提供に留めて説得はしない」ということです。ストレスが高く不安にかられている人を説得しようとすると、「自分の考えや態度を強制的に変えられる」という恐れから拒絶されることがしばしばあります。目的は説得することではなくて、相手が持っている間違った情報を修正して新しい情報を提供することなので、配慮が必要です。

　これらのことは、すべて理解して実践しろと言っているのではなく、あくまでも精神的支援のヒントにしてほしいということです。最後に「3段階の心のケアレベル」という話をします（図9-6）。「一般の被災者」は、気持ちを理解

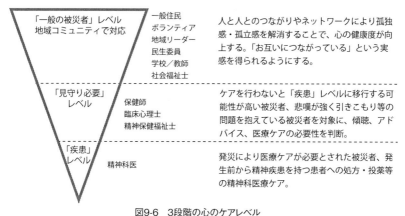

図9-6　3段階の心のケアレベル
（内閣府『被災者のこころのケア都道府県対応ガイドライン』2012より一部改変）

してあげようとコミュニケーションを取るだけで孤独感が薄れて、これだけでも十分な心のケアになります。「見守りが必要」なレベルになると、コミュニケーションや生活に支障が出てきます。こうなると専門家の出番です。避難所などを巡回している保健師・臨床心理士・精神保健福祉士などの専門家に相談することが大切です。そして彼らの心のケアの中で「これは疾患として医療ケアが必要」という時には、精神科医へ繋いで投薬等の医療行為が行われます。このように3段階で心のケアを考えていこうというのが、今の日本の考え方です。

　ここまでが第9章です。次はいよいよ最終章。災害の知恵・教訓をどのように未来に受け継いでいくのかという防災教育について考えたいと思います。

**第9章の確認事項**
1．ストレスやストレッサーとはどのようなものか、災害時のストレスの具体例を挙げながら2つの概念を説明しなさい
2．幼児期・児童期・思春期のストレスサインと対応方法について具体例を挙げながら説明しなさい
3．災害対応従事者のストレスの特徴と解決策について、惨事ストレスの説明や具体的なストレス管理の理想型も併せて説明しなさい
4．トラウマやPTSDとはどのようなものか、災害時のトラウマやPTSDの主要3症状を挙げながら説明しなさい
5．ストレスを抱えた人に対する精神的支援のあり方について、本書で述べられている5つのヒントを挙げながら説明しなさい

# Chapter 10

## 「過去の災害を未来の防災へ」生かそう
―― 防災教育の最前線

**本章の学習目標**

1. 学校における防災教育の現状と課題について、説明することができる
2. 防災リテラシーの現状と課題について、説明することができる
3. 防災教育・訓練を推進するための方策を、説明することができる
4. 防災教育の3つの学習目標について、子どもの「生きる力」の育成の観点から説明することができる
5. 防災に関する子どもたちの4段階の学習過程について、説明することができる

**keywords**

防災教育、防災リテラシー、防災教育チャレンジプラン、防災教育の3つの学習目標、学校防災のための参考資料「生きる力」を育む防災教育の展開、防災教育・訓練教材、わがこと意識、防災に関する子どもたちの4段階の学習過程、被災体験談、ワークシート、学習プログラム・指導案

 **防災教育と防災リテラシーの現状**

いよいよ最後になりました。最後は防災教育です。これまでの過去の災害の知見・教訓を、いかに未来の防災・減災へ生かすかについて述べていきたいと思います。

防災教育（education for disaster management）とは、「災害を発生させないために被害の抑止・防止に向けて取り組んだり、発災時には迅速・的確な対応によって被害を最小限に軽減したりすることを目的とした教育」です。第1章とも関係しますが、学校では、地震・津波・噴火・風水害などの自然災害の他

に、事故や犯罪なども人的災害として、広義の防災教育を実施しているところがあります。不審者への対応などは発生確率の高いリスクになるために、学校で防災教育の一環として取り上げられているのです。

　実は「防災教育」という言葉自体は、教育課程（カリキュラム）を編成する際の基準である「学習指導要領」には正式に入っていません（2014年6月現在）。小学校5年生の社会科や中学校の地理に「災害」「防災」という単語が少しは出てきますが、現在は、各学校の判断によって、総合的な学習の時間や安全教育の一環として取り上げられているのが現状です。これでは子どもたちの「災害時の生きる力」を育むことができないということで、2014年5月20日、文部科学省中央教育審議会のスポーツ・青少年分科会学校安全部会で、「防災教育」を学習指導要領に盛り込んだり、各教科に分散している防災のコンテンツを集約したり、一定の授業時間を確保するような教科化も視野に入れたりしようという議論が始まっています。

　このように話をしていくと「防災教育とは子どもたちだけを対象としたものなのか」という質問もあるかと思います。本章では議論が散漫にならないように、子どもを対象とした防災教育について主に取り上げていきますが、もちろん大人に対する防災教育・防災研修も必要です。この時に「防災リテラシー(disaster management literacy)」という言葉を使うことがあります。リテラシーとは、読み書きの能力という意味で、転じてある分野に関する知識や能力を指します。例えば「識字率(リテラシーレート)」は、ある国において母国語で日常生活の読み書きができる人の割合を表しますし、「コンピュータ・リテラシー」は、コンピュータの基本的な使い方ができる能力のことを表します。つまり「防災リテラシー」は、防災や災害対応に関する能力を表します。近年「防災リテラシー」という単語は、日本でも多く使われるようになってきました。インターネットなどでもこの言葉で多数のホームページがヒットします。しかし「防災リテラシー」の定義はまだあいまいで、「防災の知識」「防災力」「災害に備える力」などといった同じくらい抽象的な単語で言い換えられたり、ある特定の防災事象について取り上げられたりしているだけで、「防災リテラシー」の全体構

造を明らかにするような、体系化を目指すような試みは多くありません。

　総務省消防庁は「e カレッジ」という防災・危機管理に関するインターネット上で学べるサイトを開設していて、映像ファイルなどで学習することができます（http://open.fdma.go.jp/e-college/index.html）。非常に充実したコンテンツなので参照してみてください。ただし、ここでは消防団員や消防職員向けの内容に重点が置かれていたり、与えられたコンテンツを視聴することが主で、そのサイトに新しい防災の知恵を追加したり共有したりすることは、まだ自由にできないのが現状です。また、第 3 章でも述べた ShakeOut（http://www.shakeout.jp/）は、一斉防災訓練として災害直後の身を守る能力を養うものですが、その後の災害対応について ShakeOut としては決まった訓練プログラムは用意されていません。

　一般市民・災害対応従事者にとって、防災リテラシーとは何でしょうか。ある個別具体的な活動や業務（例えば、消火、安否確認、救助・救出、避難所への避難、避難所開設・運営、物資分配、炊き出し、要援護者見守り、り災証明書発行など）を各論として学ぶだけでよいのか。一体、何をどう学べば災害という現象を乗り越えるための総合的な「防災リテラシー」が身につくのか。防災教育や防災リテラシーには未完成・未解明のところが多く残っています。若い学問のため、まだまだ「防災学」として体系化・理論化されていないのです。これは一朝一夕に解決するものではないですが、これまでの多様な分野におけるさまざまな人々の「防災の知」を結集することが現状の課題となっています。

##  防災教育チャレンジプラン

　このような現状に対して、個別の防災教育を支援する動きもあります。例えば、内閣府などのサポートのもとで 2004 年からはじまった「防災教育チャレンジプラン」です。防災教育の新しい試み・アイディアによる活動に、資金・専門家の知見・人材交流の場などを提供しています。これまでに学校や地域など約 200 団体を支援してきました。私もこのメンバーになっています。

「21世紀の災害に立ち向かうのは、今の子どもたちです。災害に見舞われた時、自分自身を守りお互いに助け合っていける力を今から育む防災教育が、この国の将来にとって不可欠なのです」という考え方に賛同する学校・地域などが、防災教育の実践を行う際に手を挙げて（防災教育チャレンジプランに応募して）もらっています（防災教育チャレンジプランホームページ http://www.bosai-study.net/top.html）。例えば「防災教育の素材で探す！」というページを見てみると、いろいろな防災の素材やゲームの内容を知ることができます。下記のような全部で6つのカテゴリーがあり、内容も多岐にわたっています。みなさんの興味をひく内容も必ずあるかと思います（2014年6月時点のものです）。

①遊び・楽しみながらの防災
　　防災かるた、わらべ唄・音楽、クイズ形式ポイントラリー、紙芝居、劇・寸劇、防災クッキング、防災ゲーム、防災新聞作り、ペーパークラフトの制作
②災害を想定した訓練
　　避難訓練・防災訓練、煙体験、炊き出し、応急担架、応急手当、救命救助、消火訓練、非常食づくり・体験、避難所体験、防災グッズ、児童引き渡し訓練、自宅の安全チェック、非常時のグッズづくり、少年ボランティア活動、情報伝達
③災害に強い地域を作る
　　防災マップ、図上演習（DIG）、地震調査隊の結成、役場訪問、地域の方への調査、学習成果の発表、義援金集め・励ましの手紙、未来予想図～災害復興会議、情報ネットワーク
④災害を疑似体験する
　　防災オリエンテーリング、TOUKAIハウスの作成、起震車、実験、防災館での体験、津波被害立地地図製作、津波到達時間シミュレーション、植生回復学習、フィールドワーク
⑤防災に役立つ資料づくり
　　避難場所の標識づくり、暮しの安全読本づくり、海抜プレート作成、災害医療テキストブックの作成、震災記録集、防災教育実践事例集、地震・津波に関する資料、防災マップハンドブック作成、防災カレンダーづくり、幼稚園・保育園のためのハンドブック、防災マップツール
⑥防災に関する知識を深める
　　講話、ポストイットトーク、ビデオ等の視聴、イメージマップづくり、文集を読む、被災者に体験談を聞く、郷土館、教員向け研修、修学旅行、展示、意識調査、ミニ防災プランを立てる、グループ毎の調べ学習、分科会・ワークショップ

例えば、②災害を想定した訓練における「避難訓練・防災訓練」には、東京都葛飾区、愛知県西尾市、北海道や宮城県など、いろいろなところで行っている避難訓練、防災訓練の事例があります。また、そのプランの概要や具体的な内容を見ることができます。このように「防災教育チャレンジプラン」のホームページに入ってもらうと、これまでに行われてきた防災教育の現状や素材を見ることができますので、興味があれば一度見てみてください。

## 3　釜石東中学校「East レスキュー」

　第1章で紹介した岩手県釜石市立釜石東中学校も、防災教育チャレンジプランの実践団体でした。2010年度「EAST-レスキュー」というプランで活動しました。Eastは、East：東中生（釜石東中学校の生徒）、Assist：手助け、Study：学習する、Tsunami：津波の頭文字をとったものです。生徒会・委員会活動として、全校生徒を縦割り10グループに編成しました。「津波が来ても、避難して死者ゼロを目指す！！」という決意のもとに、(1)自分の命を自分で守る……避難することの大切さ・避難してよかったね、(2)助けられる人から助ける人へ……災害弱者への支援、(3)防災文化の継承……保護者地域への発信という3つの目的を作りました。

　そして、〈第1弾〉小中合同避難訓練（弱者への支援、地域・行政との連携）、〈第2弾〉宮古工業高校との連携「津波の浸水模型を使った」出前授業から学ぶ、〈第3弾〉「安否札1,000枚大作戦！！」、〈第4弾〉「防災ボランティースト」（全校生徒が10コースに分かれ、体験学習）、〈第5弾〉目指せ！EASTレスキュー隊員1級（地域の一員として活動できる生徒）という内容を打ち立てたのです。この第4弾の「防災ボランティースト」では、①防災マップづくり、②救急搬送、③応急処置、④水上救助、⑤炊き出し、⑥防火練習、⑦両石地区フィールドワーク、⑧片岸地区フィールドワーク、⑨風水害、⑩海難救助という10の体験学習を設けて、これら第1弾から第4弾までの参加度などに応じてEASTレスキュー隊員1級・2級を認定するという試みをしたのです。詳し

く知りたい方は、防災教育チャレンジプランのホームページをご覧ください。

　この試みを2011年2月26日の最終報告会で発表し、防災教育優秀賞を受賞しました。そしてその約2週間後、東日本大震災が発生したのです。そこでどのような対応をされたのかは第1章で述べた通りです。また地域に配布した安否札が実際に使われて、玄関に張り出された安否札を見て家の中に入らず避難して無事だった人もいました。そしてこの釜石東中学校は2011年度にも再び防災教育チャレンジプランの実践団体になりました。「元気になり隊！（助けられる人）」「元気を届け隊！（助ける人）」「防災（復興）ボランティースト（体験的学習）」「感謝の気持ちを形にして表す（宿泊研修、文化祭、第九コンサート等）」などの実践をしました。防災教育チャレンジプランでは「復興教育特別大賞」という賞を創設して、これまでの試みに敬意を表しました。

　防災教育・防災研修のポイントは「良いものや面白いものは、敬意を払ってどんどん模倣しよう」です。学校の先生にしても地域住民にしても、防災を総合的に理解している人、大学などで防災を専攻した人、何度も被災経験をした人は大変少ないと思います。そのため、何をやったらよいのか、どのようにやったらよいのかという、内容（コンテンツ）も手法（メソッドやノウハウ）もよくわからないのです。もしくは何かをやろうとすると、ゼロの状態から作り上げなければならないのです。防災では横のつながりが大切です。自分たちの学校・地域・組織ではわからないことは、他の学校・地域・組織から学べばよいのです。例えば防災教育チャレンジプランでは、さまざまな組織が集う場・つながる場も提供しています。日本全体で（もちろん世界も視野に入れて）学びあい盛り上がっていくことが防災力向上には必要なのです。

　ここでは防災教育チャレンジプランを中心に説明しましたが、このような試みはさまざまなところで行われています。消防庁などを中心とした「防災まちづくり大賞」、兵庫県や毎日新聞社などを中心とした「1.17防災未来賞　ぼうさい甲子園」、日本損害保険協会などを中心とした「小学生のぼうさい探検隊マップコンクール」、文部科学省などを中心とした「復興教育支援事業」などです。それぞれの試みについて、ホームページなどで実践内容を見ることがで

きますので、興味があったら見てください。私たちが知らないだけで、全国には素晴らしい防災の取り組みをしている先達がたくさんいるのです。

##  小中高等学校の防災教育・訓練プログラム

図 10-1 は、小中高等学校で行われている防災教育・訓練プログラムを、私が概念的に整理してその関係性をまとめたものです。各プログラムについて、大きな意味で「学内を対象に行うものか」「学外（地域・フィールドワーク等）を対象に行うものか」という軸と、大きな意味での「正課活動（正規の教育課程）で行うものか」「課外活動（正課外のいわゆる「イベント」）で行うものか」という軸で分けたものです。

防災について先進的に取り組んでいるところでは、それぞれの軸によって分けられた4象限のプログラムを上手に関連づけながら防災教育・訓練を推進していることがわかりました。まずは図の左上にある学内・正課活動の象限に

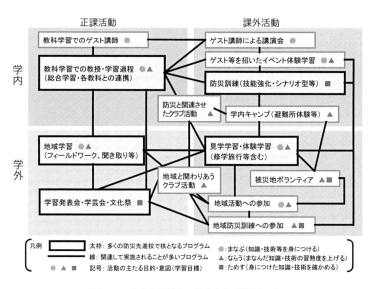

図10-1 小中高等学校の防災教育・訓練プログラム

おける「教科学習での教授・学習過程」を基礎にしながら、図の左下にある学外・正課活動の「地域学習」や、図の右下にある学外・課外活動の「見学学習・体験学習」へと展開していました。さらにその成果を、図の右上にある学内・課外活動の「防災訓練」に反映させていました。そして「防災訓練」での気づきを契機にしながら学内防災力向上にとどまらず、「学習発表会・学芸会・文化祭」などを通してその成果を地域へ発信し、最終的には地域防災力の向上にまで寄与していくというモデルです。

　防災に関する学習のスタイルはわかったのですが、それではそもそもどのような学習目標を立てればよいのでしょうか。文部科学省が2013年3月に「学校防災のための参考資料『生きる力』を育む防災教育の展開」という報告書を出しました。インターネットからも読むことができます。「防災教育で目指している『災害に適切に対応する能力の基礎を培う』ということは、『生きる力』を育むことと密接に関連している。学校における防災教育は災害安全に関する教育と同義であり、減災についての教育の意味も含まれ、安全教育の一環として行われるものである」と防災教育を位置づけて、幼稚園、小学校、中学校、高等学校、特別支援学校における防災目標・年間計画例・具体的な授業プラン（指導案）が掲載されています。

　これによると、発達の段階に応じた防災教育が必要で、すべての発達段階について、(1) 知識、思考・判断（自然災害等の現状、原因及び減災等について理解を深め、現在及び将来に直面する災害に対して、的確な思考・判断に基づく適切な意志決定や行動選択ができる）、(2) 危険予測、主体的な行動（地震、台風の発生等に伴う危険を理解・予測し、自らの安全を確保するための行動ができるようにする）、(3) 社会貢献、支援者の基盤（自他の生命を尊重し、安全で安心な社会づくりの重要性を認識して、学校、家庭及び地域社会の安全活動に進んで参加・協力し、貢献できる）の3つの学習目標が必要だと言われています（図10-2）。

　例えば小学校段階では、(1) 知識、思考・判断として、①地域で起こりやすい災害や地域における過去の災害について理解し、安全な行動をとるための判断に生かすことができる、②被害を軽減したり、災害後に役立つものについて

## 発達の段階に応じた防災教育

ア 自然災害等の現状、原因及び減災等について理解を深め、現在及び将来に直面する災害に対して、的確な思考・判断に基づく適切な意志決定や行動選択ができる。(知識、思考・判断)
イ 地震、台風の発生等に伴う危険を理解・予測し、自らの安全を確保するための行動ができるようにするとともに、日常的な備えができる。(危険予測、主体的な行動)
ウ 自他の生命を尊重し、安全で安心な社会づくりの重要性を認識して、学校、家庭及び地域社会の安全活動に進んで参加・協力し、貢献できる。(社会貢献、支援者の基盤)

### 高等学校段階における防災教育の目標
安全で安心な社会づくりへの参画を意識し、地域の防災活動や災害時の支援活動において、適切な役割を自ら判断し行動できる生徒

**ア 知識、思考・判断**
・世界や日本の主な災害の歴史や原因を理解するとともに、災害時に必要な物資や支援について考え、日常生活や災害時に適切な行動をとるための判断に生かすことができる。

**イ 危険予測・主体的な行動**
・日常生活において発生する可能性のある様々な危険を予測し、回避するとともに災害時には地域や社会全体の安全について考え行動することができる。

**ウ 社会貢献、支援者の基盤**
・事前の備えや災害時の支援について考え、積極的に地域防災や災害時の支援活動に取り組む。

### 中学校段階における防災教育の目標
日常の備えや的確な判断のもと主体的に行動するとともに、地域の防災活動や災害時の助け合いの大切さを理解し、すすんで活動できる生徒

**ア 知識、思考・判断**
・災害発生のメカニズムの基礎や諸地域の災害例から危険を理解するとともに、備えの必要性や情報の活用について考え、安全な行動をとるための判断に生かすことができる。

**イ 危険予測・主体的な行動**
・日常生活において知識を基に正しく判断し、主体的に安全な行動をとることができる。
・被害の軽減、災害後の生活を考え備えることができる。
・災害時には危険を予測し、率先して避難行動をとることができる。

**ウ 社会貢献、支援者の基盤**
・地域の防災や災害時の助け合いの重要性を理解し、主体的に活動に参加する。

### 小学校段階における防災教育の目標
日常生活の様々な場面で発生する災害の危険を理解し、安全な行動ができるようにするとともに、他の人々の安全にも気配りできる児童

**ア 知識、思考・判断**
・地域で起こりやすい災害や地域における過去の災害について理解し、安全な行動をとるための判断に生かすことができる。
・被害を軽減したり、災害後に役立つものについて理解する。

**イ 危険予測・主体的な行動**
・災害時における危険を認識し日常的な訓練等を生かして、自らの安全を確保することができる

**ウ 社会貢献、支援者の基盤**
・自他の生命を尊重し、災害時及び発生後に、他の人や集団、地域の安全に役立つことができる。

### 幼稚園段階における防災教育の目標
安全に生活し、緊急時に教職員や保護者の指示に従い、落ち着いて素早く行動できる幼児

**ア 知識、思考・判断**
・教師の話や指示を注意して聞き理解する。
・日常の園生活や災害発生時の安全な行動の仕方が分かる。
・きまりの大切さが分かる。

**イ 危険予測・主体的な行動**
・安全・危険な場や危険を回避する行動の仕方が分かり、素早く安全に行動する。
・危険な状況を見付けた時、身近な大人にすぐ知らせる。

**ウ 社会貢献、支援者の基盤**
・高齢者や地域の人と関わり、自分のできることをする。
・友達と協力して活動に取り組む。

障害のある児童生徒等については、上記のほか、障害の状態、発達の段階、特性及び地域の実態等に応じて、危険な場所や状況を予測・回避したり、必要な場合には援助を求めることができるようにする。

図10-2 発達の段階に応じた防災教育の目標

(文部科学省「学校防災のための参考資料「生きる力」を育む防災教育の展開」2013)

理解する、(2) 危険予測・主体的な行動として、災害時における危険を認識し日常的な訓練等を生かして、自らの安全を確保することができる、(3) 社会貢献、支援者の基盤として、自他の生命を尊重し、災害時及び発生後に、他の人や集団、地域の安全に役立つことができる、ことを学習目標として挙げています。つまり小学生の子どもたちの発達段階を反映した良い授業プランにするためには、これらの学習目標を参考にしながら、授業プランを作成したり、他の授業プランを取り入れたりアレンジしたりすることが効果的だと言うことです。

またこの報告書では、授業プランとして、幼稚園では6個、小学校では17個、中学校では10個、高等学校では7個、特別支援学校では12個の授業プランが掲載されています。例えば小学校では、①安全なくらしとまちづくり（社会科）、②洪水の危険について知ろう（理科）、③もっとまちをしりたいね（生活科）、④けがを防いで簡単な手当ができるようになろう（体育科）、⑤わたしにできること（道徳）、⑥オリジナル防災マップをつくろう（総合的な学習の時間）、⑦わたしたちの地域の自然災害（総合的な学習の時間）、⑧わたしたちのくらしと火山（総合的な学習の時間）、⑨火事になったら（特別活動・学級活動）、⑩地しんが起こったらどうするの（特別活動・学級活動）、⑪休み時間に大地震おきたら（特別活動・学級活動）、⑫どうする？　大雨だ、強風だ、かみなりだ（特別活動・学級活動）、⑬いざという時の備えは（特別活動・学級活動）、⑭町の中でぐらっときたら（特別活動・学級活動）、⑮火災を想定した避難訓練（特別活動・学校行事）、⑯地震を想定した避難訓練（緊急地震速報）（特別活動・学校行事）、⑰津波を想定した避難訓練（特別活動・学校行事）です。概要が書いてあるだけで、アレンジが必要なものも多いですがぜひ参考にしてください。この他、各自治体、各自治体の教育委員会が独自に作成している授業プランもあります。多くがインターネットにも掲載されているために、「防災　教育　指導　資料」などでインターネット検索をかけてみてください。

## 防災教育・訓練に関する教材

　全国的に使用されているような、防災教育・訓練に関するプログラム・教材も増えています。まずは、幼児向けの防災教育用カードゲームである「ぼうさいダック」です。日本損害保険協会が提供しています。「ぼうさいダック」は、安全・安心の「最初の第一歩（ファースト・ムーヴ）」を、子どもたちが、実際に身体を動かし、声を出して遊びながら学んでもらうためのカードゲームです。カードには、防災や日常の危険から身を守ることを学ぶものだけではなく、挨拶やマナーといった日常の習慣について学べるものも含まれています。子どもたちが、楽しみながら繰り返しゲームをするうちに安全・安心への「最初の第一歩」が自然と身につくように作られています（図10-3）（日本損害保険協会ホームページより）。解説DVDなどもあるために、指導者も簡単に指導方法を学ぶことができます。

　次が、中学生・高校生以上を対象とした災害対応カードゲームである「クロスロード（CROSSROAD）」です。「クロスロード」とは、「岐路」、「分かれ道」のことです。災害対応は、ジレンマを伴う重大な決断の連続です。「人数分用意

（表面）

（裏面）

- カードの表面は災害の絵。（左記の絵は地震を示す）
- カードの裏面は災害に備えてポーズをとる動物の絵（左記の絵は地震が起きたら、身体を丸めて頭を守る「ダック」のポーズ）
- カードは全部で12種類。表面の災害の絵を示しながら裏面に描かれている正しいポーズを学んでもらう。

図10-3　「ぼうさいダック」（日本損害保険協会ホームページより）
（http://www.sonpo.or.jp/archive/publish/education/0008.html）

できない緊急食料をそれでも配るか」、「学校教育の早期再開を犠牲にしても学校用地に仮設住宅を建てるか」、「事後に面倒が発生するかもしれないが、ガレキ処理を急ぐため分別せずに収集するか」などです。「クロスロード（神戸編・一般編）」の素材は、1995年阪神・淡路大震災の際、神戸市職員が実際に迫られた難しい判断状況を基に作成されています。さらに、「事前の耐震工事を優先するのか、事後の住宅再建補助を充実させるのか」や「ボランティアに行くか、義援金を送るか」といった一般市民向けにも活用できる課題も盛り込まれています。トランプ大のカードを利用した手軽なグループゲームながら、参加者は、災害対応を自らの問題としてアクティヴに考えることができ、かつ、自分とは異なる意見・価値観の存在への気づきも得られます。自治体の異なる部署に勤める方々、あるいは、自治体職員と地域住民とが一緒にゲームに参加すれば、地域の防災問題に関して、事前に合意を形成しておく一助ともなるでしょう（クロスロードホームページ：京都大学生活協同組合ホームページ内より一部改

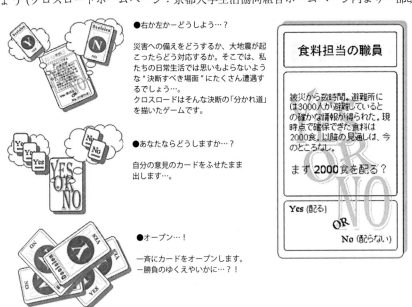

図10-4　クロスロード
（クロスロードホームページ：京都大学生活協同組合ホームページ内 http://www.s-coop.net/rune/bousai/crossroad.html より一部改変）

変)。商品の他に書籍も販売されているために参考にしてみてください。

　また、災害図上訓練DIG（ディグ）というものもあります。DIGは、災害（Disaster）のD、想像力（Imagination）のI、ゲーム（Game）のGの頭文字を取って名付けられた、誰でも企画・運営できる、簡単な災害図上訓練ノウハウの名前です。digは「掘る」という意味の英語の動詞ですが、転じて「探求する」「理解する」といった意味もあり、このことから、「防災意識を掘り起こす」「まちを探求する」「災害を理解する」という意味も込められています。市民向けプロ向けを問わず、DIGでは参加者は大きな地図を囲み、全員が書き込みを加えながら、ワイワイと楽しく議論をしていきます。その過程で、被害の様相をより具体的なものとして描き出し、その地域の災害に対する強さ弱さを明らかにし、地域防災力の可能性と限界も考えながら、災害に強いコミュニティづくりの方向性を明らかにすることを目的としたものです。インターネットで「DIGとは」などと検索すると、自治体が作成した指導者の手引きを多数見つけることができますので参考にしてください（岐阜県『災害図上訓練DIG（Disaster Imagination Game）指導者の手引き』2012より）。

　最後は、避難所運営ゲームHUG（ハグ）です。HUGは、避難所（Hinanzyo）のH、運営（Unei）のU、ゲーム（Game）のGの頭文字を取ったもので、英語で「抱きしめる」という意味です。避難者を優しく受け入れる避難所のイメージと重ね合わせて名付けています。避難所HUGは、避難所運営を皆で考えるための1つのアプローチとして静岡県が開発したものです。避難者の年齢や性別、国籍やそれぞれが抱える事情が書かれたカードを、避難所の体育館や教室に見立てた平面図にどれだけ適切に配置できるか、また避難所で起こるさまざまな出来事にどう対応していくかを模擬体験するゲームです。プレイヤーは、このゲームを通して災害時要援護者への配慮をしながら部屋割りを考え、また炊き出し場や仮設トイレの配置などの生活空間の確保、視察や取材対応といった出来事に対して、思いのままに意見を出しあったり、話しあったりしながらゲーム感覚で避難所の運営を学ぶことができます。静岡県の授産所製品として製造・販売しています（静岡県ホームページより）。

これ以外にもさまざまな防災教育・訓練教材が開発されています。興味のある方は、ぜひ調べてみてください。

## ⑥ 過去の災害教訓をどのように防災教育に生かすか

最後に、過去の災害教訓をどのように防災教育に生かすかについて事例を紹介します。第1章で取り上げたように、「わがこと意識」には、現実性・地域性・人間性の3つが強く影響しています。特に、現実に地域で発生した災害についての人間のストーリーが「わがこと意識」を養うためには効果的です。これは子どもにとっても大人にとってもあてはまります。小学校の図書館で「伝記コーナー」が大きく設けられていたり、NHK「プロジェクトX」など、人間が問題・困難にいかにして挑み・乗り越えていくのかという物語は、人々の心を揺さぶり感情移入させやすく、自分たちに身近なこととして自分たちに引きつけて考える「わがこと意識」を高めるためには最適な教材なのです。

防災に関する子どもたちの学習の特徴として、図10-5にあるような「無関心→気づき→正しい理解→災害時の的確な判断と行動」という4段階による学習過程を考えることができます。この中で、特に子どもの学習にとって肝要なのが「気づき」の段階です。指導者の立場で言うと、いわゆる「つかみ」であり、子どもたちが「対象に対して興味・関心、好奇心、不思議さ、疑問が湧き上がる」という気づきの部分を誘発することが学習の前提条件になるのです。子どもが気づきを持ったことを指導者側が把握することによって初めて指導計画が展開し、子どもたちの気づきを受けて提供された時に教材や資料が初めて有効になります。子どもにとって気づきを誘発しやすい事象として、いわゆる伝記に代表さ

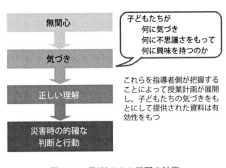

図10-5 子どもたちの学習の特徴

れるような「1 人の人間が、時間経過に伴ってどのようなことを考えて行動し、どう変化していくか」という人間に焦点をあてた物語が挙げられます。そのため、子どもの気づきを誘発するための教材として、時間経過に伴う被災者の実際の被災体験を材料として、その後に、自然現象の原理・法則についての解説などを行うことが効果的なのです。

##  1945 年三河地震の被災体験談

　そこで私が愛知県で行ってきた活動を紹介します。日本が戦争をしていて敗戦濃厚となった 1945 年（昭和 20 年）1 月 13 日午前 3 時 38 分に、愛知県東部の三河地方で「三河地震」という内陸型地震が発生しました。死者 2,306 人という大被害であったのですが、「地震で被害があったことを報道すると、国民の戦意喪失につながり、海外にも軍需重要産業地域である愛知県の工場に被害があったことがバレてしまう」という理由で、具体的な被害などは報道されませんでした。そして戦後の混乱期、高度経済成長の中で、この地震のことは人々から忘れ去られてしまいました。そのため三河地震は、戦争に隠された地震、戦争から葬り去られた地震と言われています。三河地震、またはこの 37 日前に発生した東南海地震の実態について知りたい方は、拙著『戦争に隠された「震度 7」—1944 年東南海地震・1945 三河地震』（吉川弘文館）をご覧ください。

　小学生に対する防災教育教材を作成するにあたって、対象とする児童（今回は小学校高学年）の防災教育教材に適切な体験談を選ぶ必要がありました。そこで震災当時に対象者とほぼ同じ年齢であった、沓名美代さん（当時 11 歳）、鈴木敏枝さん（当時 15 歳）の姉妹の被災体験を取り上げました。以下に要約します（図 10-6）。

　鈴木敏枝さんは昭和 4 年、沓名美代さんは昭和 8 年生まれの姉妹。地震発生当時は 15 歳と 11 歳。愛知県碧海郡明治村和泉集落（現在の愛知県安城市和泉町）に住んでいました。

　三河地震の 37 日前、1944 年 12 月 7 日に東南海地震が発生しました。地震

が発生した午後 1 時すぎ、妹の沓名美代さんは尋常小学校の 6 年生でお宮参りをしていました。地面の揺れが大きかったので男子生徒があわてて神社の灯ろうにしがみついたところ、灯ろうが揺れはじめたので、先生があわてて「灯ろうから離れろ！」と叫びました (1)。一方、姉の鈴木敏枝さんは農家である家の仕事を手伝っていて麦畑の中にいました。中腰になりふらふらになりながら家までたどり着いたところ、寝泊まりをする本宅（母屋）が傾いてしまっていたために、父親が「こんな傾いた家で寝泊まりするわけにはいかない」と、本宅の横にあって、普段は寝泊まりをしない横屋の座敷に移って生活することになりました。

1945 年 1 月 13 日の三河地震は深夜 3 時 30 分過ぎの地震でした。本宅は全壊しましたが寝泊まりをしていた座敷は無事で、家族は助かりました。小学生だった美代さんは逃げ込んだわら小屋の中で毛布をかぶって震えているしかありませんでした。外へ出た時の壁土のほこりとにおい、生き埋めになった人の「助けて、助けて」という泣き声は、今でも鮮明に覚えています (2)。助けに

図10-6　1945三河地震の被災体験談（絵：藤田哲也）

いきたくても、自分の家がそれどころではなく、ガレキの山で道路がふさがれてしまい、助けに行きようがありませんでした。突然、隣のおばさんが「火事だ」と叫んだため姉の敏枝さんがバケツを持って駆けつけたところ、仏壇が月明かりに照らされて光っているだけで事なきを得ました(3)。

　周囲の家はほとんど全壊でした。毎日、寒空の下、素手素足で着のみ着のままで、朝から夜まで片づけをしました。親戚なども同時に被災したため、片づけを誰かに手伝ってもらったり、物資をもらったりしたことはありませんでした(4)。周囲で1軒だけ倒れていない家がありました。そこは大工の腕が悪く、家が自立しないために筋交(すじか)いを入れていた家だったのですが、地震の時には倒れなかったのです。木は全部燃料として燃やし、瓦は地割れの中に捨てました(5)。和泉集落では八十数名が亡くなりましたが、火葬場の煙突が壊れ、また、あまりに多くの人が一度に亡くなったため火葬はできず、穴を掘って集団で土葬しました。火葬しなかった理由には、軍の基地が近く、頻繁に空襲警報が出るような情勢だったことも影響したかもしれません。

　家が倒壊したため、炊事は数家族が共同で行い、露天で一緒に食事をしました。農家だったので食料はあり、井戸水は涸れなかったため水の不自由もありませんでした。地震で死んだ農耕牛を食べることができたのは子ども心によい思い出です(6)。1週間くらいして落ち着いてきた時に、お座敷のふすまや雨戸を外して四面に囲い縄でしばって「ふすまの家」を作りました。すき間から雪が家の中にまで降ってきて大変寒かったことを覚えています(7)。数週間した時に、父親がお風呂（五右衛門風呂）を屋外へ作りました。近所の人たちも入りにきて行列になりました。お風呂に入った時に体も心もほっと一息つくことができました(8)。

　1ヵ月くらいしてきれいに片づけた後に、わらなどで小屋を作りました。農家なのでわらはあったし、家を作るくらいは当時の農家の人たちの技術からすると簡単でした。これらの小屋は「地震小屋」と呼ばれました(9)。学校は3ヵ月くらいして再開しました。学校も地震で全壊したために、空き地に縄を張ってクラスを作り、先生は首から黒板をかけて授業をしました。雨が降ったり

空襲警報が鳴ったりするたびに授業が中断したため、戦争が終わるまではほとんどまともに授業ができませんでした(10)。

 体験談を基にしたワークシートの作成

　沓名美代さん・鈴木敏枝さんの体験談を基にワークシートを作成しました（図10-7）。沓名さん・鈴木さんのお話を実際に聞く／（体験談などを撮影した）ビデオを見る／体験を読んだ後に利用するワークシートです。「沓名美代さん・鈴木敏枝さんは、地震でどんな体験をしたのでしょうか。絵をヒントに思い出してください」というリード文の下に、質問に対して絵を見ながら場面を思い出すような問いを立てていきました。問いは地震発生後の被災体験に沿った問

 体験者のお話を復習しましょう。

沓名美代さん・鈴木敏枝さんは、地震でどんな体験をしたのでしょうか。絵をヒントに、思い出してください。

1) 神社にいるときに地震が起きました。その時に、男の子がとても危険なことをして先生に怒られました。男の子はどんな危険なことをして怒られたのでしょうか。

解答例
　地震でゆれて、くずれそうになっている石の灯ろうにしがみついた。

2) 夜の地震で、ふだん住んでいた家は全壊したのに、家族は誰も亡くなったりケガをしたりしませんでした。なぜ、みんな無事だったのでしょうか。

解答例
　12月の地震で家（母屋）が傾いたので、父親が「こんな家に住んでいたらいかん」といって、傾いていなかった家（横屋：横にある座敷の家）で寝ていたから。

図10-7　被災体験談を基にしたワークシート

いで、体験談を思い出すことができますし、かつ、その解答から災害・防災に関する教訓を得ることができるものです。

　問1では「神社にいる時に地震が起きました。その時に、男の子がとても危険なことをして先生に怒られました。男の子はどんな危険なことをして怒られたのでしょうか」という問いを立てました。子どもたちは話を思い出したり、絵を見ながら「地震でゆれて、くずれそうになっている石の灯ろうにしがみついた」という解答に近づいていきます。答え合わせが終わった後、さらに指導者から「地震発生時には危険なものには近寄らない」ことと「ブロック塀、電柱、自販機にも気をつける」ことを説明します。

　問2では「夜の地震で、ふだん住んでいた家は全壊したのに、家族は誰も亡くなったりケガをしたりしませんでした。なぜ、みんな無事だったのでしょうか」という問いを立て、「12月の地震で家（母屋）が傾いたので、父親が『こんな家に住んでいたらいかん』といって、傾いていなかった家（横屋：横にある座敷の家）で寝ていたから」という答え合わせをした後に、「地震は連続して起きるために危険なところに身を置かない」ことについて説明します。

　問3では「近所で1軒だけ、地震で倒れなくて無事だった家がありました。なぜ、その家だけ倒れなくて無事だったのでしょうか」という問いを立てて、「へたくそな大工さんが建てた家で、家が倒れないように筋交いを入れていたから」という答え合わせをした後に、筋交いについて説明します。

　問4では「地震が起きた後、朝から夜まであることをしていたため、半月ぶりにお風呂に入った時には体は真っ黒でした。朝から夜までどんなことをしていたのでしょうか」という問いを立て、「朝から夜まで、寒空の下で、素手素足で着のみ着のままで、こわれた家の後片づけをしていた」という答えあわせをして、「道具がないと後片づけもできないが、これは現代でも同じで、家や地域に備えがないと結局同じことになる」ことや「親戚が近くに住んでいると同時被災して人手にならないことがあり、遠くの親戚が役立つことがある」ことなどについて説明します。

　問5では「地震が起きた後も、水や食べ物がなくならなかったのはどうし

てでしょうか」という問いを立て、「井戸がやられなかったので水が出たし、農家だったので食べ物をたくさんたくわえていたから（食べ物の別解答：近所で助けあって食事を作っていたから。地震で死んだ牛を食べることができたから）」という答え合わせをして、「今は上下水道なので断水することがあり、昔の井戸水の方が災害に強い（ただし地震で水脈が切れて断水することがある）」ことや「食べ物も農家以外では調達が困難な場合が多い」こと、さらに時間がとれるならば「電気・ガス等のライフラインが止まった生活不便を考えてみる」ことについて考えていきます。

問6では「地震から1ヵ月後に、ようやくちゃんとした家を建てることができました。それまでは、夜はどんなところで寝ていたのでしょうか」という問いを立て、「わら小屋、ふすまや雨戸を組み立てて作った家で寝ていた」という答え合わせをして、「家が無事（横屋は無事）でも、余震が怖くて、家の中で寝ることができなかった」事実についても説明します。

問7では「学校は地震で壊れてしまいました。教室はどこに作って、授業はどんな方法で行っていたのでしょうか」という問いを立て、「空き地にロープを張って教室を作った。先生は黒板を首から下げて授業をした」という答え合わせをして、「落ちついて勉強できなかった」ことや「地震や戦争によって、遠足なども中止で、小学校の思い出がほとんどない（妹の美代さんの後日談）」ことについても触れます。

## 9 体験談を基にした学習プログラム・指導案の作成と展開

沓名美代さん・鈴木敏枝さんの体験談を基に学習プログラム（防災教育・訓練プログラム）と指導案を作成しました（図10-8）。ここでは2008年度に行った愛知県安城市志貴小学校の例を紹介します。まず授業の達成目標として、1時間目「地震が私たちの生活にもたらす被害を理解する（被災者の体験談を聞き、地震を具体的にイメージする力を養う）」、2時間目「被災体験談を振り返りながら、災害教訓と適切な災害対応を理解する（ワークシートで体験談を振り返りな

1. 地震ってなに？ / 2. 地震が起きると何が大変なの？

動画や画像を使って地震と被害について説明をしてくれました。 / 被災者のお話を聞きました。司会の心理学の先生が、体験談の絵をもとに質問しました。

3. 地震について復習しよう / 4. みんなで答えあわせをしよう

被災者の方の話をもとに作った手作りドリルを答えながら、お話を振り返りました。 / みんなで答え合わせをしました。「地震だ！」という合図で机の下にもぐりました。

図10-8　被災体験談を基にした学習プログラム

がら、災害教訓および適切な災害対応を学ぶ）」と設定しました。

　1時間目のプログラムは、最初の10分がイントロダクションおよびチェックリスト（評価シート）の記入、次の10分が、地震がもたらす被害・影響について映像・画像をもとにした紹介（三河地震における地域被害についても紹介）、残りの25分は被災体験者（沓名美代さん・鈴木敏枝さん）と司会者との対談形式の語り聞かせでした。2時間目は、子どもたちはワークシートに回答し、またその過程で被災者の方が教室を巡回して子どもたちと交流を持ちながら答えあわせをしていくことで、「記憶の定着化を図ると同時に、災害を身近に感じて『気づき』を得る」ための時間としました。

　図10-9が子どもたちによる気づきの一部です。「地震がきて家がくずれてしまったけど、米とか牛の肉や水があったのでよかった」「地震が起きたあとの大変な生活がわかった」といった地震後の生活についての理解をはじめ、「家族や妹におしえてあげました」「地震の話を聞いている時はとても静かでした」など、被災者の実際の体験談と、絵画およびワークシートによる災害・防災教訓の提示・定着化は、子どもたちに少なからずインパクトと地震に対する気づ

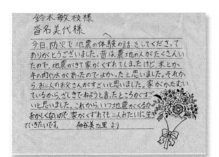

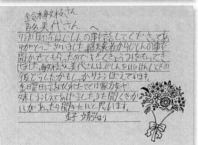
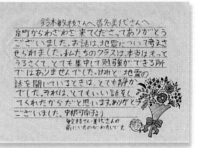

図10-9　子どもたちの「気づき」

図10-10　みんなに危険な場所を気づいてほしい

きを与えていたことがわかります。そしてこの気づきが、その後の1年間の防災学習につながりました。

ある児童は「災害によって自分たちの生活がどのように変化するかを知りたい」という知的好奇心を持つようになり、避難所での生活をまとめました。その後、実際に自分のまわりの地域がどのように変化するのかについて興味を抱き、クラスの児童たちで手分けをして「地震防災マップ」を作りました。自分の生活地域で安全なところ・広いところ、役に立つところ、公共の場所、危険なところをマッピングしていったのです。さらに活動をする中で、自分たちの意見だけではいけないということで、試作マップを町内会に戻して、町内会の人や町内会長にチェックをしてもらいました。そして「せっかく町内会の人にも見ていただいたのだから」ということで、小学校が必要部数を刷って、子どもたちが町内に配布するという活動を行いました（図10-10）。

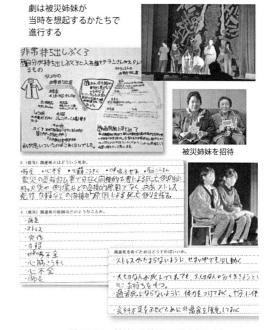

図10-11　勉強した地震のことを伝えよう

また、別の児童は、被災者の2人の姉妹の体験談を家に帰って話しましたが、60年以上前の三河地震に対する家族の反応がいまいちであったという体験をしました。自分の「気づき」と大きなズレがあったのです。そこで「三河地震のことを地域の人に知ってもらいたい」という欲求が高まり、2008年11月15日の小学校学芸会の時に、被災体験を基に三河地震の創作劇を演じることで、観客である地域住民に三河地震の災害像と教訓を伝えました（図10-11）。劇に

図10-12 生活を立て直す

ついては、台本をはじめ、衣装、大道具、小道具など全部児童たちが作りました。これらの作成にあたっては三河地震の絵画を参考にして、道具を作ったり、場面を設定したのです。例えば、図10-12にあるように、筋交いの入った家や生活を立て直すという、さまざまな災害・防災の知見・教訓について、一場面ずつ劇にしていきました。

2008年11月15日の学芸会の時には、被災者姉妹を招待して上演をしました。演じた子どもたちの感想を見ると「昔の人はおたがい助け合っていいなと思いました。ごえもんぶろも近じょの人がきてもいれていたし、ごはんのときも当番がきたら、ごはんを家族みんなでやっていいなと思いました。今は、みんなが自分の意見を主ちょうして、助け合うことがあまりできない人も出てくると思います。人を思いやれる人が増えてほしいなと思いました」、「実

最後に絵を写しながら合唱

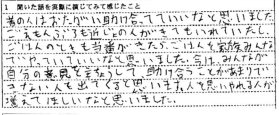

お客さん（右下が被災者の敏枝さん・美代さん）

・連合町内会長「町内にある井戸の総点検を4月以降に行う」
・家族：家族防災会議の開催と防災ハンドブックの作成

図10-13　演じた子どもたちとお客さんの感想

際、演じてみて、本当にこんなことがあったなんて思うと、こわくてこわくて、でもこの大変さとこわさをみんなに知ってもらえてよかったです。この思いを知ればどういう備えをすればいいかわかってもらえたと思います」というものがあり、地域の歴史災害の被災体験が子どもたちの「気づき」や「わがこと意識」を高めていることがわかります。また招待客には志貴小学校の校区がある地域（尾崎町）の連合町内会長も含まれていて、劇を見た連合町内会長は「地震後の水の大切さが印象的だった」ということで町内にある井戸の総点検を行いました（図10-13）。ここでは簡単に述べましたが、もっと詳細な沓名・鈴木姉妹の被災体験談や被災体験を防災教育に生かす方法、または災害後の長期間にわたる被災体験をオーラルヒストリーとしてどうまとめるかの方法・実例については、拙書『歴史災害を防災教育に生かす―1945三河地震』（古今書院）をご覧ください。

　三河地震は約70年前の災害ですが、地域にとっては貴重な知恵・教訓です。自分の地域が災害時にどのようになるのかを知り、「わがこと意識」を育てるために、過去の歴史災害に防災・減災のいのちを吹き込み、未来へと生かすた

めの試みが着実に進んでいるのです。

　私たちは過去と同じ過ちを繰り返してはなりません。本書では、過去の災害からわかった知恵や教訓を紹介してきました。そして本章では、その知恵を教育として伝えていく試みについて取り上げました。このような知恵・教訓や試みが全国に広がり根付いていき、来たるその時に対して、被害抑止・被害軽減を着実に進めていってほしい。国難と言われている南海トラフ巨大地震などの大災害を、日本は乗り越えていってほしい。自戒の意味を込めてそう強く願っています。

**第10章の確認事項**
1. 学校における防災教育の現状と課題について、防災教育の定義を踏まえながら説明しなさい
2. 防災リテラシーの現状と課題について、防災リテラシーの定義を踏まえながら説明しなさい
3. 防災教育・訓練を推進するための方策を、「学内－学外」「正課－課外」という観点から説明しなさい
4. 防災教育の3つの学習目標について、子どもの「生きる力」の育成の観点から説明しなさい
5. 防災に関する子どもたちの4段階の学習過程について、「わがこと意識」などの言葉も使いながら説明しなさい

# おわりに
## ——防災を皆に広げ、次につないでいくためには

　これで全10章の講義は終わりです。いかがでしたでしょうか。災害という日常とは異なる事態への理解と備えの必要性について、具体的なイメージを作ることができれば、私としてはこれに勝る喜びはありません。

**＊防災の知見・教訓を広めていくための「仕掛け人」**

　最後に、来たる「その時」に備えて、どのように災害・防災の知見・教訓をまわりの人たちに広めていけばよいのかについて簡単に述べたいと思います。第1章でも述べたように、災害のような発生頻度の低いリスクは、どうしても「わがこと意識」を持ちにくいです。そのため、犯罪や健康問題などの日常的に発生するリスクと比べて「何か行動につなげる」「予防する」という人々の動機づけにはなりにくいのです。そのため、災害・防災の世界では「仕掛け人」の存在が必要になります。つまり、来たるその時に備えて、一時的な盛り上がりではなく、継続的・発展的に防災を担う仕組み・人々が必要なのです。そのため行政などの防災担当部局や、地域においては自治会・自主防災組織・消防団・水防団などの組織による計画的な地域組織ぐるみの取り組みが必要なのです（図1）。

$$R = P \times C$$

リスク　　発生確率　　被害・影響の大きさ
Risk　　Probability　　Consequence

・発生する可能性が低い危機は、日常的に発生する危機と比べて「何か行動につなげる」「予防する」という人々の動機づけになりにくい。

| 健康問題、盗難、空き巣、リストラ、倒産、年金、住宅ローンの支払い、子どもの教育…… | **VS** | 「頭の上に隕石が落ちてくる」 |

・「来たるその時」に備えて、一時的な盛り上がりではなく、継続的・発展的に防災を担う仕組み・人々が必要である。

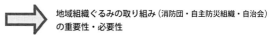 地域組織ぐるみの取り組み（消防団・自主防災組織・自治会）の重要性・必要性

図1　地域防災の「仕掛け人」の必要性

＊防災の「継続性」と「発展性」

　「仕掛け人」が必要ということはわかったのですが、それではどのような戦略で防災を考えていけばよいのでしょうか。それには「継続性」と「発展性」という2つの視点が重要だと考えられます（図2）。

　まずは継続性によって「わがこと意識」を維持するという戦略です。例えば、地域活動の年間計画の中に「防災訓練をする日」を位置づけることです。防災が盛んな地域を見てみると、国や自治体の「防災訓練の日（例：9月1日防災の日、1月17日防災とボランティアの日）」と連動させたり、地域・組織のさまざまな行事に「防災訓練の要素」を組み込んだりしています。東日本大震災の後、法律で「津波防災の日」（11月5日（1854年安政南海地震の日））も創設されました。防災を広めるきっかけは数多くあります。地域や小学校の運動会では、バケツリレーのような防災の要素を取り入れた種目を入れる（インターネットで「防災運動会」を検索するといろいろな種目が出てきます）とか、地域の祭りに防災のことを学べる屋台（ブース）を出して景品付きで子どもに参加してもらい親も取り込むことなども有効な手段です。

　次に発展性によって「わがこと意識」を向上させるという戦略です。毎年同じものでは人々の興味・関心はすぐに薄くなります。前年度とは「違う内容」に焦点をあて、その内容をテーマとしたマニュアルを整備して訓練を通してマニュアルの更新をかけるというやり方です。地域の訓練は、何も避難訓練だけではありません。インターネットなどで、他の地域・組織の行事の「真似できそうな実践」を積極的に取り入れることを考えてみてくださ

**継続性によって「わがこと意識」を維持する**
・年間計画の中に「防災訓練をする日」を位置づける
　　例：国や自治体の「防災訓練の日」と連動させる
　　9月1日防災の日、11月5日津波防災の日、1月17日防災とボランティアの日
・さまざまな地域・組織の行事に「防災訓練の要素」を組み込む
　　例：祭りや運動会に防災行動につながる要素を入れる
　　防災運動会、祭りを利用した設営・炊き出し訓練、防災まつり

**発展性によって「わがこと意識」を向上させる**
・前年度とは「違う内容」に焦点をあて、その内容をテーマとしたマニュアルの整備・訓練を通した点検を行う
　　例：初期対応、安否確認、消火、救助救出、要援護者、情報伝達……
・他の地域・組織の行事の「真似できそうな実践」を組み込む
　　例：講演会・ホームページなどでアンテナを張って情報収集する

図2　防災には「継続性」と「発展性」が重要

い。今、思いつくだけでも、緊急地震速報に対応する訓練、地動を感知し「身の安全を守る」訓練（シェイクアウト）、地震の揺れが収まった後により安全な場所に移動する訓練、避難所への移動・移動支援訓練、安否確認・被害確認訓練、救出・搬送訓練、応急手当・AED訓練、避難経路確認・被害想定確認訓練、応急復旧・二次災害防止訓練、津波に対する避難訓練、火災に対する避難訓練（煙体験訓練）、水害に対する避難訓練、不審者に対する避難訓練、備蓄品・装備品の使用訓練、避難所運営に関する訓練、避難所宿泊体験訓練、炊き出し訓練、トイレ等の衛生問題に対する訓練、要援護者への配慮の訓練（要援護者体験訓練）、小中学校など地域のさまざまな組織と協力する訓練……など、いくらでも挙げられます。これらすべてを1年で一気に行うと、冷める時も一気に冷めます。そして内容もすぐ忘れます。毎年この中の1つでも2つでもいいので、マニュアルを整備して訓練を実施していけば、毎年違った内容の訓練を続けることができます。

**＊マニュアルを「使うため」に作ることで災害対応の質を高める**

　ここで防災活動に関するマニュアルについて述べたいと思います。「マニュアルは作ることを目的に作るのではなく、使うことを目的に作るものである」ということです。何のことかと思うかもしれません。被災者インタビューで「立派で美しい百ページ以上あるマニュアルは、災害時にはほとんど開かなかったし使わなかった。そもそも開いたこともなかったので使いようがなかった。一番役に立ったのは、関係者の担当・連絡先・連絡順が書かれた1枚の紙切れだった」という証言がありました。もちろん極端な話ですが、災害時の現実だと思います。このインタビューには続きがあります。「ただその紙1枚は、数年前に訓練をしたきり更新をしていなくて、3分の1くらいの人について携帯電話番号が変わっていたり担当が代わっていたりして使えなかった。このことが本当に悔やまれる」と後悔していたのです。つまり、紙1枚のマニュアルでもよいので、「あるテーマについて、組織・体制、指揮・調整、具体的な活動、活動に関する資源・情報のやりとり、協力および連携などについて、マニ

ュアルを作り、作った後は、必ずマニュアルを訓練で実際に使ってみて、良かった点、改善すべき点などを明らかにした上でマニュアルを確定・改訂する」ということこそが重要なのです。これは業務の品質管理方法であるPDCAサイクルとも通じる考え方です。「Plan（計画をたてる）→ Do（実行してみる）→ Check（結果を評価する）→ Act（改善をする）」を繰り返すことで、災害対応の質が高まっていくのです（図3）。

## ＊なるべく間口を大きくする

　防災を続けていくためのコツについて述べましたが、それでは多くの人々に防災活動に参加してもらうためにはどうすればよいでしょうか。これは難しい問題です。しかし「数少ない防災マニア」だけでは、地域全体が災害を乗り切ることができません。特に防災意識の低い人たちが、災害時に地域の人の足をひっぱることも考えられます。安否確認、救助・救出、消火など、事前から訓練に参加していなければ、本番で大きな力にはならず被害は拡大します。東日本大震災では、254名の消防団員が殉職したと言われています。その多くが地域住民を津波から避難させるために避難を呼びかけ、ようやく避難をさせようとしたり水門を閉めたりしている時に津波に飲み込まれたそうです。大津波まで30分程度の時間があったにもかかわらずです。これはあってはいけないことだと思います。来たる時に

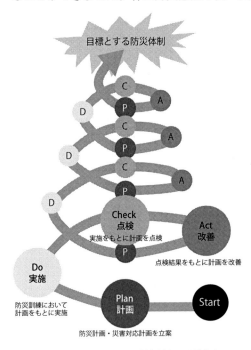

図3　PDCAサイクルによる災害対応の品質向上

備えて、仕掛け人たちがなるべく多くの人たちを防災の世界に取り込んでいく必要があると思います。

それでは、どのようにして人々を防災の世界へ誘うのでしょうか。心理学では段階的要請法（Foot-in-the-door technique）という方法を用いることが有効だと考えられます。これは、最初に小さい要請をして「イエス」と言わせてから、段階的に大きな要請をしていき、最終的に本来の要請を承諾してもらう方法です。マーケティングの分野を例に挙げると、街角で試供品を渡す代わりにアンケートに回答してもらい、アンケートの中で「このような商品があったら欲しいですか」と尋ねて「イエス」と答えてもらってから、「実は試供品だけでなく、今回なら特別に通常より安い価格で商品を提供しているのですがいかがですか」と話しかけることで、いきなり街角で商品を売りつけるよりも高い売り上げになることが言われています。また他人から1万円借りる時には、いきなり「1万円貸して」と言うのではなく、その前にまず1,000円借りておいてから1万円を借りることで、高い成功率をもたらすこともわかっています。このように、最初の間口を広くして、大きな労力のないかたちで要請をしてから、段階的に要請内容を高度化していくことがよいと言われているのです。防災でも、第3章で取り上げた「シェイクアウト」のような簡単な防災訓練にまず参加してもらったり、学校行事や地域行事の中で簡単な防災訓練に参加をしてもらったりしてから、段階的に高度な防災訓練にも参加してもらうということは（それでもなかなか上手くいかないとは思いますが）有効な手段だと考えられます。

これはコミットメントという考え方が背景になっています。第5章でも取り上げましたが、コミットメントとは、言質とか、証拠となる言葉とか、関与とかと訳します。人間は、あることに1回でもコミットメントすると、自己の態度・行動が心理的に束縛されるために、コミットメントの内容に態度や行動を一貫させようとする力が働くのです。人間は、自らの過去の行為を否定・撤回することは容易ではないということです。例えば、病院で禁煙治療をする時に「禁煙宣言書」を朗読・署名してから禁煙治療を始めたりします。またダイエットする時も、周囲に「ダイエットする」と宣言することが効果的だと言わ

れています。禁煙もダイエットも成功することは難しいですが、たとえ途中で止めることになったとしてもいきなり止めるのではなく、「自分はこういう理由で止めるんだ」とそれ相応の言い訳を自分や周囲にしないとなかなか止めることができません。これも一度「やる」と言ってコミットメントしたことで心理的に束縛されていることの現れだと思います。防災の世界でも、みんなで地域の防災計画を作った時に全員で署名をする、地域内の組織などと文書で協定を結んでおく、地域や学校で防災に関する標語・宣言文を作って防災訓練などで朗読する（社訓や社歌のように）などはコミットメントするという意味で重要なことだと思います（段階的要請法・コミットメントについては、中島義明他編『心理学辞典』有斐閣、1999、小川一夫監修『社会心理学用語事典』北大路書房、1995、齊藤勇編『図説心理学入門第2版』誠信書房、2005 を参考にしました）。

## ＊安全・安心は自分たちで作るもの

　最後に「安全・安心は自分たちで作るもの！」という結論を述べたいと思います。これまでいろいろな災害の被災者にインタビューをすると、多くの人が共通して言うことがあります。「普段やっていることさえ、なかなかうまくできない。ましてや普段やっていない、考えていないことなど、できるわけがない」というものです。これはそのとおりだと思います。第1章で述べた、東日本大震災での釜石東中学校や大川小学校の例をはじめ、スポーツでも音楽でも試験勉強でも何でもいいのですが、「事前に練習や勉強をしたからこそ、本番でそれなりに上手く振る舞うことができた」というのが私たちの学習の基本だと思います。考えてもいない、練習もしていないことについて、いきなり本番を迎えてやってみたら上手くできたということは、まずありません。被災者へインタビューをしていても「災害の時に、突然よい考えがひらめいて、やってみたら完璧にできて、普段コミュニケーションをとっていなかった相手となぜか連絡が取れて、初めてのことを息もピッタリに協力して災害対応できた」という体験談を聞いたことがありません。

　災害は低頻度ですが、ひとたび発生すれば大きな被害・影響をもたらします。

その初めての1回が、自分や家族の命の最後になることもあるのです。そして21世紀前半はそういう災害が人生で1回もしくは複数回起こる可能性がある時代なのです。私たちは、これまでの災害の知恵や教訓を学ぶことで、自分たちの弱いところ、家・組織・地域・学校で起こりうる問題を理解してイメージして、解決すべき課題について1つ1つ地道に訓練などを通して被害抑止力・被害軽減力を上げていかなければなりません。このような意識と対応によって、いざ起きた時も、失見当からなるべく早い段階で脱して「あわてない」という態度で事前の学習・訓練の成果を発揮しよう、というのが防災との向き合い方だと思います。安全・安心は自分たちで作り上げるのです。

最後に、これまで大学で私の講義を受講してくださったみなさん、私の講演を聴いてくださったみなさんに感謝申し上げます。みなさんからの反応や感想によって、時には温かい励ましや厳しい要望によって、私の講義はこのような本になるまで成長することができました。ありがとうございます。

そして、本書の構想を「画期的だ」「面白い」と2年にもわたって辛抱強く励ましながらお待ちくださった、北樹出版・木村慎也さんに心から感謝申し上げます。

ここまで読み進めていただきありがとうございました。

みなさんとまたどこかでお会いできることを心より楽しみにしています。

# 参考文献

はじめに（本書全体で使用している阪神・淡路大震災、新潟県中越地震の社会調査結果）
〈阪神・淡路大震災〉
阪神・淡路大震災記念協会・京都大学防災研究所『震災後の居住地の変化とくらしの実情に関する調査』2000
兵庫県・京都大学防災研究所『兵庫県生活復興調査』（『阪神・淡路大震災からの生活復興 2001―パネル調査結果報告書』）2002
兵庫県・京都大学防災研究所『兵庫県生活復興調査』（『阪神・淡路大震災からの生活復興 2003―生活調査結果報告書』）2004
兵庫県・京都大学防災研究所『兵庫県生活復興調査』（『阪神・淡路大震災からの生活復興 2005―生活調査結果報告書』）2006
〈新潟県中越地震〉
消防庁・京都大学防災研究所『避難と生活再建に関する実態調査 平成 16 年度調査結果報告書』2006
京都大学防災研究所・新潟大学危機管理室・富士常葉大学社会災害研究センター『新潟県における地震災害からの総合的な復興支援のための調査結果報告書』2010
〈復興の教科書ホームページ〉
生活復興に関する質問紙調査データセット協議会「復興の教科書」2014（http://fukko.org/）

## 第 1 章

尾池和夫『四季の地球科学』岩波書店、2012
北原糸子・松浦律子・木村玲欧編『日本歴史災害事典』吉川弘文館、2012
産経新聞「大川小学校に津波がきた様子」（2011 年 4 月 14 日）
内閣府『平成 25 年版 防災白書』日経印刷、2013
内閣府・広域的な火山防災対策に係る検討会『大規模火山災害対策への提言（参考資料）』2013
内閣府（防災担当）「南海トラフの巨大地震による津波高・浸水域等（第二次報告）及び被害想定（第一次報告）について」内閣府報道資料、2012 年 8 月 29 日
林春男『いのちを守る地震防災学』岩波書店、2003

## 第 2 章

鈴木進吾・林春男「東北地方太平洋沖地震津波の人的被害に関する地域間比較による主要原因分析」地域安全学会論文集、No.15、179-188、2011
中央防災会議「南海トラフの巨大地震 建物被害・人的被害の被害想定項目及び手法の概要」2012
内閣府『平成 23 年版 防災白書』日経印刷、2011
日経 MJ「眼鏡の所有本数」2005 年 5 月 18 日
日本建築学会建築計画委員会『阪神淡路大震災 住宅内部被害調査報告書』1996
兵庫県監察医「神戸市内における検死統計」1995
H. Lu, M. Kohiyama, K. Horie, N. Maki, H. Hayashi and S. Tanaka. *"Building Damage and Casualties after an Earthquake"*, Natural Hazards, 29, 387-403, 2003

## 第 3 章

中央日報日本語版「大邱地下鉄惨事、その当時その写真の生存者の今は…」2006 年 2 月 15 日
廣井脩編著『災害情報と社会心理』北樹出版、2004

広瀬弘忠『人はなぜ逃げおくれるのか』集英社、2004
広瀬弘忠『無防備な日本人』筑摩書房、2006
髙橋和雄「過去の災害に学ぶ第3回　1982長崎豪雨災害」内閣府『広報ぼうさい』No.27、18-19、2005
永田俊光・木村玲欧「緊急地震速報を利用した「生きる力」を高める防災教育の実践―地方気象台・教育委員会・現場教育の連携のあり方」地域安全学会論文集、No.21、81-88、2013
西宮市防災危機管理局防災総括室災害対策課「『にしのみや津波ひなん訓練』の実施」内閣府『広報ぼうさい』No.71、16-17、2013
日本リスク研究学会編『リスク学事典』TBSブリタニカ、2000

## 第4章

木村玲欧・林春男・立木茂雄・田村圭子・堀江啓・黒宮亜季子「新潟県中越地震における被災者の避難行動と再建過程―総務省消防庁及び京都大学防災研究所共同実施調査」地域安全学会論文集、No.7、161-170、2005
木村玲欧・林春男・立木茂雄・田村圭子「阪神・淡路大震災後のすまい再建パターンの再現―2001年京大防災研復興調査報告」地域安全学会論文集、No.3、23-32、2001

## 第5章

M. Cara. *"L'acharnement thérapeutique"*, Gestions hospitalières, 162, 17-26, 1977
木村玲欧・林春男・立木茂雄・田村圭子・堀江啓・黒宮亜季子「新潟県中越地震における被災者の避難行動と再建過程―総務省消防庁及び京都大学防災研究所共同実施調査」地域安全学会論文集、No.7、161-170、2005
神戸新聞社『阪神・淡路大地震10年全記録』神戸新聞社、2004
消防庁『阪神・淡路大震災の記録2』ぎょうせい、1996
総務省「災害時には「災害用伝言サービス」やメールを御活用ください」総務省報道資料、2011年8月24日
東京消防庁監修『弁慶のおたすけまん（救護・救出マニュアル）』東京法令出版、1995
内閣府『平成24年版　高齢社会白書』印刷通販、2012
内閣府「避難行動要支援者の避難行動支援に関する取組指針」2013
日本火災学会『1995年兵庫県南部地震における火災に関する調査報告書』1996
毎日新聞「下敷きのまま餓死／61歳独居女性／震災8日後？」1995年3月12日

## 第6章

朝日新聞社『報道写真全記録　大震災一年』朝日新聞社、1996
柏原士郎・上野淳・森田孝夫『阪神・淡路大震災における避難所の研究』大阪大学出版会、1998
木股文昭・田中重・木村玲欧編著『超巨大地震がやってきた　スマトラ沖地震津波に学べ』時事通信社、2006
警察庁「平成23年（2011年）東北地方太平洋沖地震の被害状況と警察措置」広報資料、2014年5月9日
神戸市民政局『平成7年兵庫県南部地震　神戸市災害対策本部民生部の記録』1996
神戸新聞「阪神・淡路大震災の直接死・関連死の再集計」2004年5月14日
田村圭子・岡田史・木村玲欧・井ノ口宗成・立木茂雄・林春男「生活7領域からみた災害時要援護者における避難生活実態の解明～日本介護福祉士会による介護福祉ボランティアの活動実績を通して」地域安全学会論文集、No.11、147-156、2009
中日新聞「"関連死"どう防ぐ／能登半島地震／避難所で早期取り組み／医療体制を充実」2007年

4月5日
トマス・モア著、平井正穂訳『ユートピア』岩波書店、1957
新潟県中越大震災災害対策本部「平成16年新潟県中越大震災による被害状況について（第171報）」新潟県報道資料、2006年9月22日
兵庫県『避難所運営指針（平成25年版）』2013
復興庁「東日本大震災における震災関連死の死者数」2014年5月27日
読売新聞「お年寄り避難ストレス／12時間バス移動 寝床は座布団／ホームの77人死亡」2011年7月2日

第7章

KIMURA, R., HAYASHI, H. and TAMURA, K. "Which Roles are Citizens and the Community to Play in the Field of Disaster Management? (Results from the Random Sampled Social Surveys to the Disaster Victims of the 1995 Kobe Earthquake and the 2004 Niigata Earthquake Disaster)", 2nd International Conference on Urban Disaster Reduction Proceedings, CD-ROM (6pp.), 2007.
木村玲欧・田村圭子・井ノ口宗成・林春男・浦田康幸「災害からの被災者行動・生活再建過程の一般化の試み―阪神・淡路大震災、中越地震、中越沖地震復興調査結果討究」地域安全学会論文集、No.13、175-185、2010

第8章

朝日新聞社『報道写真全記録 大震災一年』朝日新聞社、1996
木村玲欧・矢島豊・松井裕子・鈴木隆平「東日本大震災から2年を迎えた被災者の現状―「被災者1000人調査」から見えてきた声」災害情報、No.12、114-123、2014
木村玲欧・友安航太・矢島豊・間嶋ひとみ・古川賢作・戸田有紀・渡邊和明・川原武夫「被災者調査による東日本大震災から3年目の復興進捗状況―復興の停滞感と住宅再建における迷い」地域安全学会論文集、No.24、233-243、2014
神戸新聞社『阪神・淡路大地震10年全記録』神戸新聞社、2004
田村圭子・立木茂雄・林春男「阪神・淡路大震災の生活再建課題とその基本構造の外的妥当性に関する研究」地域安全学会論文集、No.2、25-32、2000
田村圭子・林春男・立木茂雄・木村玲欧・野田隆・矢守克也「阪神・淡路大震災の被災地における家計の変化―2003年京大防災研復興調査」地域安全学会論文集、No.5、227-236、2003
日本経済新聞「三陸鉄道の南リアス線が一部運行再開 来春全面再開へ」2013年4月3日

第9章

内海裕美監修『災害のストレスから子どもの心を守る本』河出書房新社、2011
加藤正明・保崎秀夫・笠原嘉・宮本忠雄・小此木啓吾編集『精神医学事典』弘文堂、1993
北原糸子・松浦律子・木村玲欧編『日本歴史災害事典』吉川弘文館、2012
自治労『惨事ストレスとメンタルケア―災害支援参加のあなたへ必読書』自治労リーフレット、2011
内閣府『被災者のこころのケア都道府県対応ガイドライン』内閣府、2012
野口京子『健康心理学がとってもよくわかる本』東京書店、2008
毎日新聞「東日本大震災：いま、あなたの宝物は何ですか？」2011年4月12日
マリアンヌ・L・マクマナス著、林春男・林由美訳『災害ストレス―心をやわらげるヒント』法研、1995

## 第 10 章

岐阜県『災害図上訓練 DIG（Disaster Imagination Game）指導者の手引き』2012
木村玲欧『歴史災害を防災教育に生かす―1945 三河地震』古今書院、2013
木村玲欧・林春男「地域の歴史災害を題材とした防災教育プログラム・教材の開発」地域安全学会論文集、No.11、215-224、2009
毎日新聞「三河地震を創作劇に／安城市立志貴小学芸会で 6 年生／被災者の体験談聞く」朝刊（三河版）、2008 年 11 月 15 日
文部科学省「学校防災のための参考資料「生きる力」を育む防災教育の展開」2013

## おわりに

齊藤勇編集『図説心理学入門第 2 版』誠信書房、2005
中島義明・安藤清志・子安増生・坂野雄二・繁桝算男・立花政夫・箱田裕司編集『心理学辞典』有斐閣、1999
小川一夫監修『社会心理学用語事典』北大路書房、1995

# 索　引

## あ行

赤ちゃん返り　194
アスファルトの道路　52
安心感と連帯感　93
安全・安心は自分たちで作るもの　234
安否確認　107
いい子　194
生きる力　210
石巻市立大川小学校　17
石巻の悲劇　17
1.17防災未来賞 ぼうさい甲子園→ぼうさい甲子園
遠方の親戚　112
応急仮設住宅　→仮設住宅
応急危険度判定　144
狼少年効果　58

## か行

カーラーの救命曲線　104
海溝型地震　14
懐中電灯　48,51,109
回避　198
外力　32
過覚醒　199
家具転倒　43
仮設住宅　139,159,161
学校防災のための参考資料「生きる力」を育む防災教育の展開　210
釜石市立鵜住居小学校　19
釜石市立釜石東中学校　19,207
釜石の奇蹟？　19
からだのストレス　163
韓国大邱地下鉄放火事件（2003年）　56
関東大震災（1923年）　162
乾パン　96
関連死　128
救助・救出　99
共感　200
共助　99,151

行政とのかかわり（生活再建課題7要素）　168
居住地の選択　137
緊急地震速報　66
クールダウン　197
靴　46
くらしむき（生活再建課題7要素）　164
クロスロード　213
経済再建　169
継続性　230
傾聴　200
血縁宅　119
減災　33
現実性（わがこと意識）　31
現実への帰還　78,135
後期高齢者　129
恒久住宅　140
公助　99,151
行動のパッケージ化　61,62
高齢世帯生活援助員　141
国難　22
こころとからだ（生活再建課題7要素）　163
こころのストレス　163
心のブレーカー　83,91
個人版私的整理ガイドライン運営委員会　147
孤独死　161
子どもたちのストレスサイン　193
誤報効果　58
コミットメント　61,105,233
コミュニティケア型仮設住宅　160
コミュニティプラザ　141

## さ行

災害　32
災害過程　76
災害関連死　→関連死
災害救助基準　140
災害救助法　139
災害時多言語情報作成ツール　132
災害時多言語表示シート　131
災害時要援護者　38,131,150

災害図上訓練 DIG　215
災害素因　33
災害対応従事者　82
　　——のストレス　196
災害弔慰金　128,145
災害復興公営住宅　141,161
災害公営住宅　→災害復興公営住宅
災害誘因　33
災害ユートピア　78,115
災害用伝言ダイヤル「171」　110
最大クラス（南海トラフ巨大地震）　21
再体験　198
サイレン　51
惨事ストレス　196
3段階の心のケアレベル　201
三陸地震・津波（869年）　24
シェイクアウト（ShakeOut）　43,63,205,233
仕掛け人　229
自己中心性　195
指差呼称　91
自主防災組織　106
自助　99,151
自助・共助・公助の役割分担　151
地震ごっこ　194
地震＝津波連想　36,55
地震の活動期　15
地震の静穏期　15
地震の揺れによる5つの悪さ　43,89
失見当　73,77,79,196,235
失見当識　79
指導案　68,222
自動体外式除細動器　104
自分がケガをする可能性　46
社会基盤の復旧　169
社会の脆弱性　33
社会の防災力　32
集合パニック　72
就寝者　118
住宅再建　169
小学生のぼうさい探検隊マップコンクール　208
情報空白期　80
情報弱者　131
情報面の支援者・組織　147

食品ラップ　95
自律と連帯　157
震災特需　167
心的外傷後ストレス障害　198
心理・社会的ストレッサー　186
心理パニック　72,79
筋交い　219,221
ストレス　182
ストレス軽減支援　184,199
ストレスサイン　193
ストレス耐性　190
ストレス反応　187
ストレッサー　182,200
すまい（生活再建課題7要素）　159
スマトラ大津波（2004年）　121
スリッパ　46
生活援助員　141
生活再建　169,172
生活再建課題7要素　158
生活再建過程　76
生活7領域　133
脆弱性　33
正常性バイアス　54
精神面の支援者・組織　147
責任分散　105
接死体験　196
全壊　41
喪失感　160,191
創造的復興　78,156
層破壊　41,177
そなえ（生活再建課題7要素）　162

た行

退行現象　194
耐震基準　42
段階的要請法（フット・イン・ザ・ドア・テクニック）　106,233
短期的ストレッサー　186
たんすの肥やし現象　94
断層　14
地域性（わがこと意識）　31
地域の脆弱性　33
地域みまもりマップ　113
中期的ストレッサー　186

長期的ストレッサー　186
丁度可知差異　55
直接死　40,128
直下型地震　14
津波から命を守る3ステップ　38
津波ごっこ　194
津波てんでんこ　37
低頻度事象　30,37
東海豪雨（2000年）　56
同化性バイアス　57
同情　200
同調性バイアス　57,62,91,105
東南海地震（1944年）　217
東北地方太平洋沖地震　12
当面の救援は来ない　26
都市再建　169
トマス・モア　115
トラウマ　187

### な行

内部被害によるけが　48
内陸型地震　14
長崎水害（1982年）　58
南海トラフ巨大地震　21
南海トラフ地震（887年）　25
新潟県中越沖地震（2007年）　40,52
新潟県中越地震（2004年）　40,52,81,107,120,128,150,151,175
逃げ損　37
二重債務　147,164
二重ローン　→　二重債務
人間性（わがこと意識）　31
認知→判断→行動　62
能登半島地震（2007年）　46,113,130

### は行

バージン・バイアス　59
バイアス　58
バイアスメカニズム　59
パケット通信　109
発生確率（リスク）　27
発達の段階に応じた防災教育　210
発展性　230
パニック　72

阪神・淡路大震災（1995年）　12,40,41,80,82,99,100,102,106,108,117,119,122,124,128,135,137,140,147,151,157,158,161,163,164,168,173,177,214
阪神・淡路大震災における死因　40
被害・影響の大きさ（リスク）　27
被害軽減　33,235
被害認定調査　144
被害抑止　33,235
被害率曲線　43
東日本大震災（2011年）　12,17,35,89,109,128,130,141,145,147,157,161,170,178,192,208
東日本大震災における死因　35
被災者間格差　157,178
被災者生活再建支援金　145
被災者生活再建支援法　145
被災者台帳　146
被災者の二極化　158,178
被災者の場所の移動　119
被災証明書　143
被災地間格差　157
被災地社会の成立　77,98
被災ローン減免制度　147
非常持出袋　94
人と人のつながり（生活再建課題7要素）　160,193
避難行動要支援者名簿　112,113
避難3原則　20
避難者　118
避難所　116,138,185
避難所運営　126
避難所運営ゲームHUG　215
避難所宿泊訓練　117
避難所の2つの機能　123
避難理由　123
兵庫県南部地震　12
不安→慌てる→判断力の低下　85
笛　50
福井地震（1948年）　15
福祉避難所　130
輻輳　100
富士山貞観噴火（864年）　25
復旧　162
復旧・復興カレンダー　172

復興　162
　　――の教科書　5
復興3層モデル　169
復興教育支援事業　208
復興住宅　→災害復興公営住宅
物質面の支援者・組織　147
物理的ストレッサー　186
ブルーシートの世界　116
ふれあいセンター　141,159
ブレーカー　84
ベテラン・バイアス　59
防災　33
防災教育　203
防災教育・訓練プログラム　67,209,213,222
防災教育チャレンジプラン　205
ぼうさい甲子園　208
ぼうさいダック　213
防災に関する子どもたちの学習の特徴　216
防災まちづくり大賞　208
防災リテラシー　204

　　ま行

マグニチュード　13
まち（生活再建課題7要素）　162
マッチ　49
マニュアル　231
麻痺　198
三河地震（1945年）　86,217
無関心→気づき→正しい理解→災害時の的確な
　判断と行動　216
眼鏡　51
モスク　121

　　や行

やさしい日本語　132
ユートピア　115
誘発地震　24
指差呼称　→しさこしょう
余震　120,123

　　ら行・わ行

ライフ・ステージ　149
ライフライン　135,148
楽観主義バイアス　59

ランニングストック　96
理解→イメージ→解決策　88
り災証明書　142
リスク　27,229
リテラシー　204
旅行かばん現象　94
ろうそく　49
老老支援　105
ローリングストック　96
ワークシート　27,68,185,220
わがこと意識　30,216,227,229,230


AED　104
DIG　215
Eastレスキュー　207
Foot in the Door Techinque　→段階的要請法
Golden 72 Hours Rule　101
HUG　215
LSA　→生活援助員
PDCAサイクル　232
PTSD　198
SCS　→高齢世帯生活援助員
ShakeOut　→シェイクアウト

〈著者紹介〉

木村玲欧（きむら れお）

兵庫県立大学環境人間学部・大学院環境人間学研究科教授。
1975年東京都生まれ。早稲田大学人間科学部卒業、京都大学大学院情報学研究科修士課程、同博士後期課程修了、博士（情報学）（京都大学）。認定心理士、専門社会調査士。名古屋大学大学院環境学研究科助手・助教等を経て現職。専門は防災心理学、防災教育学、社会調査法。
主な委員は、内閣府・防災教育チャレンジプラン実行委員会委員、関西広域連合・関西広域防災計画策定委員会委員、東京大学地震研究所・首都直下地震の地震ハザード・リスク予測のための調査・研究運営委員会委員など。
編纂書に『日本歴史災害事典』（共編、吉川弘文館）。主な著書に『歴史に隠された「震度7」―1944東南海地震・1945三河地震』（吉川弘文館）、『歴史災害を防災教育に生かす』（古今書院）、『超巨大地震がやってきた スマトラ沖地震津波に学べ』（共著、時事通信社）、『いま活断層が危ない―中部の内陸直下型地震』（共著、中日新聞社）など。

災害・防災の心理学――教訓を未来につなぐ防災教育の最前線

2015年1月17日　初版第1刷発行
2020年4月10日　初版第3刷発行

著　者　木村玲欧
発行者　木村慎也

印刷　新灯印刷／製本　川島製本所

発行所　株式会社 北樹出版

http://www.hokuju.jp

〒153-0061　東京都目黒区中目黒1-2-6
TEL：03-3715-1525（代表）　FAX：03-5720-1488

© 2015, Printed in Japan

ISBN 978-4-7793-0442-2

（乱丁・落丁の場合はお取り替えします）